U0115751

博雅人文

徐贲　著

经典之外的阅读

北京大学出版社
PEKING UNIVERSITY PRESS

图书在版编目 (CIP) 数据

经典之外的阅读 / 徐贲著. —北京：北京大学出版社，2018.8
（博雅人文）
ISBN 978–7–301–29646–2

Ⅰ.①经… Ⅱ.①徐… Ⅲ.①读书笔记–中国–现代 Ⅳ.① G792

中国版本图书馆 CIP 数据核字（2018）第 117762 号

书　　　名	经典之外的阅读
	JINGDIAN ZHI WAI DE YUEDU
著作责任者	徐　贲 著
责 任 编 辑	张文礼
标 准 书 号	ISBN 978–7–301–29646–2
出 版 发 行	北京大学出版社
地　　　址	北京市海淀区成府路 205 号　100871
网　　　址	http://www.pup.cn　　新浪微博 @ 北京大学出版社
电 子 邮 箱	编辑部 wsz@pup.cn　　总编室 zpup@pup.cn
电　　　话	邮购部 010–62752015　发行部 010–62750672
	编辑部 62767315
印 刷 者	北京中科印刷有限公司
经 销 者	新华书店
	889 毫米 ×1230 毫米　A5　12.5 印张　312 千字
	2018 年 8 月第 1 版　2023 年 10 月第 5 次印刷
定　　　价	88.00 元

目　次

第三辑　暴　力

第四辑　挣　脱

序

英国社会学家和文化批评家理查德·霍加特（Richard Hoggart）在《读写的作用：工人阶级生活面面观》（*The Uses of Literacy: Aspects of Working-class Life*）一书里认为，1950 年代英国工人阶级读者的阅读特点是漫不经心、支离破碎、消遣娱乐、轻松释然、追新猎奇、游离于问题意识之外。这种"消遣阅读"也正是当今许多有识之士所忧虑的网络阅读（悦读）的特征。与这种轻松悦读形成对比的深度阅读则以心无旁骛、反复细读、严肃思考、自我优化和集中的问题意识为特征。意大利著名微观史学家卡洛·金斯伯格（Carlo Ginzburg）在《历史学家和吹毛求疵的人》（*L'historien et l'avocat du diable*）一文中叹息，"慢读"的时代正在消失，代之而来的是速成课程的那种囫囵吞枣、食而不化的阅读。这也是当今许多一般人阅读的通病。

其实，真正把阅读当作一种思考问题的方式和过程，在任何时代，任何社会里，都不可能成为对普通阅读大众的要求。精细而有创见的阅读是那些有时间、精力和能力这么做的少数人可以对社会和文化所做的特殊贡献。对他们，阅读不应该只是私人的事情，而应该成为一种职业和社会的责任。这也是自古以来一些饱读之士形成的值得仿效的"读书人"传统。

16 世纪文艺复兴时期，杰出的基督教人文主义者伊拉斯谟 (Desiderius Erasmus Roterodamus, 1466—1536) 就是这样一位读书人。他一面从事古典文化的复兴，一面翻译和诠释《圣经》，他的博学有一个明确的现实目的，那就是打通两个相互隔离的世界——一个是已经成为过去的古典异教徒世界，另一个是他自己生活于其中的基督徒世界。为了有目的地联通这两个隔离的世界，伊拉斯谟运用了一种"古为今用""他为我用"的阅读方式，他称之为"基督教寓言"(Christian allegory) 阅读。这种阅读也成为他所设计的"基督教教育"的主要学习方法。

对于许多翻译成汉语的外国论著，我们都可以借鉴伊拉斯谟的"语境转换"阅读方法。它可以帮助我们打通与外部世界的联系。如果运用得法，其他国家的思想成果就能在中国社会文化背景的映衬下，变得更加鲜明。这样的阅读也可以成为一种对许多中国问题的有益思考方法，不妨称之为"阅读思考"。

阅读思考都是有具体文本对象的。从长短不等的传统文字产品到今天年轻人喜闻乐见的图画、音像、网络写作，多种多样。我这里涉及的只是一些学术性著作和少数文学作品。限于这样的题材范围，相关的阅读思考也可以视为某种意义上的"研究"。马克斯·韦伯说，"研究者在选择研究对象的时候从来就不是中立的，都是受价值关联的预示而进行"。这样的价值不仅包括自由、平等、人的尊严和公民的权利，而且还包括关爱、宽容、诚实、谦逊、公正、荣誉、信仰。这些都可以成为引导和滋润我们阅读思考的优秀价值。

我这本书里的阅读思考虽然可以当"书评"来读，但并不就是书评。书评的一个主要功能是评说。在英语中，"书评"(book review) 与学院写作的"同行评审"(peer review)或教师工作的"绩效考评"(performance review)等一样,它的 review 有评估和褒贬的作用。我阅读思考的目的不在于评估和褒贬,我关心的是那些可以引发思考的普遍性问题和富有启示的问题分析方式。

书评的另一个功能是读书指导,以生动有趣、文情并茂的美文来引导读者。这样的书评或书话经常着意于作者自己的文人雅兴与情趣,更由于篇幅短小局促,即便触及重要问题,顶多点到为止,无法充分展开。所以尤其不适用于思想类著作的评介。

我希望能找到一种思想承载量较大的文体,虽然不一定是独立的文体,但能有别于上述两种功能的书评。如今从外文移译而来的思想类著作在数量上远超过中文的原创著作。这些外来著作有它们自己的读者对象,它们在中国的语境转换也需要一种在书评之外的、容量较大的写作形式,起到披沙沥金、去粗取精的作用。这可以是一种借助阅读的思想随笔,篇幅足以允许观点的充分展开和想法的有序深入。

这样的思想随笔也许令人联想到学术性的文学或文化评论。然而,它并不等于学术评论,因为它并不只是以专业学术同侪为意向读者,也不受限于促狭专业自设的写作模式和规范,更不要说是在里面小心翼翼地亦步亦趋了。思想随笔是一种自由自在的写作,理性、持平、不矜不伐。它不是自娱自乐,更不是孤芳自赏,而是力求信而有征、发蒙起蔽。它离不开弥久常新的人文内容和贴近现实的问题意识,也需要教育良好、乐于思索的读者。我希望自己的阅读思考能聚焦于这样的内容和问题,我更希望,来自我自己阅读的一些重要东西能够在读者们的体会和思考中生发出新的意义。

前言：阅读的镜鉴
——20世纪的恶与抗恶

　　这本书里的20篇阅读思考，阅读的都是经典之外的、让我有所收益的重要著作。每个人都可能有在他自己阅读经验中积累起来的一些重要著作，也就是他能够从中找到对他来说是"重要东西"的著作。在书多得读不完，人忙得鲜有时间读书的今天，就更需要在阅读中格外留意对自己重要的东西了。对每一个人来说，可以从中发现重要东西的著作不一定要在公认的经典著作之列，但应该是对阅读者自己有思考启发作用的。本书中我阅读对我重要的著作，都直接或间接与我经常思考的一个重要问题有关，那就是20世纪的恶和抗恶。

　　美国已故思想家托尼·朱特（Tony Judt）在《重估价值：反思被遗忘的20世纪》（2008）一书里说，20世纪末至今的知识分子大多回避恶的问题。他感叹道，"现代世俗社会对'恶'这一概念感到不舒服已经很长时间了。自由派人士对它的不可调和的道德绝对性和宗教暗示性感到尴尬。20世纪伟大的政治宗教（political religion）宁可选择好与坏、正确与错误之类更理性化、更工具化的说法。但是第二次世界大战后，由于纳粹毁灭犹太人……'恶'的概念慢慢地潜回道德思维甚至政治思维的表述方式。汉娜·阿伦特或许是第一个认识到这一点的人，她在 1945 年写道：'恶的问题将会是欧洲战后知识分子生活中的根本问题。'另一位属于非常不同类型的、恪守宗教传统的 [波兰] 哲学家莱泽克·科瓦考夫斯基 [Leszek Kolakowski] 说得最好：'魔鬼是我们的经历中的一部分。我们这一代人见过太多极端认真地对待预言时的恶魔态度。我认为恶不是偶然发生的，不是道德不在场，不是某种变形或颠覆（或我们想得到的其他任何一种对立面），而是一种顽固的、不可救赎的事实。'"[1]

在 21 世纪的今天，对恶，我们需要的不只是哲学的或神学的思辨，而更是一种经历了 20 世纪极权人道灾难的"后灾难"思考。这正是阿伦特对恶作政治学和政治哲学论述的重要内容。思考和判断恶应该成为知识分子积极介入公共事务的方式，成为他们在认知和道德上抗恶的知识政治。目的明确的有效阅读和写作是它的一个重要部分。

阿伦特在《极权主义的起源》一书里指出，纳粹极权所造成的"现代恶"是一个"严酷现实"，而不是一个抽象概念，我们要把握这个现实，但传统的道德和政治学说已经不能为我们提供必要的智识和规范资源。[2] 我们需要一种对恶的"后灾难"思考。

传统的善恶观认为，恶的根源是与社会规范绝对相悖的"邪毒"欲念或行为。对恶的"后灾难"思考与传统善恶观不同，它具有明确的现实问题意识。它强调，极权之所以能存在，并造成大屠杀这样的人道灾难，是因为它营造了一种新的社会规范，而绝大多数遵纪守法、安分守己的"好公民"对之泰然处之、被动自愿服从，不能做出独立的思考、

---

[1] 托尼·朱特：《重估价值：反思被遗忘的 20 世纪》，林骧华译，商务印书馆，2013 年，第 17 页。

[2] Hannah Arendt, *The Origins of Totalitarianism*. Rev. edn. New York: Schocken Books, 2004, pp. 591-592.

判断和质疑。

发生 20 世纪那些不可思议的人道灾难，不只是因为少数人丧心病狂的邪恶，而且也是因为生活在"体面社会"里的"善良民众"以无条件的忍耐、配合和支持来共同作恶。这种历史劫难成为诗人弥尔顿所说的"看得见的黑暗"，让我们从一个独特的历史视角来透视恶，并借由对恶的认识，衍生出本书中对其他问题的思考：人性的黑暗面和心理进化机制、非理性的选择、集体噤声和沉默的螺旋、自由与奴役、定罪和审判、高尚的目的与残暴的手段、记忆和见证、陨落的神祇和破碎的信仰、知识分子的背叛和政治犬儒主义。

一、"恶"是阅读发现的"重要东西"

斯宾诺莎在他 1670 年版的《神学政治论》(*Tractatus Theologico-Polliticus*) 中有这样的观察："常常，在不同的书本中我们阅读到内容很类似的历史，但是，我们却根据自己对这些作家的既有见解来作出极为殊异的判断。我想起在某一本书中读过一个名叫奥兰多·弗里欧梭 (Orlando Furioso) 的人，常常乘坐一头长有翅膀的怪物飞越天空，遨游各国，独力杀死无数常人和巨人，还有其他这类从理性的观点显然属荒谬的幻想故事。我在奥维德 (Ovid) 关于帕修斯 (Perseus) 的故事中读过很类似的场景。《士师记》(*Judges*) 中参孙 (Samson) 和《列王纪》(*Kings*) 中以利亚 (Elijah) 的故事也很类似：参孙未带武器就独力杀死数千男子，以利亚搭乘一辆由数匹剽悍骏马所拉驰的火战车凌越天空，最后到达天堂。这些故事显然很相似，但我们对它们的判断却颇为悬殊。第一个是为了消遣；第二个是有政治目的；第三个则是有宗教目的。"[1] 阅读的目的不仅如斯宾诺莎所说，影响我们对文本的意义判断，而且还影响我们对文本的选择，因为这个选择本身就包含对意义的判断。在阅读中关注恶和抗恶，就是这样一种阅读目的的选择。

阅读的目的往往与阅读的问题意识是一致的，问题意识并不只是在阅读时才出现在我们的脑海里，而是持续地影响着我们关注和思考事物的方式和认知倾向，变成我们人生经历和生活的一部分。我是在"文革"中懂事成人的，这是我最重要的人生经历，一直对我的阅读和写作有影响。多年前，我就写过《抗恶的防线：阿伦特论"思想"和"判断"》（收在我的《人以什么理由来记忆》中），恶和抗恶是我关注的一个问题，并非从现在这本书开始。这个问题现在成为我阅读本书所论书籍的聚焦目标，是我个人的阅读，不代表这些书籍只能这样阅读。然而，这种个人阅读也可以有集体意义，因为这些书的其他读者也许会像我一样惊奇地发现，不只是我们在读这些书，这些书也在读我们，读出我们的现状和秘密——欲望、软弱、妥协、愚蠢、健忘、自欺、恐惧。我们透过这些书读懂自己，这些书也就成为我们的镜鉴之书（mirror books）。

在我阅读的许多作者中，阿伦特对恶的思考最令我受益匪浅。但是，我接触、感知和认识恶，却并不是从阅读阿伦特才开始的。《中午的黑暗》一书的作者库斯勒说，一种观念意识（他称之为"信仰"），不是由理论得来的，一个人不会只是由于他人的论述，在自己缺乏经验感受的情况下形成观念。观念形成时，阅读别人的理论可以有水到渠成的作用，让你觉得醍醐灌顶、豁然开朗。但是，这种作用只是发生

---

[1]　Alberto Manguel, *A History of Reading*. New York: Viking, 1996, p. 14.

在观念已经在你头脑里扎下了根苗的时候，然后，"它像树木一般的生长起来，它的枝叶花蕊向天空生长；它的根须扎向地下，伸入旧土壤，接受它的肥沃滋养"[1]。"文革"中的经历就是我先感知恶，后认识恶的"旧土壤"。

在人的直觉感受中，恶是超越道德极限的"不善"和"邪乎"，人对恶的本能情绪反应是厌恶和恐惧。恶也是一个关于"人"的本质的问题："人怎么可以这样?"因此，人们经常把恶与非自然界的"魔""鬼"或"妖"，而不是自然界的普通动物联系在一起。然而，正如萨弗朗斯基（R. D. Safranski）所说，"为了理解恶，人们无须烦劳魔鬼。恶属于人类自由的戏剧。它是自由的代价"[2]。恶是自然人性的一部分。

只是当我们目睹的"不善"和"邪乎"超过了我们心目中的极限时，我们才会感觉到"恶"的威胁。20 世纪的种种空前人间灾难一次又一次成为蹂躏人类的恶。

人为什么要阅读？只是为了增进专门知识、提升个人修养呢，还是要锻炼公共生活必不可少的独立思想和判断能力？怎样的阅读可以算是有益和有效的呢？孤独的阅读是阅读者个人的事，独自阅读的人也许不必理会这样的问题。但是，如果我们是与他人一起阅读，或者把阅读当作一件有公共意义的事情，值得通过写作，与他人交流，那么，就不能不思考这些问题。这些问题也还包含着阅读方法的考量——阅读是从文本到文本吗？还是有待联系当下的问题？单单前者，便会食而不化；单单后者，则又可能天马行空，自说自话。

---

[1]　克斯拉尔等：《破灭了的信心》，李省吾译，华国出版社，1950 年，第 21 页。

[2]　萨弗朗斯基：《恶：或者自由的戏剧》，卫茂平译，云南人民出版社，2001 年，第 1 页。

美国文学理论家赫施（E. D. Hirsch）在《释义学的三个维度》中提出了一种可以避免这两种偏颇阅读方式的释义观，特别适用作为公共行为的阅读交流。他区分了阅读中的"意义"（meaning）和"重要性"（significance）。文本的意义是稳定的，但它的重要性却会随着读者的不同兴趣和关心的问题而变化。重要性与意义不同，是因为重要性特别与思考、判断和致用有关。[1]释义不能脱离文本，但不是不能超越文本原来的意义。事实上，不同时代的读者一直都在作某种超越文本原初意义的阅读。中世纪读者阅读荷马或维吉尔，很清楚这两位是异教徒，不是基督教徒，不可能是在表述与基督教有关的意义。但是，中世纪读者仍然可以从自己的基督教立场来阅读荷马和维吉尔，作出适合于基督教义的释义。即便同一时代的不同读者，也会对同一文本有不同的释义。这经常不是因为对文本的意义有所分歧，而是因为对文本的重要性有不同的看法。用赫施的话来说就是，不同的读者在同一文本中发现了不同的"重要东西"，在我这本书里，恶就是我在阅读中发现的重要东西。

二、什么是"恶"

阿伦特是最早、最持续关注极权之恶的思考者，直到她 1975 年去世。随着纳粹极权及其大屠杀罪恶真相暴露，阿伦特提出，恶的问题

---

[1]　E. D. Hirsch, "Three Dimensions of Hermeneutics." *New Literary History*, Vol. 3, No. 2, Winter, 1972, pp. 245-261.

将成为战后知识生活（intellectual life）的根本问题。[1] 那么什么是阿伦特所指的恶呢？思考"恶"的问题对我们当今的"知识生活"又有什么意义呢？

阿伦特所指的恶首先是一种国家暴力，极权统治下发生的大屠杀、大规模政治迫害、镇压和监禁是国家暴力最明显的表现。认识恶也成为对现代国家暴力的政治思考，"任何现代政治思考的先决条件都是，必须认识人所能作的无法想象的恶"[2]。这个思想贯穿于她所有的著作之中。

阿伦特在未完成的最后著作《心灵的生命：思考》里表明，她思考恶不仅仅是因为有感于艾希曼的审判，而且更是因为西方哲学传统根本不足以帮助现代人了解和认识恶的"真正现实"。[3] 她思考的恶是由纳粹极权和大屠杀引发的特定问题，但也是她毕生关注的人的处境问题的一部分。她对恶的批判思考针对两种关于恶的不当观念。第一种是错误地认为，恶只是一种虚在，恶缺乏善的那种真实。第二种是局限地认为，恶是出自某种本身就邪恶和歹毒的动机。

针对第一种错误观念，阿伦特指出，传统西方哲学和神学对恶的真实性缺乏认识。[4] 人类总是纠结在这样的存在悖论之中，一方面，至高无上的神是仁爱万能的，另一方面，世上却苦难和残忍不断。为了调和这二者间的矛盾，哲学家和神学家采用的策略是弱化恶的现实

---

[1]　Hannah Arendt, *Essays in Understanding, 1930—1954*. Ed. Jerome Kohn. New York: Schocken Books, 1994, p. 134.

[2]　Ibid., p. 132.

[3]　Hannah Arendt, *The Life of the Mind*. San Diego, New York, and London: Harcourt Brace & Co., 1978, pp. 3-6, 33-34.

[4]　Ibid., p. 804.

性。他们把恶理解为神所作的一种安排，凡人是难以理解恶的，有了恶，人类才需要，也才能争取更完美的道德之善。这种观念的恶是虚位的，没有实质性。例如，奥古斯丁说，恶是一种"非在"（non-being），是"去善"或"无善"（privatio boni），恶本身不具有真实性。[1] 阿伦特称这种对恶的看法为"辩证法体操"（dialectical acrobatics），"是一种强辩恶可以产生善的迷信神话"。[2] 我们所熟悉的"坏事变好事"或"坏事是为做好事交学费"就是这样的辩术，其结果是，坏事失去了实质是"坏"的意义或真实性。

阿伦特认为，以奥斯维辛为象征的"传统断裂"使得传统对恶的解释不再有效。[3] 发生在极权统治焚尸炉和集中营里活人身上的苦难都是实在的恶所造成的，绝不是抽象的辩证法或神学推理所能轻易取消的。这样的恶必须成为后极权时代人类自我认知的一部分，而不能用历史辩证法来消解。对此她写道："'否定力量'的辩证……始于更早的哲学偏见：恶不过是善的不在，善可以由恶发生，也就是说，恶不过是尚未显现的善的暂时显现而已。"[4] 把暴力用作革命唯一有效的手段，以为暴力可以导致良善，就是这样的一种迷思谬误。

针对第二种错误观念——恶出于罪恶动机，阿伦特指出，恶无须有特别的动机，恶的动机是普通人都会有的七情六欲。她在《艾希曼

---

[1]　Arendt, Hannah, *Love and Saint Augustine*. Ed. J. V. Scott and J. C. Stark. Chicago: University of Chicago Press, 1998.

[2]　Arendt, Hannah, *The Origins of Totalitarianism*, p. 570.

[3]　Arendt, Hannah, *Between Past and Future: Eight Exercises in Political Thought*. New York: Penguin Books, 1968, pp. 26 ff.

[4]　Hannah Arendt, *On Violence*. San Diego, New York, and London: Harcourt Brace & Co, 1970, p. 56.

在耶路撒冷》一书中，集中批判了恶必有歹毒之念的成见，提出了著名的"平庸的恶"的论述。平庸的恶不是人们传统理解的那种邪毒和阴险动机的作恶，而是一种在"作恶动机"缺席的情况下所犯下的可怕罪行。这种罪行是在政治统治制度和社会话语中被"正常"化的，因此更加残忍，也更难以察觉。[1] 阿伦特特别强调，不能把恶的行为只是当作人性内在败坏的外部表现，而是应当认清，恶是具体个人实实在在的社会和政治行为。这种行为的动机经常是平凡寻常、平庸无奇、司空见惯的。这样的动机让此行为成为"平庸的恶"，而不是"非恶"。艾希曼的行为动机是仕途前程，他的诌媚和奉承都很平淡无奇，但他的所作所为造成了数百万人的死亡和受难。尽管他并没有魔鬼的动机，但他的行为是邪恶的。[2]

　　阿伦特以 20 世纪的极权和人类屠杀为思考恶的问题意识来源，为了认识现代历史的黑暗时刻，她要褪去一直包裹在恶外面的那层神秘面纱，还其世俗、历史和政治的面目，也就是莱泽克·科瓦考夫斯基所说的，恶"不是道德不在场……而是一种顽固的、不可救赎的事实"。恶的发生不需要借助神力或魔力，但必须借助普通个人的行为和影响这些行为的社会制度和政治关系。在阿伦特看来，恶是现代社会独一无二的现象，是在"集中营、酷刑室"的"人间地狱"里制造出来的。[3] 恶使得"不可能的事情变成可能"，使得不可想象的事情真的发生，使得人们再不能用个别人的"阴狠""歹毒""蛇蝎心肠"来解

---

[1]　Hannah Arendt, *The Jew as Pariah: Jewish Identity and Politics in the Modern Age*, ed. Ron H. Feldman. New York: Grove Press, 1978, p. 417.

[2]　Hannah Arendt, *Eichmann in Jerusalem: A Report on the Banality of Evil*. Rev. edn. New York: Penguin Books, 1965, pp. 3-4.

[3]　Hannah Arendt, *Essays in Understanding*, p. 383.

释在极权制度中大规模发生的人道灾难。[1]

阿伦特在致哲学家雅斯贝尔斯的一封信里，把恶简洁地定义为"把人变为多余"[2]。恶不是一个超现实、超自然的存在，而是极端不把人当人的现实制度罪行。无论是把"有用的人"当作多多益善的"螺丝钉"，还是把"无用的人"当成废料来处理，都是不把人当人，都是把人当成多余之物，都是对人的绝对非人化。恶便是这种非人化的集中显现，它的可怕在于它总是发生在看似正常的制度和社会环境里，成为一种在不知不觉中把人变成要么是施害者，要么是受害人的制度力量。

将人非人化是一种制度性的人性戕害，也是对人的个性毁灭。制度性的暴力摧毁和取消人之所以为人的个体价值，使人成为"多余"，阿伦特称此为"人性的现代放逐"。[3] 它经常并不需要真的杀人，而是将人变成非人或废人，剥夺他们做人的尊严和权利，把他们当作予取予求的一次性用具或废弃之物。把人变成废人，最有效的办法就是根绝人的自由意志，将人的自由意识和独立想法从他们的头脑里清除出去，代之以强行灌输的"正确思想"。这种从最初级教育开始的，并在日常生活中不断加强的洗脑窒息了人的意识，削弱了人的智慧，消解了人的行动勇气，使人立不起志愿、挺不起脊梁、未老先衰、头脑空空，犹如被主人豢养的家畜或牲口。

2400 年前，希腊哲学家色诺芬（Xenophon，约公元前 430—前 354）在

---

[1]　Hannah Arendt, *The Origins of Totalitarianism*, p. 591.

[2]　Hannah Arendt and Karl Jaspers, *Hannah Arendt/Karl Jaspers: Correspondence 1926—1969*. Eds. Lotte Kohler and Hans Saner, trans. Robert and Rita Kimber. New York: Harcourt Brace Jovanovich. 1992, p. 166.

[3]　Hannah Arendt, *The Origins of Totalitarianism*, p. 384.

他的《居鲁士的教育》中就说过，人是最难统治的动物，其他的动物都比较好对付。色诺芬写道："我们看到，凡是牲口，都比人类更愿意服从统治，更愿意服从看管。牲口会按看管者的指引到任何地方去，看管者把它们赶到哪里，它们就在哪里吃草；看管者不带它们到哪里去，它们就不到哪里去。至于从它们身上得到的好处和利益，牲口总是让看管者想怎么处置就怎么处置。我们从来没有见过牲口联合起来反对看管者。牲口不会不服从，或者不让看管者随意支配从它们那里得来的利益。牲口还特别亲近那些统治它们，从它们身上得益的看管者，而对陌生人则抱以敌意。与牲口不同，人类一察觉有人想要统治他们，就会团结起来，进行反抗。"[1] 牲口避弃陌生人，喜欢自己的主人，只要主人管它们的食宿之需就行。它们不会阴谋串联为害主人。人类与牲口不同，当他们察觉到有人要统治自己的时候，就会联合起来对抗，破坏这种企图。人还知道，当统治者比当被统治者舒服，所以都宁愿当统治者。因此，只要民众有人的意识，统治者就无法高枕无忧。

把有个性的人变成千人一面的奴民，不是消灭他们，而是把他们改造成能让专制统治完全放心的"新人"。这样的芸芸众生就此成为与专制独裁统治目的相一致的，特别有利用价值的顺民。阿伦特是见证了 20 世纪极权的一系列灾难，才形成"多余的人"想法的。[2] 她看到"杀戮远不是人对人所能进行的最严重残害"[3]，更为严重的非人化残害经常发生在"正常"的社会环境和政治秩序中，它精致的恶让粗糙

---

[1]　Xenophon, *The Education of Cyrus*, 1.1.2.

[2]　Hannah Arendt, *Between Past and Future: Eight Exercises in Political Thought*. New York: Penguin Books, 1968, p. 27.

[3]　Ibid., p. 127.

的谋杀相形见绌，退居为"有限的恶"。[1] 比起暴力杀戮，废除人的意志和自由意识是更严重、更可怕的恶，因为它摧毁的不只是个人，而且更是"人的存在本身"。[2]

三、恶与暴力

恶的最显见的形式是直接暴力，包括杀人、酷刑、残害、镇压，然而，恶也同样可以渗透到各种相对隐蔽，因此容易被忽视的文化和制度性间接暴力之中。研究和平理论的著名学者约翰·加尔顿（Johan Galtung）把暴力定义为"任何使人无法在肉体或是思想上实现他自身潜力的限制"。为了进一步说明什么是"暴力"，他把暴力区分为"直接暴力""结构性暴力"和"文化暴力"三种形式。直接性暴力的形式（杀戮、残害、肉体折磨等）和与直接暴力有关的压迫形式（监禁、管制、奴役）是造成社会政治性恐惧的最直接原因，也是最赤裸裸、最野蛮的形式。社会越现代化，直接暴力就越为结构性暴力所代替。结构性暴力是通过现代国家的政治、社会和经济体制来起作用的，它并不需要直接针对暴力对象的肉体。加尔顿把结构性暴力总结为四种表现：剥削、渗透、分裂和排斥。他对这四种表现的分析和说明都是从压迫着眼的：剥削是一种使一方受惠的"劳动分工的不平等结构"；渗透是指"统治的一方通过控制被统治者或对被统治者的思想控制，来占据中心位置"；分裂是指"分裂和隔离被统治者，将之分而治之"；排斥则是将

---

[1] Hannah Arendt, *The Origins of Totalitarianism*, p. 570.

[2] Ibid., p. 571.

被统治者置于边缘地位。尊卑等级、贫富差别、经济和政治权力的不平等关系都是结构性暴力的主要形式。无论是直接暴力还是结构性暴力，都必须依靠文化暴力来获得合理性和道义辩护。文化暴力乃是指文化中那些能被用来为直接性的或结构性的暴力辩护、使之合理化的方面。[1]

把暴力视为恶的主要形式（当然不是唯一形式），是因为暴力威胁到人之为人的基本自由。暴力是工具性的，使用暴力是有目的的，是为了把暴力的对象，人，当作没有主体意志和选择自由的物体来控制。[2]美国著名政治学者伯恩斯坦指出，二战后，阿伦特对恶的关注集中在直接暴力的可见形式。[3]她对恶的思考和论述都是从她所熟悉的那个时代的现实经验出发的。她最为关注的是大屠杀、焚尸炉、古拉格、劳改营、秘密警察、恐怖统治这样的铁拳暴力，她没能活着看到专制暴力从铁拳改变为戴上丝绒手套的那一天。

今天，阿伦特熟悉的极权暴行大多已经改变了形式，但并没有绝迹。正如道布森在《独裁者的学习曲线》中所指出的，今天的极权政权领导者与20世纪的独裁者不同。新兴的极权国家不再直接使用旧式极权的赤裸裸暴力和血腥手段，以此剥夺人民的一切自由和实行恐怖统治。新的极权专制给人民许多表面与程序上的"自由"，但始终渗透并控制着那些权力赐予人民的自由。在经济上，新的独裁者更聪明，

---

[1]   Johan Galtung, "Violence, Peace, and Peace Research." *Journal of Peace Research* 6 (1969)：167-191.

[2]   Hannah Arendt, *On Violence*. San Diego, New York, and London: Harcourt Brace & Co., 1970, pp. 4, 46.

[3]   Richard J. Bernstein, "Are Arendt's Reflections on Evil Still Relevant?" *The Review of Politics* 70 （2008）：64-76, pp. 66, 74.

不再封闭守贫，切断与世界的联系。他们懂得从全球体系获得资源，却不会失去自己的统治权，其最重要的三个手段便是金钱收编、利益分化和虚假宪政民主。[1] 新时代的恶有了许多阿伦特无法预见的新形式。

新形式的暴力让人生活于其中的不再是纳粹时代那种赤裸裸的恐怖，而是一种更微妙的害怕。迫于这样的害怕，人们对"敏感"事件、议题、人物保持集体沉默，共同参与营造一个充满谎言和犬儒主义的假面社会，并投入一种大家都心知肚明的扮傻游戏。旧式的专制宣传虽然武断、强梁，但总还试图用官方话语对民众产生实质影响，收到改造思想的功效。与此相比，新式专制官方话语则干脆把民众当成弱智和傻子。它的谎言比旧专制谎言更赤裸裸地藐视和作践人的智商和理性。它的逻辑是，你知道我说谎，我知道你知道我说谎，我还知道你不敢说你知道我说谎，我特别享受的就是你知道我说谎，但还必须装作相信我的样子。我就是要你装傻子，让你知道你自己装傻子还不敢说，这才叫你知道我的厉害。这样的人格污损和屈辱使受害者因为不得不配合"装孙子"，所以连自己都看不起自己，永远都挺不起腰杆来。当全民被迫投入这种"扮傻游戏"时，整个社会弥漫着犬儒心态和玩世不恭。然而，装孙子的和扮傻的，虽然眼被蒙住了，但眼睛并不瞎。他们既然这么善于装傻，定然不是一般的精明，傻民装傻，假戏真做，嬉笑怒骂、戏仿揶揄、挖苦谑戏，但就是不敢明确地说出自己的真实想法。奥威尔《1984》一书里的那些最本质的极权社会特征还在延续，许多人过的还是双重生活，运转的还是"双重思维"（double

---

[1]　　William J. Dobson, *The Dictator's Learning Curve: Inside the Global Battle for Democracy*. New York: Doubleday, 2012.

thinking），说的还是"真理部"编制的"新话"（newspeak）。

恶与暴力的新形式和新特征是在专制统治方式的演变中形成的，今天专制统治的暴力形式变化多端，直接暴力已经远不是暴力的全部。事实上，人们受害最广、体会最深切的恶往往并不是由直接暴力造成的。例如，官贵民贱的制度压迫、普通人在日常生活中遭受制度性的羞辱和权利剥夺、巨大的贫富差异、与暴富同时存在的赤贫、竭泽而渔的发展和对自然环境毁灭性的破坏、法治和公共媒体因少数人利益集团的公器私用而信用全毁，所有这些都是在暴力的间接作用和支持下发生或维持的。在权力和金钱面前，人变得越来越渺小，越来越无足轻重，越来越边缘化。这也是最本质意义上的非人化和人的废料化。对此，阿伦特在半个多世纪前对"人成为多余"的论述仍然一语中的："极权解决方案在极权覆灭后会仍然有效，只要仍然无法以与人的价值相配的方式减轻政治、社会和经济的不幸，极权解决方式就一定仍然有强大的诱惑力。"[1]

阿伦特把抗恶当作她那个时代知识分子生活中的根本问题，把个人独立的思考和判断作为抗恶的必要手段。今天的知识分子生活也同样需要重视恶和抗恶的根本问题，同样需要对恶有所思考和判断，作为知识分子生活必须部分的阅读和写作也是如此。中世纪，每一个本笃会修道院（Benedictine monastery）都有一个图书馆，一位僧侣写道："修道院若没有图书馆，就好像一个没有军械库的城堡。图书馆就是我们的军械库。"[2] 图书馆不只是藏书的地方，而更是阅读的地方，不被人阅读的书是与思考和判断无关的死物收藏。思考和判断的阅读是人的

---

[1]   Hannah Arendt, *The Origins of Totalitarianism*, p. 592.

[2]   Brian Moynahan, *The Faith: A History of Christianity*. New York: Doubleday, 2002，p. 136.

生命的行为，不是无根之木或无源之水。美国图书馆学教授兰克斯（R. David Lankes）说，"糟糕的图书馆增加收藏，好的图书馆提供服务，优秀的图书馆建设社群"。具有公共意义的阅读应该与他人一起积极探寻那些对人类有共同意义的问题，恶就是其中之一。

把恶认作为恶，而不是淡化为平常、单纯的过错、失误、不成功、交学费，是为了看到，恶对于人之为人，对于人应有的生活品质都是极为严重的破坏和摧残。人的自由是对抗恶的唯一力量，思考和判断是自由手持的矛和盾，阅读可以成为淬炼思考之矛的炉火。"恶不是抽象的概念，恶是由人自己打造的对人类存在的威胁。恶发生在人的具体社会生活中，对活生生的个人造成持久的肉体和精神伤害。恶使人自甘堕落到非人的境地。恶既然并非由至恶的魔鬼所造成，抗恶就不可能由至善的上帝来完成。人抵抗邪恶需要人自己作出鲜明的道德判断，只有当人把某种威胁判断为恶时，他们才能坚持拒绝与它合作。在恶特别猖獗的时代，恶瓦解人的道德判断能力，成为人的生存常态，抗恶便成为一件非常艰难、非常危险的事情。"[1] 这曾经是我在阅读阿伦特时得到的重要的东西，今天仍然如此。

四、主题与议题

恶与抗恶是本书的主题，从这个主题衍生出多个不同议题的讨论，编辑为四个部分。关注恶是为了抵抗恶，虽然我们不能从这个世界上消除恶，但我们可以认识恶，增强我们对恶的免疫力，即使在恶

---

[1] 徐贲：《人以什么理由来记忆》，吉林出版集团有限责任公司，2008 年，第 34 页。

展示它最迷人的诱惑力时，也拒绝与它合谋。这就需要从认识我们自己和构成我们每个人自我的人性开始。这是本书第一辑"人性"的主要内容。恶能够将"好人"变成恶魔，除了制度和环境的力量，还因为人性中已经包含了恶的因素。专制权力或极权制度并没有发明"非人化"，非人化的思维、心态和语言从古代就开始支配人的歧视、敌对和暴力行为。正如大卫·史密斯在《非人：为何我们会贬低、奴役、灭绝他人》中指出的，纳粹对犹太人的大屠杀、日本人视中国人为理应被宰杀的劣等民族、"文革"中对"牛鬼蛇神""黑七类""黑九类"的肆意残害，都是调动了普通民众人性中原有的非人化本能和意愿。制度的力量虽不发明，但却能利用、放大和加剧个体的人性恶因素。

菲利普·津巴多在《路西法效应：好人是如何变成恶魔的》一书里，谈到了"探索人类本质的黑暗面"的问题。他的"斯坦福实验"是一个关于作恶的社会心理学实验，他对读者说，"我邀请你……用当事人的观点来看邪恶。有时候，这些观点可能是很丑陋且肮脏的，但唯有通过检视和了解罪恶的原因，我们才能经由正确的决定，创造共同的行动来改变、拒绝、转化罪恶"[1]。作恶的情境力量与人性黑暗面之间有着相辅相成、相互激化的关系，为我们提出了一系列需要检视的问题，"诸如顺从、服从、去个人化、去人性化、道德背离及姑息的罪恶"[2]。迷信、轻信、贪婪、仇恨、精神官能症、低自尊、害羞、偏见、羞愧和过度害怕，人是在这些人性黑暗因素的作用下，才

---

[1] 菲利普·津巴多：《路西法效应：好人是如何变成恶魔的》，孙佩妏、陈雅馨译，生活·读书·新知三联书店，2010年，第19页。

[2] 菲利普·津巴多：《路西法效应》，第20页。

对有害的政治和社会影响失去抵抗力的。只有充分了解这些人性黑暗因素，我们才有可能了解如何对抗那种用心灵控制、恐惧逼迫和物质利诱来控制普通人的极权统治。

本书的第二、三辑"梦魇"和"暴力"涉及极权统治的制度性作恶和普通人在其中的集体合谋，也涉及不止一种对暴力史的阐述。许多对极权梦魇和暴力之恶的思考都是以创伤记忆、回忆、个人反思、文学创作等形式出现的，让我们特别生动、具体地看到恶的非人、毁人和不把人当人的残酷细节。

今天，我们对极权统治的暴力本质有了比前人更多的认识。这种认识是不止一代人逐渐累积和加深起来的。许多前人挣脱极权意识形态梦魇的亲身经历，今天仍然在为我们提供宝贵的镜鉴。早在 1930 年代，奥威尔、库斯勒和许多其他左派知识分子，对革命暴力进行反思。库斯勒在小说《中午的黑暗》中引用了德国社会主义者拉萨尔（Ferdinand Lassalle）的诗句："没有道路就别给我们指出目标 / 因为这世上的目的与手段从来就很纠缠 / 你动了这个就改了那个 / 每一种不同的走法都会去到一个不同的地方。"革命的手段与目的是不可分割的，什么样的手段就会把革命引向什么样的目的。

暴力虽然起先总是工具性的，但它很快便会被赋予本质美好的"解放"使命。既然暴力手段要达到的目标是高尚和伟大的，暴力本身也就变得神圣起来，被当作一种用血来为美丽新世界庆生的仪式和典礼。非洲反帝反殖运动的前驱人物法农也曾宣称，不使用暴力便不能实现社会和政治意义上的存在意识解放。他强调，暴力反抗对实现存在意识解放有净化灵魂的作用。他相信，"唯有经过暴力抗争……人的意识才能有所转变"，因此，暴力具有社会变革和存在意识的双重正义性。[1] 但是，后来的历史证明，在非洲的许多国家里，暴力革命并没有为那里的人民带来自由和解放，而只是让自己国家的奴役代替了殖民主义的奴役。

其实，托克维尔在《旧制度与大革命》中早就指出，革命暴力摧毁自由，与专制统治剥夺自由没有本质的区别，而且还会带来更严重的危害，缔造更专制的专制。对暴力的法国大革命他写道，"（革命）的成功世所未闻……旧的统治者垮台了，但是它的事业中最本质的东西仍然未倒；它的政府死亡了，它的行政机构却继续活着，从那以后人们多少次想打倒专制政府，但都仅仅限于将自由的头颅安放在一个受奴役的躯体上。从大革命开始直至今日，人们多次看到对自由的酷爱时隐时现，再隐再现；这样它将反复多次，永远缺乏经验，处理不当，轻易便会沮丧，被吓倒，被打败，肤浅而易逝"。旧制度给大革命提供了它的许多形式和手段，大革命只不过又加进了它自己独特的暴力和残忍而已。革命给一些人带来了难得的历史机遇，让他们得以利用主子的错误和过失，自己成功地变成了主子。他们摆脱了主子的统治，并从主子那里得到了不止一种好处，其中最有价值的便是从主子那里继承了当主子必须懂得运用的暴力手段、驭民谋略、政治权术、凶狠手段、君王的伪善和专制的野心。托克维尔感叹的是，一种看不见，但却几乎是万能的锁链把革命后的现实与革命前的历史，"把儿辈的志趣与父辈的爱好连结在一起。不论一代人如何彻底地向前一代人宣战，但是与前一代人作战容易，要与他们截然不同很难"。[2] 托克维尔所感叹的那个"万能的锁链"便是暴力统治的逻辑。

---

[1] Frantz Fanon, *Black Skin, White Masks*. New York: Grove Press, 1967, pp. 220-222.

[2] 托克维尔：《旧制度与大革命》，冯棠译，商务印书馆，1996 年，第 240 页。

　　本书第四辑"挣脱"关注的主要是知识分子与抗恶的关系。知识分子对恶的抵抗，不只是抵抗邪恶或不道义的权力，而且也是抵抗与之相安共存并推波助澜的文化、价值、教育、记忆方式和思维习惯。知识分子与恶的不同关系和对待恶的不同方式都是政治性质的，这使得知识分子政治成为本书这一辑的重点。知识分子经常是极权之恶的受害者和抵抗者，但也经常有意无意地成为极权之恶的支持者或合谋者。奥威尔是最早批评西方左派知识分子与恶共舞的作家。本辑涉及的许多左派知识分子只是凭幻想或想象，用一种遥远的意识形态来替代他们自己失落了的宗教信仰。

　　这些左派知识分子的同时代人中，还可以包括马克·里拉在《当知识分子遇到政治》一书里所说的"亲暴政的知识分子"，其中最著名，也是最有影响的，"包括纳粹德国的马丁·海德格尔和卡尔·施米特，匈牙利的乔治·卢卡奇"。[1] 里拉阅读这类知识分子的时候，要发现的重要东西也是恶，一种与知识分子特别亲缘的恶——"到底是什么促成了 20 世纪的思想界对暴政的捍卫呢？西方政治思想源于柏拉图在《理想国》中对暴政的批评与他对叙拉古的失败之旅，它又何以会走到恭敬有加地主张暴政是好的，甚至美妙的这一步的呢？"[2] 1930—1940 年代的极端政治情境使得许多知识分子觉得必须在意识形态的对垒中选边站队，今天已经不再是这样的情况，为什么还会出现得不到民主就自愿接受专制的选择呢？本书第一辑中埃尔斯特的《酸葡萄》给了我们合理的解释，里拉同样建议我们回到人自己，而不只是从外部原因

---

　　[1]　马克·里拉：《当知识分子遇到政治》，邓晓菁、王笑红译，新星出版社，2010 年，第 145 页。

　　[2]　马克·里拉：《当知识分子遇到政治》，第 146 页。

寻找解释。他说，"20世纪的事件仅仅以极端的方式展现了知识分子的亲暴政思想，其根源在不那么极端的政治情境下并没有消失，因为他们原本是我们灵魂的一部分。倘若我们的历史学家真的想要理解'知识分子的背叛'，那么他要去检验的地方就是——内心世界"[1]。这就又回到了本书第一辑的一些人性议题。议题的巡回和交叉可以当作阅读本书的一个提示：恶和抗恶的主题只是一个出发点，不是终结。在本书相互独立的多个议题之间，读者不妨以自己的方式建立方便的联系，补充自己的问题，添写自己的想法，确认自己认为是重要的结论。

---

[1]　马克·里拉：《当知识分子遇到政治》，第157页。

第一辑

人性

1 沉默中有明白的声音

——伊维塔·泽鲁巴维尔《房间里的大象》

　　美国社会学家伊维塔·泽鲁巴维尔（Eviatar Zerubavel）的《房间里的大象：生活中的沉默和否认》是一本可以一口气读完的小书，但却是一本颇耐寻思的书。泽鲁巴维尔长期研究人的认知应该如何放到社会和文化环境中去理解的问题，《大象》是他整体研究的一部分，其他的著作还包括 *Time Maps, Hidden Rhythms, Social Mindscapes* 等等。社会学对认知问题的研究与心理学和神经生物学不同，但也有所联系，它的重点不在于个体的普遍心理，而在于个体的社会心理。它视野中人的认知是在社会文化环境中形成的，个人既受到这个环境的影响和限制，也参与形成和维持这个环境。

　　"房间里的大象"指的是，人们参与在一个如房间里的大象一般显而易见的"公开秘密"中，"人人心知肚明，却没有人当面提起"。（3页）[1]这种公开的秘密其实也是一种合谋的沉默。泽鲁巴维尔分析了它的多种构成因素：秘密、恐惧、尴尬、禁忌、愚昧，尤其是否认。造

---

　　[1]　伊维塔·泽鲁巴维尔：《房间里的大象：生活中的沉默和否认》，胡缠译，重庆大学出版社，2013 年。出自此书的引文皆在括号中标明页数。

成真相或事实否认的可能是心理的或社会的因素，也可能是政府意识形态的控制，其中最有效、危害最大的是政治权力的压制。政治权力操控媒体、滥用宣传、恫吓威胁、欺骗误导，对民众进行洗脑和思想限制。合谋的沉默不仅是一种社会现象，而且它本身就是一种社会性结构，泽鲁巴维尔称之为"沉默的双重墙壁"——通过集体性的不看和不做、不听和不说，整个社会营建起一种如"双重墙壁"般厚重的沉默。它对否认进行否认，对沉默保持沉默，是一种对真相的双重把守，视真如仇、守谎如城。《房间里的大象》一书的论题和论点简洁明了，但同时也为我们讨论集体沉默提出了一系列值得进一步深入思考的问题，其中包括，不同社会制度中的沉默特性可能有何不同、"双重墙壁"与"沉默的螺旋"有何区别和关联、秘密与沉默合力缔造怎样的专制暴政。

一、三种不同的沉默机制

泽鲁巴维尔在《房间里的大象》中提到了三种可以加以区分的沉默机制，它们分别是礼仪性沉默（世故）、社会习惯的沉默（禁忌）和政治性沉默（政治正确），它们是在不同"压力"下形成的沉默，前两种的共同特征就是它们的非政治性。(57 页) 在一般情况下，这三种沉默是可以相互渗透、混杂和转换的，但是，在政治高压的制度中，政治性沉默则因其依赖高压统治、暴力惩罚和集体恐惧而另属一类，所以需要另作讨论。对此泽鲁巴维尔写道："世故与禁忌之间的界限并不像看起来那么泾渭分明。由'政治正确'（political correctness）引发的沉默就是一例，当人们不使用种族标签，以避免被看作是种族主义者时，该界限就开始变得模糊不清了。这种'礼节性的压抑'（polite repression）是缺少明确权力结构及高压政治元素的社会环境和情境下所特有的。可以想象，在具有明确权力结构的社会环境和情境中，人们被噤声的特定形式将颇为不同。"（56—57 页）

礼仪或社会习俗的沉默也常称为静默，静默是一种自我节制，也是对某种"压抑"的服从。"礼节性的压抑"（polite repression）是社会交际习俗性的规范，是民间生活传统的一部分，并不是由政府权力或其他公共权威体制来规范的。例如，作为交谈礼仪的一部分，礼节性的沉默一直受到人类学、语言学、社会文化学等的关注。美国人类学家巴索（Keith Basso）研究了美国西部阿帕奇（Apache）部落文化的沉默后发现，阿帕奇人认为在许多场合都应该保持静默，而在西方人看来，这些应该是说话的场合。巴索认为，阿帕奇人这样看待沉默是因为，"知道什么时候不说话和知道什么时候该说话一样，决定着什么是文化意义上的合适行为"。例如，解决冲突，西方人用谈的，阿帕奇人会用沉默不语。巴索解释道，"这种时候，当事人会觉得与对方的关系尚不明朗，难以预测"，所以先不要说话为好。[1]

奥斯特贝格（E. Österberg）在对冰岛人的研究中也得出类似的结论，"冰岛人会在可能有危险的时候保持沉默，而说话几乎总是危险的"[2]。这类似中国人说的"祸从口出"。她认为，在冲突时保持沉默，是一种"拖延策略"，而且，不说话是因为"说出口的话就再难收回"。这也类似于中国人说的"覆水难收"。不随便表态，不一定是因为具有

---

[1]　Keith Basso, "To Give up on Words: Silence in Western Apache Culture", rpr. In G. G. Giglioli, *Language and Social Context*. Harmondsworth, 1972, pp. 67-86.

[2]　Peter Burke, *The Art of Conversation*. Cornell University Press, 1993, p. 126.

"君子一言，驷马难追"的美德，而是话一出口，便难以收回。与其说了之后麻烦，还不如干脆别说。说话和花钱一样，虽然一时痛快，但一出去，就回不来了。

静默本身可以是一种交流的形式。英国 19 世纪诗人特普（Martin Tupper）说，"适时的沉默比说话更雄辩"[1]。当然，这不一定是指文学创作中所运用的那种尽在不言之中的沉默。美国社会学家高夫曼（Erving Goffman）说，交谈的礼仪是"一种公共的安排，让人知道什么时候必须说话，什么时候应该沉默"。语言学家称此为"社会体制性不语"或群体决定的沉默。[2]

交际中的沉默经常会伴随不同手势和面部表情，因此具有足够的表意作用，表达的是热情、冷淡、亲密、疏远、客气或敌意等等。不同人士对交际中的沉默有截然不同的看法。中世纪法国神学家和诗人德·里尔（Alain de Lille）称沉默寡言为傲慢无礼，萧伯纳则称沉默是"最完美的鄙夷表现"。法国作家德·梅内（Chevalier de Méré）说，沉默不语是"一个大毛病"，另一位法国作家德·拉罗什富科（Duc de la Rochefoucauld）则主张，"人要知道什么时候该沉默"。[3]

礼仪性静默需要知道什么场合不该出声（如庙宇、博物馆、剧院、图书馆），对谁不要作声（如皇帝或死人），如何用静默表示敬畏（对神、统治者，为官员出行开道的"肃静""回避"），谁应该少言寡语（公婆面前的媳妇、主人面前的奴仆）。

有时候，个人之间的礼仪性沉默（合宜或得体）与群体和社会的习俗沉默（禁忌、规矩）的区别会变得模糊，于是形成某种集体性沉默。

---

[1]　Peter Burke, The *Art of Conversation*, pp 123-124.

[2]　Erving Goffman, *Forms of Talk*. Philadelphia: University of Pennsylvania Press, 1981, p. 121.

[3]　Peter Burke, The *Art of Conversation*, pp. 125-126.

法国社会学家孔德（Auguste Comte）称此为"沉默的合谋"（conspiracy of silence）。例如，西西里岛上有"缄默"（Omerta）的规则，要求族群内部的事情不对外人谈起。黑帮和党派也有类似的规矩，称为"纪律"或"党性"。这些组织惩处破规者比对敌人还要凶狠，是一种靠恐惧和合谋来维持的沉默。[1]

沉默经常是一种令对手害怕的威胁方式和压制对手的震慑手段。美国人类学家吉色南（Michael Gilsenan）曾记下一位械斗者的话："他什么都不说，沉默真叫人害怕。"[2] 什么都不说往往比大声吼叫、谩骂、肆意宣泄更为可怕，即所谓的"暴风雨前夕的宁静"。具有攻击性的集体（如军队、秘密警察）为了保持震慑和威吓的势能，都一定会有严格的噤声保密纪律。

沉默对宗教有着特殊的意义，也是许多专门研究的课题，属于社会语言或社会文化学的范畴。麦克康夫莱（E. McCumfrey）指出，"沉默是宗教最本质的因素之一"。[3] 宗教沉默不止一种，有个人的、群体的、异教的、基督教的、教堂内的、祷告者的等等。与其他形式的礼仪性沉默一样，宗教沉默经常不是负面的，而是有正面的意义。宗教沉默是一种对神的敬畏和虔诚，是在内心倾听神旨的方式，由于说话无法表达心灵和精神的至深感受，所以缄默不语。《道德经》的"大音希声"，维特根斯坦在《逻辑哲学论》中说的"凡不能说的，必须保持

---

[1]　Peter Burke, The *Art of Conversation*, p. 127.

[2]　Michael Gilsenan, "Lying, Honour and Contradiction", in *Transaction and Meaning: Directions in the Anthropology of Exchange and Symbolic Behavior*. Ed., Bruce Kapferer, Philadelphia, Institute for the Study of Human Issues1976, p. 202.

[3]　E. McCumfrey, "Silence", in *Encyclopedia of Religion*. Ed. M. Eliade. New York, 1987, Vol. 13, p. 321.

沉默"，也都可以作宗教性沉默的理解。

泽鲁巴维尔在《房间里的大象》中研究沉默，重点是"集体性否认的形成机制和结构"，这是一个兼及社会性沉默和政治性沉默的选择。他关注的只是那些负面的，而不是可能有正面意义的沉默。他对自己的议题选择写道："我首先从审视各种各样的社会规范、习俗和人们关注以及交流的传统入手，观察人们把哪些视为值得关注的和可以讨论的，又有哪些是被视作无关紧要的和可以忽视的。其中，我特别审视了那些约定俗成的，禁止人们去看、去听和去说的习俗，无论是不可越雷池一步的绝对禁区，还是说一些相对更微妙的、世故城府的处世准则。"（24—25 页）这些大多是造成社会性沉默的传统禁忌和习惯忌讳，包括性和与性有关的生理、癖好，尤其是同性恋问题，也包括成为"不方便话题"的种族问题、贫困或城市无家可归者的问题等等。

政治性沉默是泽鲁巴维尔关注最多的问题，如德国人那里与纳粹屠杀犹太人有关的话题，还有某些国家对一些重大历史事件和政治人物的噤声。他说，"在我们和他人讨论交流中，哪些不能进入我们的意识，又有哪些不能公开承认其存在，这不仅仅受迫于社会规范和习俗的压力，也有来自政治领域的限制。毕竟，权力本身就含有控制人们可介入哪些信息领域的能力，以及他们想要传递哪些信息的能力"。政治权力对言论的这种控制"促成了强制性的'盲、聋、哑'的存在"。（25 页）泽鲁巴维尔用日本的传统图画"三不猴"来比喻在集体沉默中同时存在的盲、聋、哑。这三只猴子分别捂住自己的眼睛、耳朵和嘴巴，成为与房间里的大象同样重要的动物形象。三不猴的意思是，虽然不说是沉默的直接起因，但最后一定要有不看和不听的积极配合。因此，沉默的合谋不仅是不说者的串通，而且也是不看、不听者共同参与的集体合作。

泽鲁巴维尔审视政治权力制造集体沉默时所使用的压迫和操控手段，其中包括"从正式的内容审查制度到不那么正式的，转移注意力的手腕"，也包括"控制人们表达领域的各种手段，从正式的议程议题设置安排，到不那么正式的所谓'沉默守则'"，还有各种关于不得"妄议"的规定。（25 页）在讨论这些手段和举例说明的时候，他往往并不区分民主与非民主政治制度下的沉默特性，这几乎是西方学者讨论沉默的一个共同特点，相对削弱了对专制和极权制度下政治性沉默的独特性和残害性的揭示。

例如，他认为，制造沉默的主要手段之一是设置禁区。他指出，"要确保人们在谈话中远离'禁区'，一个行之有效的方式是使得该被禁谈的话题无从命名。"（51 页）为此，他举了两个看似相似，其实性质并不相同的例子。第一个例子是"天主教的传教士们，会很小心地避免直接提到'鸡奸'之名（此为'无名之罪'）。这就像如果你对某事避而不谈，那么终将导致此事无以名状"。第二个例子是乔治·奥威尔的小说《1984》里的"新话"（newspeak），所谓"新话"就是被权力部门控制的和反复使用的一些固定说法，起到用"必须这样说"来对人民进行封嘴的作用。这经常是通过严格控制可用的词汇量（被控制到最低）和强行限定语义（被严格限制在官方定义）来进行思想控制。（51—52 页）

这两个例子被归入同类，相提并论，其实并不恰当。天主教教士避免直接提到"鸡奸"，其实只是一个"禁忌"和"忌讳"的例子，因为天主教教会并没有一个专门负责宣传和思想管制的权力部门在规定不能提及"鸡奸"。而奥威尔所说的"新话"却是由"真理部"所规定使用的，除非你使用它对某一件事的说法，你是根本无法提及此事的。

一般社会语言里有"委婉语"或"代替语"，但那些不可能是奥威尔所说的那种"新话"。"新话"不是为了避免难堪，而避免使用习俗避讳的词语，"新话"是为了防止"异端思想"而造出来的正统意识形态语言。正如奥威尔所说，"人们实际上是不可能追随一个异端思想的，因为人们最多只能感知到这是一个异端的想法，再想做进一步的描述和感知时，则会发现无词可用"。(52 页)

二、专制制度的"双重墙壁"沉默与传统社会的
"沉默的螺旋"

泽鲁巴维尔在《房间里的大象》里所运用的那个核心政治权力现象——光着身子的皇帝——正说明了政治强制沉默的关键问题：是皇帝的专制权力使得人们因为害怕和恐惧而不敢说出真话的，这才营造了以皇帝和他的专制权力为中心的集体谎言。泽鲁巴维尔称这种"双重墙壁"沉默为"结构性沉默"，也就是"秘密周围的秘密"所造成的"超级沉默"(meta-silence)，那就是"对沉默保持沉默"。其实，沉默中经常包含对沉默的沉默，只不过有的明显，有的不明显而已。例如，波兹曼在《童年的消逝》中所说的父母对儿童保守关于性的秘密，在孩子们面前不谈性，但不会对孩子说，我们不要谈性。他们会对不谈性这个沉默保持沉默，装作根本没有性这回事。所以，"秘密周围的秘密"并不是泽鲁巴维尔的新发现。

对不同的"秘密周围的秘密"应该有所区别，一个重要的区别标准就是，是什么样的力量在维持秘密和秘密周围的秘密。大体而言，有两种力量，一种是社会习惯的禁忌，一种是政治权力的压制。它们的不同在于，后者可以动用国家机器和实行制度性暴力惩罚，而这只能发生在国家权力全面控制社会的专制或极权制度中。

泽鲁巴维尔为"双重墙壁"结构性沉默所举的一个例子是美国神学教授马克·乔丹（Mark Jordan）所说的天主教"同性恋禁忌"。乔丹说，"如果说有一个关于天主教牧师们同性恋活动的'秘密'的话，那这个秘密，就是一种迫切的焦虑感，而这种对于所知不多且令人恐惧的事情的焦虑，是必须要小心地加以隐藏的。安排各种措施来保守秘密的真实原因，正是这种焦虑及其所导致的慌乱的努力。所以，其'秘密'本身，就是努力地掩饰焦虑不安"。（93—94 页）这其实是一个"禁忌"的例子，还不是政治权力压迫的例子。如果一位天主教教士写一篇关于同性恋的文章，并寻求发表，这篇文章并不会因为"政治审查"而被编辑枪毙。天主教的这一禁忌与美国社会多年前在同性恋问题上的沉默相似，而与专制极权国家的政治"噤声"则有根本的区别，后一种噤声是以政权严格管制和政治审查一切出版物来保证实现的。

同性恋的禁忌性沉默更能从诺埃勒-诺依曼（Elisabeth Noelle-Neumann）提出的"沉默的螺旋"得到解释（这在下面还要谈到），而政治噤声则更能说明"双重墙壁"的问题。这种噤声之所以是政治性质的，是因为它侵犯公民的言论自由权利。政治噤声发生在整个国家的范围内，它在政府权力的强制和压迫下推行，清楚显示了国家制度性暴力与集体沉默的关系。泽鲁巴维尔为此提供的例子是 1970 年代末到 1980年代初的阿根廷的军人专制政府，当时，噤声被用来"作为征服的武器……对他人声音进行扼杀"，秘密警察让许多人神秘消失，任何目击这种"被失踪"现象后人们的议论，都被当局严令禁止。泽鲁巴维尔说，"此为令人难过的双重噤声的例子。先是某个人或者一群人被绑架，他们的悲惨结局无处可查，紧接着他们曾经存在过的事实也成为禁忌，人们不可能对此进行真正的谈论"。他指出，这是一种"专门用来削弱人们力量的抑制性的沉默"。（74 页）这正是极权警察国家的标志性特征。

极权统治下的集体沉默经常是强迫人民历史失忆的统治结果。苏联作家叶甫图申科在勃列日涅夫时期曾经与一群青少年交谈，他惊讶地发现，他们居然都不知道斯大林时期的历史。对此，他感慨道："我突然觉得明白了，今天的年轻一代没有任何了解过去悲惨事实的知识来源，因为书里和教科书里都是不记载的。就连那些曾经在报纸上刊登过的文章，提到谁死了，也还是对死亡的原因保持沉默。……沉默代替了事实，而沉默其实就是谎言。"[1] 那么沉默的是谁呢？仅仅是报纸、书籍、教科书、官方历史书？还是整个社会都参与了这一沉默？美国政治学家弥尔（J. S. Mill）曾说过，人们"获得国家历史，并因此结成记忆的族群，其实都是与过去的一些事件联系在一起的"[2]。人民"获得"的"国家历史"是那些记录下来，或者说被权力允许记录下来的"事件"，而那些没有被记录或不被允许记录下来的事件，就此被武断地从国家历史中剔除，也从族群记忆中排除出去了，彻底消音。对历史真实保持沉默，虽然是从改写历史开始，但最终却表现为族群的集体忘却。每个沉默的个人，每个在族群中按权力意志来记忆或忘却的人，都参与在以沉默代替真实、以沉默维持谎言的共谋之中。

专制极权下的集体沉默并不是大家不说话，而是大家在权力的指挥下大声、齐声说同样的话。每个人都会在对某些事物保持沉默的同时，为了不让人看出自己沉默，过度适应集体发声的需要，一个比一个嗓门更高地对正确的对象高声颂扬和表示拥护。所以这种沉默一点也不像人们想象的那么沉寂，而是一种高声喧哗。集体高声喧哗展现

---

[1]　Hedrick Smith, *The Russians*. New York: Ballantine Books, 1977, pp. 247-248.

[2]　J. S. Mill, "Of Nationality as Connected with Representative Government." In *Considerations on Representative Government*. New York: H. Holt and Co., 1875, p. 308.

了一种诡异的"公共性",正如博克所说,公共性并不无一例外都发挥积极作用,"它可以用作非正义和操控扭曲公众看法的工具"[1]。扭曲公众的看法,让他们不仅觉得有话可说,而且可以畅所欲言,这就避免了强制噤声的压抑和憋屈。这种看似代替沉默的奉旨集体发声才是最有效的极权统治手段。这种性质的集体发声,怎么发声,怎么变调,什么时候发什么声,都是由权力喉舌统一、直接指挥的。

专制极权的集体沉默是在高度组织化的政治和社会制度中实现的,这种组织化形成了一般社会关系无法比拟的有效相互监督环境。在这种环境里,每个人都必须有好的表现,不光自己要有正确行为,而且还要揭发别人的不正确行为,告密和打小报告于是成为一种以揭发别人不正确行为来证明自己正确行为的正确行为。为了生存,每个人都必须学会谨言慎行,管住自己的嘴巴,最好的办法就是保持沉默,不让任何告密者抓住可能的把柄。纳粹新闻主管人施特莱彻(Julius Streicher)在他发行的周刊《袭击者》(Der Stürmer)中,刊登过大约 6500 名在 1935—1939 年反犹不力者的名单,有的是对犹太人太客气,有的是与犹太人有生意往来,这些名单都是由告密者提供的。[2] 不要说是公开表示不满,就是私下里说的话,也会有人检举揭发,成为罪证。

挪威社会学和政治学家乔恩·埃尔斯特(Jon Elster)在《政治心理学》一书里分析了极权国家里的"告密",他指出,"告密"(informing)是一种取代了"信息"(information)的结构性现象。这是俄国逻辑学家亚历山大·季诺维也夫(Alexander Zinoviev)提出的一个观点。在以噤声

---

[1]　Sissela Bok, *Secrets: On the Ethics of Concealment and Revelation*. New York: Pantheon Books, 1982, p. 174.

[2]　Randall L. Bytwerk, *Bending Spines: The Propagandas of Nazi Germany and the German Democratic Republic*. East Lansing : Michigan State University Press, 2004, p. 141.

控制社会的极权制度中，"有公开和正式'信息'的地方，信息是虚假的，它很快会导致告密行为"。沉默经常是以谎言和欺骗的形式有声地表现出来，形成"发声失真"。由于公开的信息是虚假的，所以真实的信息只能在暗地里传播：当权者有他们的保密"内参"和"文件"，老百姓有他们的小道消息。不同信息渠道错误叉道会造成"泄密"或"告密"。但是，内参的机制注定不能产生可靠的信息，这是因为，一方面，"因为没有人想成为坏消息的传送者，所以存在一种夸大成就的系统倾向"；另一方面，"因为没有人想提高当局的期望，所以存在一种少报积极成就的系统倾向"。[1]

与极权统治下制度性的沉默或发声失真相比，一般社会中的沉默只是少数人迫于弱势而保持的沉默，而且也不至于造成制度性的发声失真。政府权力对全体国民的发声限制与"主流意见"对"少数人意见"的压制——在同性恋、妇女、少数族裔等问题上的消声和边缘化——是不同的，将二者混为一谈，会造成对极权沉默复杂性、严酷性和邪恶性的严重忽视。我们不妨用"双重墙壁"和"沉默的螺旋"来分别比喻这两种不同的沉默，因为沉默的螺旋比双重墙壁更能解释自由民主社会里少数人因弱势而保持的沉默。

沉默的螺旋指的是，人们在表达自己的想法和观点时，如果看到许多别人也有与自己一致的观点，就会公开说出来，意见一致的参与者越多，他们就越会大胆地在社会中发声并扩散自己的意见。相反，人们如果发现某一观点无人或很少有人理会，甚至被群起而攻之，那么，即使他们赞成这个观点，也会选择保持沉默。弱势一方的沉默反

[1] 乔恩·埃尔斯特：《政治心理学》，陈秀峰、胡勇译，吉林出版集团有限责任公司，2010年，第56—57页。

过来会更加增强另一方的压倒性发声势头，如此循环往复，便形成一方的声音越来越强，而另一方的声音越来越弱，这是一个螺旋发展的过程。

这样理解和解释社会中对某些有争论问题的沉默，有三个基本要点。第一，人有害怕孤立的心理弱点，"不被孤立"是引发人类社会行为的最强烈的动力之一；个人会因为害怕孤立而改变自己的行动。第二，社会中人们对不同意见赞同程度的分布形成了"意见气候"，包括现有意见和未来可能出现的意见。社会成员的意见形成，尤其是意见表达，受到社会意见气候的影响。第三，人有"准感官统计"的本能，以此判断意见气候的状况，判断什么样的行为和观点被自己所处的环境认同或不被认同，什么样的意见和行为正在得以强化或弱化。这三点加到一起，通俗一点说就是，人有安全本能，都怕落单，都喜欢随众。人为了适应环境，保护自己，都会察言辨色和见风使舵，这是一种普遍的群众心理，在各种群众理论中已经有了很多的相关论述。

群众理论经常被用来解释极权制度下的群众现象，但应该看到，一般的群众理论既有助于，又不足以充分帮助我们认识极权统治的本质和特征，其中包括极权制度下的"双重墙壁"沉默。例如，在极权制度下，人们对官员腐败并不是别人不说，我也不说（如发生在美国南加州贝尔市的官员集体贪污案），而是，就算你要说，统治权力也不让你说。你不可能在被严格控制的公共媒体上找到发声的机会。德国历史学家弗兰克·巴约尔（Frank Bajohr）在《暴发户与牟利者：纳粹时期的腐败》一书中对德国纳粹极权体制下的纳粹腐败和反腐作了细致深入的分析，正如他所指出的那样，官员的贪腐在被官方权力机构调查并做选择性的公布之前，是笼罩在沉默中的，打破沉默的民间信息被当作"谣言"来加以禁止。人们虽然有时在私底下议论，但是，一般人都知道在公开场合什么该说，什么不该说，他们对官方的沉默保持沉默，对自己的沉默也保持沉默。如果说，人们有一个关于官员腐败，无官不贪的"秘密"的话，那么还有一个更大的关于秘密的秘密，那就是，为什么会出现无官不贪的现象——船要沉了，耗子都只顾着自救，这是一个比无官不贪更可怕的秘密，一个真正被深锁在双重墙壁后面的秘密。

三、沉默掩盖怎样的"秘密"

泽鲁巴维尔指出，噤声不仅被统治权力用来作为征服的武器，而且用来"保密"，"保密工作就是通过确保特定的信息不被暴露于众，以阻止可能的破坏性场面出现。其工作就是要降低秘密持有者的威胁性，从而暗中维护现存的权力结构"。（75 页）沉默经常是与秘密联系在一起的，要认识沉默的危害（对谁有危害、什么样性质的危害），就必须对秘密的性质和可能的危害有所了解。讨论沉默或秘密的危害离不开伦理的思考。

美国伦理学家博克在《秘密》一书里为我们提供了这样一种伦理思考。她把沉默视为秘密的一个方面，"沉默是秘密的第一道防线——希腊语 arrétos（'不可言'）就是这个意思。开始的时候，它是指不说（unspoken），后来也指不可言说（unspeakable）、语言无法表达（ineffable）和禁止言说（prohibited），有时候也指讨厌的和可耻的事情，这样一来，秘密的多种意思就全齐了"。[1]

---

[1] Sissela Bok, *Secrets: On the Ethics of Concealment and Revelation*. New York: Pantheon Books, 1982, p. 7.

秘密是正大光明的反面，狡诈、阴暗、偷偷摸摸、蔽人耳目、鬼鬼祟祟，因此，人们会由秘密联想到说谎、否认、抵赖、欺骗。这样的联想甚至让人们以为所有的秘密（尤其是用沉默来保守的秘密）都是欺骗。这是把秘密与保守秘密的手段错误地混为一谈。其实，沉默不等于秘密，沉默只是保护秘密的手段之一。

将秘密误以为欺骗不是没有道理的，因为所有的欺骗都与保守某种秘密有关，至少它要为自己是欺骗这件事保守秘密——骗子一定不能让别人知晓或察觉他在行骗，否则他的欺骗也就失去了效用。当然，也有不在乎欺骗效用的欺骗，它因此无须保守自己是欺骗的秘密，这种欺骗被称为"公开的谎言"。这是一种欺骗者和被欺骗者都心知肚明的欺骗。虽然所有的欺骗都需要秘密，但并非所有的秘密都是为了欺骗，那些被允许或被认为应该保守的秘密经常被称为"隐私"，如家人的亲密关系、匿名投票、个人信息的保密，等等。

同样，沉默是言论的反面，让人联想到的首先是对言论的压制。沉默是因为存在着限制自由公开言说的禁忌、惩罚、恫吓、恐惧。这样的联想让人推导出沉默总是与某种负面的事情有所关联。沉默是因为有人用强制手段在压制言论，而压制言论和制造沉默则是为了保护某种见不得人的阴暗秘密。因此，沉默经常都在指向某种阴暗的、见不得人的秘密。

对沉默的负面看法与对秘密的负面看法颇为相似，人们会问，既然你没什么需要隐瞒的，没有见不得人的，为什么要沉默，为什么不能说，为什么要保密？民主的公开原则便是基于这种"不亏心无秘密"的想法，美国第 28 任总统托马斯·伍德罗·威尔逊（Thomas Woodrow Wilson）说，"秘密意味着不规矩"，既然没有做见不得人的亏心事，那就公开，不公开一定是因为有猫腻。人们普遍要求政府政务公开，要求媒体自由、言论自由、公民知情权，是因为相信这些是监督政府的最佳方式。他们把保密视为不民主的借口，也都是基于这样的看法。[1]

许多社会学者和心理分析师也把秘密本身视为负面的东西，人们所隐藏的往往是他们视为可羞耻的事情，因为不好而不想让他人知道。个人在生活中可能会对自己的好事情保密，他们也许会有顾虑，怕露财招嫉恨、显露成就会被视为炫耀、没城府或没教养，等等。但是，政府和政客是没有这种顾虑的，他们有好事巴不得大肆宣扬，引为政绩，所以他们的秘密更令人起疑。

政治生活和公共生活中相互联系的秘密和沉默之所以被视为有害，有三个根本原因。第一个前面已经提到，秘密和沉默是与公民的言论自由和知情权相悖的，强行命令保守秘密和保持沉默必然以侵犯公民权利和人权为代价。

第二个原因是，人对秘密的负面看法与害怕秘密有关，秘密让人怀疑是有阴谋诡计。凡人都会害怕被暗算，害怕被报复，害怕我在明处人在暗处。一般人都本能地不喜欢，也不信任秘密太多的人。他们要求公开，是为了增加自己的安全感。公开有助于预测危险，碰到意外情况可以按常理出牌，合理应对。秘密增加了坏事的不可预测性和人的不安全感，破坏了生活的品质。秘密对有秘密者也不是一件好事，人要坦荡荡才自己心安，秘密太多，人难免心理阴暗。荣格（Carl G. Jung）说，秘密行事是一种心灵毒药，秘密行事的人会在群体中被疏离，人们会把这样的人视为"行事鬼祟"。[2] 同样，秘密多的政府会被

---

[1]　Woodrow Wilson, *The New Freedom*. New York: Doubleday, Page, & Co., 1913, p. 114.

[2]　Carl Gustav Jung, *Modern Man in Search of a Soul*. New York: Harcourt, Brace & Co., 1933, p. 8.

视为不能正大光明，必然是有不可告人的勾当或利益需要隐瞒。民众强烈要求官员行事坦然和公开个人财产，不仅是他们的知情权范围，而且更是因为他们需要对政府官员的行为和操守能够保持一种常态的放心。

第三个原因更为重要，那就是，权力与秘密的结合必然产生腐败，而这样的腐败总是需要用强行维持沉默才能遮掩。权力与秘密的结合不仅产生腐败，而且一定产生暴虐的统治，而且，权力与秘密的结合本身就是暴虐统治的产物。博克指出，阿克顿（Lord Acton）的名言"权力导致腐败，绝对权力导致绝对腐败"应该与他说过的另一句话结合起来理解。阿克顿说，"每一件秘密的事情都会变质，即便是正义的行政也不例外。任何一件不容讨论，不能公开的事情都是不保险的"。博克说，阿克顿向我们提出了这样的警告，"秘密与权力结合在一起是极端危险的。对于所有的人来说，秘密都带有腐败和非理性的危险。如果他们对别人有不寻常的权力，而权力又是秘密运用的，那么滥用权力的诱惑就会非常之大"。[1]

主子对奴隶、雇主对员工、上司对下属都可能以秘密的手段来滥用权力，这已经足以造成很大的危害。如果政府、政党以秘密的手段来滥用权力，那就会造成更为严重的后果。掌权者们所保守的不再是个人秘密，而是集体秘密，官场上的集体腐败就是这样的秘密，它需要集体保守。在他们之间出现激烈权力斗争的时候会出现一些人"揭发"另一些人的局面，借助信息的自由流通（当然是有限的）搞臭、搞垮对手。泽鲁巴维尔称之为"检举揭发"，"自由流通的信息会瓦解现存的权力结构。这一点最鲜明地体现在检举揭发（blackmail）上。一个人只

---

[1]　Sissela Bok, *Secrets*, p. 106.

消把可能对身居高位的人不利的消息传播出去，就有可能彻底颠覆他们之间存在的权力关系"。(74 页) 在成功地彻底颠覆对方之后，胜利的一方在他们之间又会形成新的集体秘密。

一个集体既然要固守某些秘密，就一定会有许多事情不能让民众或"外人"知道。这样的秘密集体，包括政党、政府或者二者合一的统治集团，往往会陷入一种类似于"囚徒困境"的处境，博克称之为"分享的困境"(shared predicament)。分享的困境指的是，知道集体秘密内情的那些"自己人"必须共同行动，他们不会同生死，但会同进退，一荣俱荣，一损俱损。

守护这种集体秘密的重要特点是层层加密的内外有别，以"帮规""纪律"来强行维持。泽鲁巴维尔指出，有秘密的集体都有不把"家丑"暴露于众的禁忌，也都有不成文的"沉默守则"(codes of silence)。比如传统的西西里帮规，就是禁止黑手党党徒互相出卖的规矩，还有臭名昭著的"蓝色沉默墙"(blue wall of silence)。政治权力组织的"沉默守则"更胜于黑帮组织，他们不仅自己严密把守"沉默墙"，而且还把整个社会强行纳入沉默墙的防守范围之内，由此而形成"沉默文化"(cultures of silence)。沉默文化的原则也就是其守密原则，而守密的委婉语"纪律性""不造谣，不传谣"都不过是一些"遁词"。(51 页)

对秘密和守护秘密的沉默都必须提出一个伦理判断问题：以揭开秘密为好？还是以不揭开为好？对秘密的伦理判断实际上也是对不同事情该不该保持沉默的行为原则。正如博克所说，是否应该解开秘密，"对于心理治疗和事件调查都是一个必须回答的问题"。这个伦理判断首先应该针对"邪恶的秘密"，对邪恶的秘密，是不去管它，容忍它，不断受其祸害，还是用揭露它来打败它？另一方面，如果秘密是为了"保护某种可贵的东西——爱、友谊，甚至生命本身"，那么我们就有守护这些秘密的道德责任。[1] 因此，不管是遭到胁迫，还是受到利诱，向权力出卖朋友，告密和背叛都是极其可耻的事情。专制统治一方面把任何它不愿意让民众或外部世界知道的事情说成是"国家机密"，以"严惩泄密"为手段来守护它那些见不得人的秘密；一方面又用各种组织手段逼迫民众相互告发、出卖和背叛。它一方面以个人不应该对组织有任何秘密的伪道德理由，肆意侵犯公民的个人隐私；一方面又以防范暗藏敌人为借口，把正常的政府治理变成秘密警察统治。这样的统治把秘密变成了它自身的目的，使掌控秘密的和被秘密控制的人们都无时无刻不生活在非理性的害怕、猜疑、恐惧、相互戒备和不信任之中。这时候，沉默掩盖的已经不只是秘密，而是一种荼毒整个国家和人民的犯罪行为。

---

[1]　Sissela Bok, *Secrets*, p. 4.

2　人为什么自愿选择不自由的选择
——乔恩·埃尔斯特《酸葡萄》

挪威社会学和政治学家乔恩·埃尔斯特（Jon Elster）对中国读者来说应当是不陌生的。他著作颇丰，其中至少有两部已经翻译成中文，但似乎尚未受到应有的重视。埃尔斯特以研究和发展"理性选择理论"（rational choice theory）闻名，他将理性选择理论广泛运用于多个领域的哲学和伦理分析中。他认为，理性选择远不只是一个用于解释行为的技术性工具，而且更是提供一个认识人类自己的重要途径——不只是我们该做什么，而且更是我们该如何生存。因此，我们可以跨越不同的学术领域，从理性选择来思考与人的生存关系最密切的一些问题。埃尔斯特本人对理性选择理论的研究就有跨学科的特点。对政治领域里的选择，他的代表作是《政治心理学》(有中译本)；对人的情绪与欲望，他著有《心灵的炼金术》(有中译本)；对人的自由选择、选择偏颇和选择限制，他的代表作就是我在这里要介绍和讨论的《酸葡萄》。

一、两种理性和两种选择

《酸葡萄》关心的核心问题是人在日常生活中不可缺少的"选

择"——人们总是在对"想做什么""想得到什么""喜好什么""拒绝什么"做出选择和决定。美国作家斯蒂文森（Robert Louis Stevenson）在游记《内河航行记》（*An Inland Voyage*）里说，"如果你知道自己要做何选择，而不是对世界外加于你的选择说'阿门'，那么，你就有了鲜活的灵魂"。鲜活的灵魂是自由的灵魂。和斯蒂文森一样，许多人对自由和选择也都有一种过度理想化的看法。他们简单地以为，自由是选择的条件，没有自由就谈不上选择。他们还相信，任何选择都包含自由的因素，对选择的限制就是对自由的限制，自主意识被限制的人是不能做出自由选择的。这是一种相当普遍的看法，然而，这正是埃尔斯特在《酸葡萄》中所要质疑的。

埃尔斯特要向世人剖析的是，"自由与选择的关系并不总是如此和谐一致"，在特殊的情况下，人们会在似乎没有强迫的情况下，自由地选择对他们自由的限制，"这种选择本身就是由对选择的选择所形成的"。（vi 页）[1] 人为什么自愿选择不自由的选择？这是埃尔斯特要解开的一个谜团。

埃尔斯特为他的选择理论提供了一个基本概念框架。他区分了两种不同的理性。一种是狭义理性（又称"弱理性"），另一种是广义理性（对弱理性本身起决定作用的理性）。一个人做选择是因为有某种信念（belief）或欲念（desire）。人因为有某种信念或欲念而作选择，如因为图口腹之欲而贪食，这是狭义的理性选择（有符合逻辑的因果关系）。但是，如果你知道暴饮暴食虽然痛快，但有害于健康，那么你也许会选择节制饮食，克制或避免贪食。这就是广义理性选择。但如果一个人明明知道

---

[1]　Jon Elster, *Sour Grapes: Studies in the Subversion of Rationality*. Cambridge: Cambridge University Press, 1983. 出自此书的引文在括号里注明页码。

饮食健康的道理，还是保持不良的饮食习惯，那就是非理性的了。

狭义理性的"理性"是区别于"非理性"而言的，理性选择有别于无想法、无欲念、莫名其妙的随意选择，如疯子的食粪吃土行为。按埃尔斯特的说法就是，"理性告诉行为者去做什么；如果偏不这么做，那就是非理性的"。(2页)狭义的理性选择搁置了"信念"和"欲念"本身是否理性的问题。例如，以"跑步进入共产主义"这个想法和愿望搞"大跃进"是一种狭义的理性选择。但是，"跑步进入共产主义"这个想法或愿望本身是否理性呢？那就是一个广义理性问题了。埃尔斯特指出，一个选择就算在狭义上是理性的，也会因为缺乏广义理性而成为非理性的选择。

埃尔斯特还提出了另一对用以区分不同选择的概念：自主选择和非自主选择。非自主选择是适应性选择。人倾向于把非自主选择（适应性选择）误以为是自主选择，或者在头脑里把非自主选择自以为是地转变为自主选择，这就是埃尔斯特要讨论的"酸葡萄"。

一个人的选择如果是出于他自己的看法或欲念（基于他对自身利益的了解），那便是自主主体 (autonomous subject) 的选择，这是一种理想化的选择，很少有成为现实的。在绝大多数情况下，人们做选择，其背后的看法和欲念是在环境或他人影响下形成的，是不同程度的适应性选择。评估这种看法和欲念是否理性，标准不是它们是否完全"自主"，而是它们是否能一致和一以贯之。一致和一以贯之的便是"理性"，否则便是"非理性"。例如，贪官污吏一面拼命捞钱，一面说自己"为人民服务"（姑且假设那是真诚的）。这两种选择后面都有一个"想法"，因此都是理性的（弱理性）。但两种选择合在一起，却是广义的"非理性"。

在两种理性与两种选择的交叉关系基础上，埃尔斯特提出对广义理性的两种评估方式。第一就是上面谈到的一致和一以贯之，言行一致是最重要的一条。第二是理性本身是否合理，如果谁相信人可以练就"轻功"，所以不惜冒生命危险从高墙或山崖上一跃而下，那么"练就轻功"的信念是不合理的。这是可以用经验评估的。但是，许多想法无法这样评估。例如，纳粹因为相信"雅利安人种优越"，所以要消灭犹太劣等民族，这个"理性"来自纳粹的意识形态，其合理性或荒谬性都无法用经验来证实或证伪，因此具有极大的欺骗性。其他意识形态的理性也都有这样的特征。

埃尔斯特指出，人在特殊情况下，可能经过自我调整和自我适应来形成"适应性选择"（adaptive preference）。这种选择可以是下意识的，出于某种"欲望"（desire）；也可以是经过意识作用"理性解释"的抉择，基于某种"信念"（belief）。心理学研究早就发现，人在自己的选择遭受现实挫折时，或因为曾经遭遇不良后果，会改变自己的选择。埃尔斯特在《酸葡萄》中进一步指出，改变自己的选择不是在原有选项中另取一项，而是形成根本不同的选项，并在其中选择。这样的新选择才是真正的适应性选择。

适应性选择会使人完全放弃原来的选择意愿，而钟爱另一些他原本厌弃的选项，并在这些替代选项中进行选择。例如，有的人在对民主的选择受挫后，会形成与民主全然不同的适应性选择。他们会索性厌弃民主，而在一些非民主或反民主的选项——民粹民族主义、一党专制、传统的政教合一、跪谏、上访——中进行选择。这样的适应性选择会使他们在外因限制下，把不得不放弃的民主要求当作本来就不值一顾的选择，这种情况称为"酸葡萄"。他们甚至会自愿抛弃先前的选择，并心甘情愿地把不自由的新选择当作他们自由做出的优先选择，这种情况称为"甜柠檬"。酸葡萄和甜柠檬的关系下面还要谈到。

埃尔斯特要考察的是，人是在怎样的心理机制作用下，在什么样的认知关节点上，发生这种变化的？人的"选择理性"转变为"适应性选择理性"，有哪些具有普遍意义的特征？他提出，人的理性并非是固定不变的，在特殊情况下，理性会在不自由的环境中自我调整，自行适应，转变为一种受制于外力，尤其是政治权力的适应性理性。埃尔斯特关注的并不是如何恢复一种不受外力影响和环境限制的本质性理性（自由是它的本质），他关注的是，人的哪些普通心理机制使得外在的限制得以成功改变人的理性，并把权力意识形态转化为似乎是与人的内心自由相一致的"看法"和"选择"。埃尔斯特在《酸葡萄》一书里讨论了两种这样的心理适应机制："酸葡萄"和"一厢情愿"。

二、"酸葡萄"：从"坏事变好事"到"幸亏有坏事"

拉封丹《狐狸和葡萄》的寓言故事给了我们一个家喻户晓的"酸葡萄"说法——吃不到葡萄说葡萄酸。埃尔斯特用"酸葡萄"来指人的适应性选择或适应性选择改变，"酸葡萄"是一种降低认知不协调（reducing cognitive dissonance）的心理机制。当一个人"不能做什么"和他"可能想做什么"之间出现了紧张关系的时候，就会出现这种不协调。(117页)为了降低和消除这种不协调，最方便的办法就是调整选择，这样才能适应"不能做什么"的现实。狐狸因为吃不到葡萄，所以调适了它自己的选择："我不要了。"狐狸不只是"不要了"，而且还给自己一个"应该不要"的理由："葡萄是酸的，不好吃。"

在现实生活中，人的调适比狐狸的要复杂得多。埃尔斯特指出，人的选择一旦受到外力限制，在认知上就很难不多不少地精准调适，调适经常会变成"过度调适"(over-adaptation)。例如，在思想审查制度里，执行审查的刊物和出版社会把"自我审查"作为适应性选择，但经常是过度自我审查，因为他们不知道这种自我调适的尺度到底是在哪里。对审查的适应性选择会让执行者把一件本来是不得已才做的事当成一件应该去做的事，不仅应该去做，而且应该做好。埃尔斯特指出，拉丁语中有 Amorfate（爱上命运）的说法，英语中有"making a virtue out of necessity"（把非做不可的事装成自愿做的）的说法，指的都是过度调适，语言里有惯用法，说明所言之事相当常见。

"酸葡萄"的反面是"禁果甜"。禁果甜指的是，越是得不到的就越好，与"得不到的就不好"正好相反。禁果甜在中文里的说法是"这山望着那山高"，在英语里叫"The grass is always greener on the other side of the fence"（"篱笆那边的草绿"）。"酸葡萄"的反面还可以是"甜柠檬"，我得不到葡萄，所以不管甜不甜，都是酸的；柠檬是我自己的，所以不管酸不酸，都是甜的。文化或政治上的排外主义与民族自大经常成双成对，这与酸葡萄和甜柠檬相互搭配是相似的。

埃尔斯特同意法国文化学家保罗·韦纳（Paul Veyne）对"酸葡萄"的政治见解。韦纳指出，"酸葡萄很容易让臣民赞美统治者"。埃尔斯特补充道，奴隶敬爱主子是一种意识形态，奴隶敬爱主子首先是因为他们已经处在了奴隶的位置，没有其他的选择。其次，奴隶可以因此憎恨主子，但他偏偏选择了敬爱。主子可以压迫奴隶，但无法强迫奴隶从心底里敬爱自己（当然可以装装样子），敬爱是奴隶的自愿选择。也就是说，臣民敬爱主子是一种适应性选择，一种在得不到葡萄的情况下，为自己编造的"柠檬甜"神话。在奴隶的"柠檬甜"神话里，压迫不再是压迫，而是变成了"爱护""关怀""保护"。奴隶靠主人过日子，在主人锅里吃饭，就不能砸主人的锅。埃尔斯特认为，这是对主奴关系的一种意识形态理解，归根结底，造成这种意识形态的是主子的压迫，而不是奴隶的适应。他对此指出："被压迫者（奴隶）也许自动编造了压迫的合理性，但这不等于说压迫是他们发明的。"（115页）

在奴隶不得不接受压迫，不得不当奴隶的情况下，较仁慈的主子比残暴的主子要好。因此，奴隶经常会对较仁慈的主子（往往是与非常残暴的主子比较出来的）感恩戴德，报以热爱和歌颂。有一首《奴性是怎样炼成的》诗，是这样写的：

第一天抽了他100鞭子
他很愤怒，但没敢说

第二天抽了他80鞭子
他看到了生活的希望

第三天抽了他50鞭子
他夸抽他的人进步了

第四天抽了他30鞭子
他跪下感动流涕

第五天抽了他20鞭子
他感恩戴德

第六、第七天他已经习惯在感动中挨鞭子
并开始用鞭子抽那些同情他的人

2 人为什么自愿选择不自由的选择 | 053

　　这是一种酸葡萄机制的"操控"（manipulation）效果，埃尔斯特指出，"酸葡萄可以让人们满足于自己所能得到的那一点点东西"。（115页）生活在专制下的人们很容易满足于统治者给予他们的恩惠，尤其是物质享受和提供安全感的稳定。有了这些"好东西"，他们对得不到的其他好东西变得不再那么有兴趣，甚至把有些好东西当成坏东西来加以排斥。例如，他们会告诉自己，那些他们得不到的东西——自由、权利、尊严——原本就是不值得希求，甚至是有害的"价值观"。这也就是埃尔斯特所说的，"故意给人们一些选择，目的是排除他们对另一些可能选择的向往"。（114页）

　　政治和社会学家斯蒂芬·鲁克斯（Steven Lukes）说："一个人可以对另一个人动用权力，逼他做不肯做的事情，但也可以利用权力来影响他，让他自己觉得愿意这么做。让别人愿你所愿，通过控制他们的思想和愿望来让他们听你使唤，这不是更高明的权力手法吗？……思想控制可以用更加日常生活化的手段来实现，如控制媒体消息和对个体的社会化。"[1] 对鲁克斯的这番话，埃尔斯特进一步提出了一个问题：统治者改变被统治者的想法，使之与自己的统治需要相一致，这是统治者在被统治者的头脑里装进了他们原来没有的想法（洗脑的结果），还是在利用他们头脑里原本就已经有了的某些想法呢？（115—116页）

　　埃尔斯特认为，统治者并不能把民众从来没有的想法、情绪和思维方式强行植入到他们的头脑去，统治者必须巧妙利用民众头脑里原有的东西，使之为自己的统治利益服务。例如，许多老百姓本来就盼望有好皇帝和父母官的保护，这种想法对统治者有好处，所以统治者就把自己装扮成慈父和救星。因此，埃尔斯特指出，"酸葡萄是严格意

---

[1]　Steven Lukes, *Power: A Radical View*. London: Macmillan, 1974.

义上的内因作用，而不能用外因来解释。臣民习惯于听天由命，这对统治者是有利的，但是，要让臣民们能够听天由命……则需要他们觉得听天由命对他们自己是最有利（最好）的选择"。(116页)

专制统治制度在专制文化传统的国家里最为有效，也最能保持稳定。这是因为，那里的人民从来就不知道自由究竟为何物。所以最可能以一种怀疑、抵触的态度对待自由。让人民不爱自由的最佳方法不是批倒、批臭自由，而是让他们怀疑自由。从未享有自由的人民，他们不是不知道世界上有"自由"这回事，也不是不知道世界上别的一些国家里人民珍爱自由，但是，他们不能理解为什么。由于他们自己从来没有亲身体会自由好处的机会，所以他们很容易就会相信，他们所没有的自由是不好的（酸的），而他们目前的处境要比有自由好得多（是甜的）。

酸葡萄是一种不自由状态下民众与权力的特殊关系，其适应性选择趋向于过度适应。托克维尔已经注意到法国人有"一做奴隶，就会争取做超级奴隶"的现象，埃尔斯特认为，这是一种人类普遍现象。(118页) 他指出，酸葡萄的过度适应有一个特点，那就是，一旦如此，便欲罢不能。但是，这种欲罢不能与普通的"上瘾"又有所不同。上瘾只是无法摆脱，而适应性选择欲罢不能，则是因为这一选择所包含的已付出代价，这就像结了婚的人，重新选择会有许多现实的障碍。另作选择意味着浪费已付出的代价，因此其实是无法回头另作其他选择。(121页) 许多人入了帮派或政党，即便后来极度失望，也难以退出，就是人们常说的"上了贼船"。他们只得硬着头皮，打肿脸充胖子，声称对自己的选择无怨无悔。

这种硬着头皮的选择会对他人有欺骗和误导的效应。更有甚者，人一旦做出了某种不理想的选择，即使是无奈的，也经常趋向于夸大这种选择的好处，竭力向别人表明自己所做的是正确的、最好的选择。（120 页）哪怕在事实证明这个选择是错误的之后，他也仍然可能会死不认错，变本加厉地为自己的选择辩护。埃尔斯特说，"酸葡萄会包含对未选择的可能和对没有选择的可能竭力贬低。因为自己选择了，所以把自己的选择看成或说成是特别重要的"。（122 页）

埃尔斯特认为，美国心理学家费斯汀格（Leon Festinger）的研究可以帮助我们认识这种评估机能失调。费斯汀格心理研究观察的是 1950 年代初芝加哥一个叫"追求者"（Seekers）的地方教会，教会首领向教众宣布，1955 年 12 月 25 日，一场洪水将会摧毁世界，而外星人会驾着飞碟来解救他们。"追求者"们为世界末日做好了一切准备，辞去了工作，变卖了家产，甚至把裤子上的铜拉链都剪掉了，以免妨碍飞碟的电子通讯。结果，当那一天到来时，世界并没有毁灭。按理说，这些做出错误选择的人们应该清醒了，但是，完全出乎一般心理推断的预料，这些坚定不移、付出了重大代价的信徒不但没有改变他们的信念，反而更加相信自己做出了正确的选择。他们认为，世界没有按原计划毁灭，是因为他们迎接死亡的虔诚态度感动了上帝。预言失败不仅不是坏事，而且还是好事，不仅是坏事变好事，而且是幸亏有坏事，帮助他们坚定了自己的信仰。

经过选择心理调适的"追求者"们在行为上发生了显著的变化，他们完全改变了以往一贯低调、不愿与外人来往的教派特点，变得热衷于宣扬他们的教派信仰，到处加倍努力向他人证明自己教派的正确。"追求者"这种行为并不是一个笑话，而是具有普遍意义的认知失调（cognitive dissonance），今天有人不仅怀念"文革"，而且还期待再次发生"文革"，坚持认为"文革"式的暴风骤雨，或者"文革"式的"全民红歌"可以解决当前中国社会腐败的问题，便是非常值得我们深思的认知失调。

三、一厢情愿：白日梦与自我欺骗

人的理性原则，包括用于选择的理性，都会受到社会里有普遍性的"看法"和"偏见"的影响，埃尔斯特称这种影响为"意识形态影响"。他将"意识形态"定义为"某个社会群体可以用立场或（非认知性）利益来解释的那一套看法和价值"。如果说酸葡萄解释的是人的"选择"如何形成，那么，意识形态所要解释的便是，人的"看法"和"偏见"是如何形成的。埃尔斯特指出，"在非理性的看法形成与非理性的选择形成之间有着相当密切的相似性"。（141 页）

意识形态影响人们形成看法或偏见，这对于理解我们今天的一些自我认知特征特别有帮助。这种自我认识不断在影响我们的选择，并将这些选择当作最理性的选择。自我感觉是一种个人感觉（当然集体也会有这样的感觉），包含着个人与现实或他人关系的判断。越是自我感觉良好的人，就越会飘飘然于一种自己在别人眼里的地位和分量：体面、优越、尊贵。这种感觉与实际现实是否一致呢？会不会只是一种幻觉？要是果真是幻觉，致幻的原因又是什么呢？埃尔斯特将自我感觉良好视为一种非理性的心理趋向，讨论了它的两种不同表现：一厢情愿（wishful thinking）和自我欺骗（self-deception），二者虽相互联系，但应该予以区分。（148—149 页）

一厢情愿与自我欺骗的不同可以用这样一个例子来说明。某人自以为是人中翘楚，期盼得到提拔重用。第一种情况是，由于他一心盼望，所以自认为一定会被提拔重用。这便是一厢情愿，是一种"无意识的冲动"，全然"一门心思"。第二种情况是，如果此人在工作中有过什么闪失，上司并不看重他；他自己也知道上司对自己有不良看法，但还是自我感觉良好，认为自己会被提拔。这便是"自我欺骗"。

一个人如果求胜心太切，就算证据摆在面前，他也会做出与证据不符的判断，人称"自欺欺人"。

自我欺骗往往故意障蔽令人不愉快的证据，而代之以有利证据，在这种情况下，一厢情愿便可能为自我欺骗制造想要的证据。例如，这个人也许知道上司不肯定他的办事能力，但他会认为上司会欣赏他的忠诚——我不会打篮球，但我会游泳。因此，他还是会有理由相信自己会被提拔，虽然这个理由也许也不确实，不过是他自己一厢情愿的想法罢了。

在我们的生活世界里，自我感觉特好的人，他们的良好自我感觉既是合理的，又是不合理的。合理是因为他们确实有理由自鸣得意（有钱、美貌、年轻、后台硬）。不合理是因为，这种人本来就有自鸣得意的毛病，就算没有这些理由让他们自鸣得意，他们也能找出别的理由来自鸣得意。

一厢情愿并不一定发展成自我欺骗，但自我欺骗却经常会包含某种一厢情愿。对许多复杂的自我欺骗现象，一厢情愿能提供相对简单的解释，但最后还是需要认清后面的自我欺骗。美国历史学家和政治评论家沃尔特·拉克尔（Walter Laqueur）在《可怕的秘密：压制希特勒"最终解决"的真相》（*The Terrible Secret: Suppression of the Truth about Hitler's Final Solution*, 1980）一书里指出，极权政府压制真相，而普通民众对之装聋作哑，是一个自我欺骗混合着一厢情愿的现象。拉克尔探讨和分析的问题是：1942 年底，希特勒屠杀犹太人的消息已经流传出来，但普通德国人却不愿意相信，连盟国和中立国的民众，甚至犹太人自己也迟迟不予认可，这是为什么？

成千上万的德国人虽然已经耳闻纳粹在用极端手段"解决犹太人问题"，但只有极少数人才知道其中细节真相。人们如果缺乏具体详细的信息，便不会太在意那些模糊的大概消息。但是，这里还有一种怪异的逻辑在起作用："许多德国人也许感觉到那些犹太人已不在世上，但并不认为他们就一定是死了。"德国民众不能够或不愿意从"不在世上"得出"死了"的逻辑结论，这是一个自我欺骗的极端例子——令人不快的结论阻碍了结论的正常逻辑推导。（152页）

德国占领区的犹太人因为希望纳粹不会集体屠犹，所以认为真的不会发生。这里有更多的自欺欺人因素。丹麦的犹太人本来是可以逃离的，但他们中许多人相信，"不至于在这里发生吧"，这主要是一厢情愿。极少有人能从已经被押解到集中营的亲友那里得到消息，绝大多数人一去便杳无音讯，但人们却拒绝把这当作石沉大海、天人两隔的证据。他们在无意识中选择性地挑选证据，因此无法把零碎的信息整合为真实的结论。由于先有了"纳粹不会这么屠杀"的结论，所以下意识地忽略与这个结论不合的证据。在波兰和东欧国家，犹太人难以逃离，但他们即使眼见身边的死难，也不愿意相信纳粹会集体屠犹。拉克尔将这样的自我欺骗比喻为临死之人相信神迹救命，以为自己可以侥幸存活。

埃尔斯特还以约瑟夫·列文森（Joseph Levenson）的《儒教中国及其现代命运》一书为例，分析了"一厢情愿与其近亲酸葡萄的关系"。列文森质疑清朝末年的"西学为用，中学为体"的合理性，认为是一厢情愿、自欺欺人的说辞。他指出，"中学之所以为'体'，本来是因其功用，才被器重的，一旦它的功用被（西学）取代，它的'体'也就凋零了"。[1] "西学为用，中学为体"本来是在清王朝内外交困、危机重

---

[1]   Joseph Levenson, *Confucian China and Its Modern Fate*. Berkeley, CA: University of California Press, 1965, vol. I, p. 61.

重的形势下所做的一种不得已、极不情愿的无奈选择，却被打扮成像是经过了充分自由的权衡比较，才在有优劣区别的中西选项中挑出的一种选择。（154—156 页）

四、"副产品"：可遇不可求的状态

无论是"酸葡萄"还是"一厢情愿"，都不是必然会产生的，每个人可以选择不酸葡萄和不一厢情愿。酸葡萄和一厢情愿的心理调适都是人在受挫过程中不经意获得的，也就是说，它们的发生都不是预先设计或事先安排的结果（产品），而是某种情境所产生的"副产品"。《酸葡萄》一书最长的一章讨论的就是一些只能以"副产品"而不是"产品"发生的状况，最典型的便是人的"入睡"或"做梦"。幸福也是一样，如奥威尔所说，"只有不把幸福当成生活目的的时候，才有可能会得到幸福"[1]。

"副产品"是一些无法勉强求得，而只能是"可遇不可求"的状态或结果。"副产品"是从一个不同的方面来揭示，人们的选择会因为受外部力量（尤其是政治权力）的逼迫或诱使，因而变成"适应性选择"。但是，统治权力永远不可能预先充分设计被统治者的适应性选择，更无法如愿以偿地将他们变成完全听凭统治者做主、自己根本不需要选择的"新人"——就算是"听天由命"或"叫我干啥就干啥"的想法，那也是一种选择，而不是不选择。

在这个意义上说，专制统治所赖以存在的"奴民"并不是权力意

---

[1]　乔治·奥威尔：《政治与文学》，李存捧译，译林出版社，2011 年，第 231 页。

识形态可以预先设计并打造的，而只能是现实暴虐政治和专制统治的副产品。实行暴虐政治和专制统治是为了维持和巩固一己权力利益，它的产品是一个独裁的政权，而它的附带产品才是那些在它的淫威下不得不顺从听命或甚至歌功颂德的奴民。换句话说，一定是先有专制才会后有奴民，而不是先塑造了奴民，然后才建立专制。如果人民反抗专制，那么，专制就得不到奴民这种副产品。

美国心理学家莱斯丽·法布尔 (Leslie Farber) 说，"我可以意欲知识，但无法意欲智慧；我可以上床，但无法入睡；可以想吃，但不能想饿；可以阳奉阴违，但不是谦卑；可以装腔作势，但没有美德；可以耍威风，但并不勇敢；可以有情欲，但不是爱；可以怜悯，但不是同情；可以祝贺，但不佩服；可以有宗教，但无信仰；可以阅读，但不理解"。埃尔斯特认为，法布尔所说的那些"不"或"不是"指的不是得不到的东西，而是只能自然得到的东西，如果勉力强求，结果只会适得其反。(44 页) 他指出，副产品是可遇不可求的，他写道，"有一些身体或社会的状态具有这样的特征，它们只能是人为其他目的采取行动后的副产品。它们永远都不可能是计谋或意图的产物，因为计谋或意图本身就与目的适得其反"。(43 页) 例如，"自然"是人身体的一种状态，许多人在摄像机前不自然——不只是"显得"不自然，而是自然会觉得不自在。摄影师说，"放自然些"。当事人也确实试图让自己"放自然"。结果只能是两个，一个是越强迫自己自然，就越不自然。另一个是成功地显得自然，但那是假装自然，并不是自然的自然。自然是人平常活动，不想着要装自然时的"副产品"，不是刻意要进入的一种身体状态（刻意努力的是"产品"）。更明显的例子就是"入睡"，你越是要勉强自己入睡，思想越紧张，越是难以入睡。强迫自己入睡的效果正好适得其反。

　　勉强自己进入某些状态，注定不能成功，勉强他人进入某种状态也同样难以成功。勉强他人的主要方式有两种，一种是"命令"，是言辞行为。另一种是"树立模范标兵"。埃尔斯特称之为"为营造印象而设计的非言辞行为"。（43页）有人认为，强制改变他人可以取得预期的结果，理由是，有的国家已经有不少成功的思想改造和塑造新人的先例。埃尔斯特不同意这种看法，他认为，勉强和逼迫他人的结果经常不是真的改变他们，而只是迫使他们不得不假装（fake）已经改变罢了。强行思想管制的结果必然是假面社会，培养的只能是善于伪装和说谎的虚伪国民。

　　强制思想管制的制度，它必然得不到想要得到的东西，而它得到的却不是它真想得到的，它得不到人民发自内心的真实拥护和忠诚，它所能得到的只能是那种出于恐惧或谄媚而假装出来的赝品。它的统治目标与实际效果经常适得其反。例如，把虚假的历史灌输给人民，强迫他们忘掉那些令统治者不快或害怕的真实事件。然而，遗忘是一种人无法刻意进入的状态。为了装出忘记一个历史事件，人们不得不时刻记住这个历史事件，不让自己一不小心流露出还没有忘记的痕迹，以至于惹祸上身。这就是越强迫遗忘就越不会遗忘的"滑稽悲剧"。

　　这种适得其反的效果与禁书越禁越火是差不多的。埃尔斯特指出，"异见者反抗巴不得受到迫害……因为迫害也是一种承认的方式。一本猛批西方颓废派绘画的书定会一售而空，因为要批判那些画作，就必须把画作附上。这是专制特有的进退两难境地，它不能既重视又不理睬那些政治异见者，它也不能既批判异见者又不让民众重视异见者的观点"。（47页）这种情况在我们自己过去的经验中也有。"文革"时期，因为要批判"毒草"，群众才有了观看"毒草电影"的机会，批毒草的革命风暴越猛烈，人们对毒草就越是好奇。

从统治权力的角度来看，最理想的状态是民众自己对禁书毫无兴趣，这样禁书便自行销声匿迹，无人问津。如果非禁不可，那么，禁书的效果总是事与愿违。书籍往往是因为说了一般民众想说而不能或不敢说的话才遭到被禁的命运，民众不读禁书，禁书就起不了这个替民说话的作用。政府禁书的目的是不让禁书起到这个作用，但是只要一禁，等于给禁书作了宣传，民众出于好奇心，本来不读的书也偏要找来看个究竟。禁书者不是不知道这个道理，但是他们又有必须要管的职责，管也不好，不管也不好，他们勉强所做的正是一种越勉强越难做成的事情，与失眠症患者越是勉强越是难以入睡的道理是一样的。

专制制度会想方设法让民众崇拜领袖，但是，埃尔斯特指出，真诚的崇拜不是官方宣传的"产品"，而只能是一种民众心悦诚服的"副产品"。法国历史学家保罗·维尼（Paul Veyne）曾指出，罗马帝国皇帝的个人崇拜并不是因为民众真的相信皇帝有神性，"皇帝比臣民高一等，这当然使民众觉得，出了大事有皇帝顶着——用托克维尔的话来说——'人在自己的压迫者那里看到比自己优越的智慧，是再自然不过的事情'。但是，民众家里要是真的出了什么大事，他们还是会祈求传统的神（而不是皇帝）来保佑。他们相信神话的皇帝，就像孩子一面相信圣诞老人，一面向父母要钱去买圣诞礼物"。(49 页)

专制制度造就愚昧、虚伪、狡诈、自私、人格分裂、道德低下、没有公民责任的国民，这些都是副产品，而不是计划中的产品，因为专制统治者自己也不一定喜欢这样的国民。相反，一个国家国民普遍具有的民主精神和生活方式也是一种副产品，而不是产品。埃尔斯特认为，托克维尔在《论美国的民主》一书里对此有卓越的见解。他指出，托克维尔为我们提供了六个重要的方法原则，让我们更好地了解制度的社会效果经常只是"副产品"的问题。第一，制度必须是已经普遍确立的，而不只是处于边缘的位置。第二，每一种制度都可能产生不同的结果，这些不同的结果可能是相互对立的，应该进行整体评估。第三，评估制度结果要着眼于长期的而非短期的结果。第四，制度的暂时过渡性影响可能不同于持久稳定影响。第五，以上四种都是回溯性质的事后结果，都是在制度确立较长时间后才能看出来的，对未经测试的制度，不可能对它作出可靠的预言。第六，看事后结果可以发觉，一种制度的好处往往并不就是它原先计划的好处，而是有偏差的，因此只能算是附带好处。（94—95 页）

托克维尔在《论美国的民主》上卷第六章《美国社会从民主政府获得的真正好处》里开宗明义地说，"美国的政治结构，在我看来只是民主国家可以采取的政府形式之一，而我并不认为它是民主国家应当建立的唯一的和最好的形式。因此，在说明美国人可从民主政府获得什么利益时，我决不断言、也不认为类似的利益只能依靠同样的一些法律来获得"[1]。就是说，托克维尔认为，能够产生像美国社会结果的，并不一定非是美国法律不可，在美国法律与社会结果之间并没有充分必然的因果关系。社会结果并不是法律的必然产物，而是必然产物之外的产物，也就是"副产品"。美国民主制度的社会结果有好有不好，并不一致，应该进行整体的、长期的、持久稳定性的评估。

托克维尔指出，"民主政府的缺点和弱点可以不难察觉，并为一些明显的事实所证明，但它的良好影响只能以不够明显的形式，甚至可以说是以隐秘的形式表现出来。民主政府的毛病马上即可被人看到，但其优点只有经过长期观察才能发现"。他始终看到制度的不同方面，

---

[1] 托克维尔：《论美国的民主》，董果良译，商务印书馆，2008 年，第 263 页。

在平衡中作出评估，"美国的民主法制，经常是残缺不全的。美国的法律有时侵犯既得权益，或由此而认可侵权的危险行为。即使说美国的法律都是好的，但法律的改变频仍毕竟是一大缺点"。[1] 尽管美国法律有这些明显的缺点，尽管"民主制度的手段不如贵族制度的完备……但它的目的却比较有益于人民"，"虽然它的统治者不够忠诚或不怎么能干，但其被治者却很聪明和很认真"。[2]

托克维尔承认，在民主制度中，"人民插手公共事务，往往会把事情搞得很糟"。但是，他认为民主政治锻炼了人民，"不扩大人民的思想境界，不让人民摆脱陈规旧套，他们就参与不了公共事务。……在民主制度下，蔚为大观的壮举并不是由公家完成的，而是由私人自力完成的。民主并不给予人民以最精明能干的政府，但能提供最精明能干的政府往往不能创造出来的东西：使整个社会洋溢持久的积极性，具有充沛的活力，充满离开它就不能存在和不论环境如何不利都能创造出奇迹的精力。这就是民主的真正好处"。[3]

托克维尔所看到的美国制度的种种好处，主要都是一些副产品，因为美国的共和体制原来是为了防止多数人的暴政而设计的，民主并不是它的优先考量。美国革命之前就已经存在民主传统和价值，影响了这个国家制度的发展，美国人是在这样的制度中积极投入公共事务和政治活动的。这与许多其他国家国民产生了鲜明的对比，后者"总是以一种厌恶的态度来对待法律授予他们的政治权利。他们认为，为公共利益而活动是浪费自己的时间。他们喜欢把自己关闭在狭小的自

---

[1]　托克维尔：《论美国的民主》，第263—264页。

[2]　托克维尔：《论美国的民主》，第264—265页。

[3]　托克维尔：《论美国的民主》，第279—280页。

私圈子里，四周筑起高墙和挖上深壕，与外界完全隔离开来"。[1] 在这些国家里，统治权力本来也是设计了一种制度，要让人民"关心政治，关心国家大事"，但是事与愿违，人民没有按原先的设计变成为国家的主人，而是适得其反。他们表面上是坚决服从领导、衷心拥护政府的正能量国民，但暗地里却是善于使坏、捉摸不透、唯恐天下不乱的刁民。从长远和整体效果来看，这样的制度严重地限制了国民的自主创制意愿，摧残了他们自我治理的能力。这种制度后果正好与原先的政治理想相反：原先设计要想得到的，并没有得到，而得到的却是它不想得到的结果。这就是埃尔斯特所说的那种不以制度设计者的目的意志为转移的"副产品"效应。

结　语

埃尔斯特用"酸葡萄"的比喻，提出适应性选择的问题。一般人熟知的"酸葡萄"只是他所讨论的适应性选择的一小部分。拉封丹故事里的狐狸只是"假装"不喜欢他得不到的葡萄。它自己说喜欢什么，不喜欢什么，其实并不重要。因为实际上不是狐狸自己在自由选择，而是被限制的选择在替他选择。狐狸并不会因为这一次得不到葡萄，就永远都不喜欢葡萄，下一次它碰到自己能够摘得到的葡萄，还是会喜欢的。而且，还有一种可能，狐狸的眼睛盯着一串看上去特别可口的葡萄，因为摘不到，所以用酸来安慰自己，但随后又把眼光转而投向另一串虽然不那么好，但却是摘得到的葡萄，并摘下了这第二串葡

---

[1]　托克维尔：《论美国的民主》，第 278 页。

萄。在我们的生活经验里，这是一种退而求其次的选择。这就像一般男子如果不能娶到自己心仪的姑娘，还是会娶另一位姑娘的（尽管可能先会用酸葡萄安抚一下自己）。一般人不会就此选择单身，或者选择自宫去当太监。另找对象是退而求其次的选择，单身或自宫则是埃尔斯特所说的"变态选择"。

埃尔斯特所讨论的"酸葡萄"适应性选择，主要不是"退而求其次"的选择，而更是变态选择。因此，酸葡萄的问题不在于作了"求其次"的选择，而在于变态选择。有时候，"求其次"也是不错的选择。经常是，事情或生活不如意，与其耿耿于怀，事事求完美，倒还不如退一步求其次。在这种情况下，即使"退而求其次"是一种根据现实条件，经过调整，比较实际的选择，但它仍然承认，那不得不放弃的选择是比"次好"要好的选择。这与变态适应性选择把"次好"看得比"好"更好，或者根本就失去了好与不好的判断意识或区分标准，因而走向原来选择的反面，是完全不同的。这就是弗洛伊德所说的，一个人身处苦难，实在改变不了苦难的环境，就能把苦难当幸福来享受。这样的适应性选择是有道德缺陷的。

变态适应性选择及其道德缺陷在喜欢上当奴才的人身上表现得特别充分。我们知道，奴才有可能"喜欢"上自己的生活方式，"爱"上自己的主人。不管在皇宫里还是社会上，都可以找到许多这样当奴才的例子。这样当奴才是因为在别无选择的情况下，由于变态适应性选择，把当奴才，并且努力当好奴才，自觉地当成了自己的选择。奴才自愿选择当奴才。这给关注奴才的人们提出了一个伦理问题：既然他是自愿选择当奴才，我们是否应该不干涉他的选择，而是予以理解和尊重呢？还是应该干预他的选择，说服他不要当奴才呢？这是一个不那么容易回答的问题。

　　表面上合理的结论似乎应该是，应该尊重奴才的决定。对他个人来说，他有选择的自由。对社会来说，这样的选择也是有益的，因为顺从的奴才不会造反，不会引发动乱，由忠诚关系维护的稳定主—奴关系有利于整个社会的维稳。从"社会整体选择效率"来看，主奴"整体关系"中奴才的利益与主子的利益是一致的。因此，如果主子幸福，那么奴才也幸福。结论是，奴隶制或主子—奴才制度并没什么道德缺失。

　　如果我们不同意这样的看法，那么，我们实际上已经是在做一种不同的道德评价了。这必然也包括对奴才的适应性选择所作的道德评估。以此评估来看，选择当奴才，如果不是最坏的适应性选择，至少也是最坏的之一。以今天世界上人们普遍认同的自由、平等和人的尊严价值来判断，这是一种产生于不道德主奴关系的变态适应性选择。奴才的选择受主奴不平等关系所限制，他的选择实际上是主子为奴才设置的选择，他实际上无法选择不当主子的奴才，这才学会充分理解当奴才的好处，自愿地选择了当奴才。埃尔斯特指出，奴才选择的背后有推动这个选择的个人看法和欲望（当奴才的好处），但是，"我们应该审查（奴才的）信念和欲望是如何形成的，并以此来评估信念和欲望的广义理性"。(15 页)

　　早在 18 世纪，让－雅克·卢梭就在《社会契约论》(1762) 中认为，即使一个人自愿与另一个人订立自愿为奴的契约，这个契约也是无效的。无论是献身为奴或卖身为奴，都剥夺了一个人运用自由意愿的机会，这时候，签约为奴者已经不是一个道德主体，他与任何人所结之约都是无效的。[1] 同样，自愿选择主子的选择，这也不是一个自由的道德主体所做的选择，不管理由多么充分，从道德上说，也都没有意

---

[1]　Ernest Barker, *ed., Social Contract.* London, Methuen, 1952, bk. 1, chap. 4, p. 175.

义。如狄马所说："一切没有选择的行为，在道德上都是没有价值的。你表扬一个太监守贞操，就像在我们的时代你表扬一个下岗工人勤俭节约，农民衣着朴素一样没有意义。"[1] 有些人出生在一个由不得他们选择、参与或改变的制度中，只有一种教育，只有一种新闻信息，只有一种正确思想——只有一种活法。他们别无选择，而不是做出了一个自由人的选择。

---

[1] 狄马：《苦难的妙用》，http://www.jianshu.com/p/97096aeae88f。

3 "赌文化"和"骰子人生"
——约翰·赫伊津哈《游戏的人》、鲁汶·布雷勒《赌博与投机》

2016 年伊始，美国强力彩票已经积累到 15 亿，千百万从来不玩彩票的美国民众也都热血沸腾地加入进来。就在同一时间，中国股市震荡，国内媒体以《沪市新年 8 天跌近 600 点，投资者账户均亏 20 万》的标题报道"A 股 8 天蒸发 10 万亿"的消息。彩票是"玩"，股市是"投资"。谁都知道，股市是一种"投资"的商业经济机制，也是进行投资活动的场所，然而，在 2015 年 7 月股市发生剧烈动荡而且非理性震荡的时候，人们经常地以"赌博"和"投机"来称呼发生在股市里的行为。这种行为也经常被称为"玩"——玩股票。投资是严肃的，怎么能说是形同游戏的玩呢？

荷兰社会学家约翰·赫伊津哈 (Johan Huizinga) 在《游戏的人》(*Homo Ludens: A Study of the Play-Element in Culture*) 一书里写道："游戏与严肃性之间的模糊界线在股票交易业务中对'玩'和'赌'两词的使用上得到有力的说明。赌博者在轮盘赌的赌桌上很情愿地承认他是在玩，而经济商不然。他会坚持说抱着侥幸心理炒卖股票涨落价是生活中严肃事业的一部分，至少是商业生活的一部分，并且还是社会的经济功能之一。两种情况下起作用的都是赢利的希望，但是，前者纯粹的幸运通常得到承认（所有的'盘算'都不灵了），后者的参与人却用他能预计未来市场趋势的幻想来欺骗自己。无论如何，二者在智力上的差别是极其微小的。"[1]

一、玩股与游戏

赫伊津哈关注的是"玩股票"的两个主要特点："无须智力"和"赢利的希望"。真正严肃的投资需要非常专门的知识和理性思考，说买卖股票是一种无须智力、只凭"幻觉"就可以的玩耍，实际上是说它只是一种凭偶然运气的赌博行为，跟轮盘赌和掷骰子差不多。许多人在股票市场上一惊一乍地频繁倒手，确实可以说是这样一种赌博行为。

然而，以赢利和发财为目的的玩股票有着太"严肃"的目的，似乎并不符合赫伊津哈对"游戏"的定义。赫伊津哈认为，游戏中所蕴含的意义，是超越生活中现时需要之上的，它也赋予行动以意义。游戏介于"本能"和"心智"（mind）、"意志"（will）之间，它不只是本能，但又还未上达心智和意志的地步。赫伊津哈认为游戏具有下列的特点：一、它是一种自由、自主与自愿的活动；二、游戏的活动是有意地要在日常生活之外，成为一种非严肃的活动；三、但与此同时，从事游戏的人是高度专注的；四、游戏是一种与物质兴趣无关的活动，在从事游戏时，是不会有任何利润可言的；五、游戏是在其固有

[1] 约翰·赫伊津哈：《游戏的人》，多人译，中国美术学院出版社，1996 年，第 56—57 页。

的时空界限内进行着，它有着固定的规则，并以有秩序的方式来玩；六、透过游戏，会促成社会群体的形成，这些社会群体有着自己的"秘密"，它们会透过"伪装"或其他方式来强调它们与整个普通世界的差异。[1]

玩股票不可能成为赫伊津哈所说的那种游戏，因为它不是与物质兴趣或利润无关的活动。物质兴趣和追求利润恰恰是玩股票最重要的动力和目的。赫伊津哈所说的游戏是一种规则公平、透明的竞赛，参与者凭借自己智力和技能来进行。它之所以有趣、令人兴奋和投入，是因为它的悬念和不确定的结果。赌博虽然也有操作规则，也令人兴奋和投入，还有悬念和不确定的结果，但却不像游戏那样需要智力和技能，只有运气好就能赢，否则便是输，靠的是"机遇"。

正是按照是否依赖"机遇"的标准，赫伊津哈把"棋类游戏"与"牌戏"区分开来。棋戏是比牌戏更公平的游戏，靠的是游戏者的智力与技巧，而牌戏虽然需要智力和技巧，但牌好牌坏的机遇对游戏结果仍然起着很大的作用。他写道，"牌戏不同于棋戏之处在于，它们从未成功地完全剔除掉机遇性，以致机遇性使牌戏堕入赌博的范畴。这就不大适合俱乐部生活和公开的比赛。而更具智力性的游戏就有许多协作的可能，正是在这一领域，有强烈地转为严肃性和过分严肃性的变动"。赫伊津哈认为，牌戏一旦变成了一项"运动"，会更失去游戏的意义。例如，"叫牌手册和职业训练体系使得桥牌成为一项死板正经的事务……它使得心性能力进一步单一化，而不以任何方式给心灵增加财富"。[2] 赫伊津哈在游戏中看重的是一种能提升人精神的"庄严的娱乐"，

[1] 赫伊津哈：《游戏的人》，第 8—9 页。

[2] 赫伊津哈：《游戏的人》，第 221—222 页。

这样的娱乐在今天的商业或体育活动中，恐怕是越来越难以寻觅了。

其实，无论是棋类还是牌戏，一旦成为"现代体育"体制中的"项目"，有了像为国争光，或"夺标""争冠"一类的外部目的，也就偏离了游戏精神。赫伊津哈写道："大量的桌上游戏极早就为人所知，有些甚至是在原始社会，而且主要因其机遇性的特点，变得相当重要。无论它们是机遇性游戏还是技巧游戏，都含有某种严肃性的成分。快乐的游戏情绪在此没有什么机会表露，尤其是在机遇性极少的国际象棋、西洋象棋（draughts）、西洋双路棋（backgammon）、跳棋（halma）等游戏中。所有这些游戏都还具有我们……的游戏定义。只是最近以来，公开性侵占了它们，把它们纳入到体育之中，举行公开性的锦标赛、世界杯赛、登记成绩，以文字形式印发报道，这对于不通此道的局外人来说真是荒唐可笑。"[1]

二、稚化的游戏人生和难得糊涂

赫伊津哈在《游戏的人》一书中强调游戏的自由精神和规则，这二者看似矛盾，却是相互依存的。他把"游戏"视为与"理性"和"运用工具"同样重要的人类活动特征，他说，除了"智慧的人"（Homo Sapiens）、"劳动的人"（Homo Faber）之外，"游戏的人"（Homo Ludens）也将在人类的用语中占有一席之地。如同"工具制作"一样，游戏并非人类特有的活动或功能，不过在赫伊津哈的观点中，人类社会所有的文明发展，最早的形式都是来自"游戏"。他不仅将游戏当成一种人

---

[1]　赫伊津哈：《游戏的人》，第 221 页。

类本能的活动，而且更是从文化现象的角度来探讨游戏在人类文明中的重要地位。赫伊津哈甚至认为，人类社会中现存的所有文化形式，包括法律、战争、学术、诗、哲学、艺术等，其实都与人类的游戏有着内在的关系。

我们也许可以在这些文化形式中加上一项，那就是，游戏也可以成为一种应对当下生存环境的"生活艺术"。人们常用"赌"和"博"这类比喻说法来言说或比喻形同游戏的生活艺术，它被审美化为"人生如戏""难得糊涂""活在当下""人生能有几回搏"。今天，许多中国人抱着这样一种据说是"现代人"的生活态度过日子。这是一种什么样的"现代"生活态度呢？

现当代文明逐渐丧失游戏的原创精神而变得日渐浅薄，赫伊津哈对此感到忧虑。他认为，一种看似"游戏"，但实则是"幼稚"(puerilism)的心态已经逐渐主宰了当代的文明，主要是由于"官方幼稚主义"的推动。他指出，"这种仿佛是青春期的心理和行为，看来已统治了文明生活的大部分领域……它们现在占满了我们的文明，并以毫不掩饰的麻木不仁来自我宣扬。这类习性中，群体习性也许最为强大，也最令人惊骇。它产生出最低级的幼稚主义：大喊大叫或种种庆贺呼号、穿戴证章和各种政治性装饰与制服、以行军队列或某种特别的步伐行走，着迷于空冗散漫的集体性巫魅和宗教仪式。在心理方面与此极类似的是：对浅薄娱乐的贪求、粗糙的感觉主义以及群众集会的欢欣、群众示威、游行等"[1]。由于人们热衷于经常是政治正确的严肃"幼稚行为"，许多伟大民族逐渐失去了残留的荣誉感、幽默感、礼节和公平游戏的观念。

---

[1] 赫伊津哈：《游戏的人》，第 229—230 页。

三、求解公正的神意

凡是"机遇"都是不可预测的。在有信仰的世界里，"机遇"是公正神意或正义天意的显示。在没有信仰的世界里，"机遇"则是纯粹偶然或无端发生，与正义、公正、正邪区分没有关系。这是神意机遇与赌徒机遇的根本区别所在。

显示神意的机遇虽然不可预测，但却是有秩序和规则可循，这些秩序和规则是由信仰系统所提供的，与人们普遍遵循的基本道德伦理相关联。因此，它虽不可测，但却不是像赌那样完全没有可确定的因素。有信仰的人向神求福祉的机遇，不仅是求福祉，而且是求与德性和善行一致并相伴而来的福祉。宗教教诲的善有善报、恶有恶报，社会制度所保障的优胜劣汰、以正压邪都是为不可预测的机遇提供某种可以确定的因素。

求解神意的"卜"和赌命运的"博"音同义殊。"卜"和"博"音同，意思也有关联，甚至使用的器物或方式都可以是一样的。而且，卜是占卜，博是赌博，都是把眼光投向不确定的未来，并借由卜或博的不确定行为来达到某种可确定目的。

但是，这二者的不同更为重要，更为本质。"卜"关乎天意或神意，而"博"则纯粹是没有定向的偶然。"卜"的前提是有秩序，是有神意或天意在起主导机遇的作用；而"博"的前提则是无秩序，不存在任何比"偶然"更高的其他主导力量，偶然俨然成为生存世界最高的主宰。人生活在"博"的世界里，成功或失败都不是人自己的努力可以决定的，都不过是像买彩票结果那样的偶然发生。

彩票(lottery)是现代最常见的赌博之一，lottery这个字是从 lot 来的，它的条顿词语根是 hleut，指的就是用掷卵石的方式来裁决争端或财产分割。意大利语的 lotteria 和法语的 loterie 都是来自这个词根，后来演化为"机遇游戏"（game of chance）。Lot 这个字不只是指彩票，而且也是指一个人的命运，这两个意思是有关联的，人的命运无常，不可预测，命运好则发达，命运差则潦倒。

远古的人类用抽签、抓阄的方法来卜测神意，也用这样的办法来选举领导者，或裁决难以决断的争端或案件。这么做是因为有一个信念：在人难以为一些重大事情做决定时，抽签或抓阄的结果代表了神所意愿的选择。人虽然不明白其中的道理，但神的权威足以让人口服心服地接受神的任何一种决定。连诸神在他们之间有争执而需要裁决时，抽签或抓阄（碰运气）也是决定的方式。希腊神话中诸神用掣签（cast lots）的方式分配他们在宇宙中的统辖权。宙斯得到了天空，波塞冬（Poseidon）得到了海洋，成了海神；哈迪斯（Hades）输了，得到的是冥界。

我们可以把抽签、抓阄、掷石块或其他物件统称为"掷"的方式。在古希腊语中，dike 既是"正义"，也是"掷"的意思。Dikē 是正义女神，也是道德秩序和公正评判的精灵。然而，无论是道德秩序还是公正评判都不是由女神武断决定的，而是来自太古的习俗，是在社会里一直实行的规范和被遵守的规则。希腊神话里的幸运女神是 Tyche，跟正义女神一样，她也经常是蒙着双眼的。她坐在一个大的轮子（象征不停转动和变化）上，拿着一个舵（象征导向）或一个羊角（"丰饶之角"，象征福祉）。正义女神和幸运女神的画像经常在一起。幸运与正义是同时起作用的。古希腊人用"掷"的方法分割遗产和选出执法官，是一种公认的公正裁决程序。后来罗马的僧侣也是用这个方法选出来的。

最初的"掷"有伦理、法律和宗教的含义，"游戏"也是如此，这就使得"掷"与"游戏"有了某种关联。赫伊津哈指出，游戏，德语中的 pflegen 和荷兰语中的 plegen 来自古英语的 plegan 和古法语的 plega，它们的意思是"保证、担保、承担风险和让自己受到危险"。[1] 他认为，许多民族都在宗教活动中有掷骰子的习俗。在古印度史诗《摩诃婆罗多》(Mahabharata) 中，世界本身就被想象为一场在毁灭之神湿婆 (Siva) 和他的王后之间的骰子游戏。[2]

神意和命定 (destiny) 是同一个意思，而"命运"(fate) 则是用某种方式来探知的神意或命定，用木棍、掷石头，或者从圣书中随意翻出一页。无论是掷物还是骰子游戏，或是别的偶然决断法，它的目的都是为了作出决定，对法律或宗教事务形成决断，而不是赌博 (games of chance)。卜神意的目的不是为了获得钱财，也不是为了消遣或娱乐，而是为了做出某种严肃的决断。每一次"掷"都有特定的情境，因此是不可重复的，这与买彩票或股市里买进卖出的重复赌博完全不同。

为做决断而"掷"，这么做是出于对某种超自然的精神力量的信仰，这种力量控制着掷的结果，让神意或天意能以凡人一目了然的形式显现出来——它的公开和透明也是我们今天的公共决定所需要的。因此，当古人在卜神意的时候，他们并不觉得是无目的的偶然机遇在起作用，恰恰相反，他们看到的是早已由神意决定的必然。因此，关于某件重大事情的最后决定——战争、分割财富、群体共同行动——"卜"必须经过这样的程序方才能得到确定性，让人安心，并有信心。

后世的人类改用其他方式对重大的公共事务做出决断——专制君王的意志、民主的公民投票、最高法院的裁决等等。这些决断的方式都是某种信仰系统的一部分，而不是单纯的选择形式，是不同的信仰

---

[1]　赫伊津哈：《游戏的人》，第 41—42 页。

[2]　赫伊津哈：《游戏的人》，第 61 页。

系统使得新的决断方式在人们眼里具有了比"掷"更大的合理性。但是，从古代以神为中心的信仰系统看来，却未必如此。古希腊人成群结队地为决疑来到神谕处所，没有神谕的同意，他们就不能对是否要开战、缔结和约或实行新法律作出决定。后来，在许多世纪里，君王们以占星术来预测未来。今天中国的一些达官贵人偷偷咨询"风水大师"，看上去似乎也是在祈求某种超自然力量的庇佑，但是，他们在意的只是功利的效果，而不是真的希望这个世界里确实能有一种惩恶扬善的信仰秩序。

四、赌博与投机

自文艺复兴之后，人们就已经认识到机遇在人生中的重要作用，像帕斯卡和马基雅维里这样的思想家都关注过机遇的问题，随着人们对机会、运气、偶然性、不确定性、不可预知性有了更多的认识，他们对商业、政治、军事，乃至文化艺术和时尚等等的随机性、复杂性、风险也有了许多更深入的思考和探索。但是，机会、运气也好，偶然性、不确定性也罢，带出来的都是人的自主性与可能性的问题，否则就会成为消极无为的宿命论、命定论或玩世不恭、愤世嫉俗的犬儒主义。

传统的对赌博（不包括消遣娱乐的赌博游戏）和赌徒（不包括棋类、牌戏的爱好者或偶尔去赌城度周末的人们）的负面评价，大多与赌博的消极无为和追求不劳而获、暴发横财有关。例如，赌博鼓励人们愈来愈相信运气，而不相信通过理性设计去筹划和做事业；赌博使赌徒深信不劳而获，只要甘冒风险便能大赚一笔；赌博更是鼓励投机心理，而非正常消费及投资。

罗马尼亚裔美国经济学教授鲁汶·布雷勒（Reuven Brenner）在《赌博与投机：关于人的某些决定的理论、历史和未来》一书里把赌博放在人性（人有冒险和求刺激的本能）和社会结构（产生、允许、反对、禁止赌博的理由或措施等等）的复杂交织地带来加以考察。他考察了赌博的历史，尤其是历史上禁止和发行彩票的具体事例，并将赌博与投机和投资做了区别。[1]

"赌"指的是不用自己的技能来追求钱财的行为。这是一个很严格，也很狭隘的定义，最典型的赌博就是掷骰子、抛硬币、猜奇偶数这样的赌。布雷勒认为，"当人们用'赌'来描述生意往来或股市交易时，往往包含着这样的价值判断：行为者在交易时没有或不能运用特别的技能，既无好的判断，又缺乏专门的信息"。[2]今天中国股市里有许多这样的股民，他们在不同程度上缺乏能力、判断和专门信息，因此他们所进行的股市行为是不同程度上的"赌"，与"偶然性游戏"（games of chance）是同一性质。

投机不是"偶然性游戏"，投机指的是，一个人"持有与公认正确意见或'市场'不同的独自观点，并以此采取行动"。例如，在大家不买某种商品的时候，偏偏买下这种商品，然后在价格高涨的时候卖出去，以此牟利。股票、房产或其他生意中都有投机。然而，投机不只是一种商业行为，也可以是政治、学术或其他性质的行为。投机是"拿

[1] Reuven Brenner, with Gabrielle A. Brenner, *Gambling and Speculation: A Theory, a History, and a Future*. Cambridge: Cambridge University Press, 1990.

[2] Reuven Brenner, *Gambling and Speculation*, p. 90.

想法来打赌"(betting on an idea)，为将来谋划而"采取某个行为的人，他的决定并没有十足的证据基础，无法确定是否正确和有理"，所以有见风使舵的冒险成分。[1] 重庆"唱红打黑"时一些奔向重庆，为所谓"重庆模式"摇旗呐喊的知识分子中就有这样的政治投机分子。

投机与赌博的另一个不同在于，投机是在特定的环境条件下进行的，每一次投机都是一个特别的决定选择，每次选择的成功几率也不相同。投机不具有赌博的那种可重复性和几乎不变的或然性。掷骰子或玩转盘赌钱财可以不断重复，每次几率也不会有什么变化，赌是盲目的，经常是名副其实的"瞎"赌，而投机则是"瞧准了"才去冒险。投机与赌博的再一个差别是，投机比赌博的本钱更大，投机在"逆市场操作"中获利，没有相当的本钱做不了这个生意。

赌博和投机的共同之处是，二者都是为了暴富，发人们称之为"横财"的那种财。这不是投资要发的财，也是投资与这二者最重要的不同之处。投资的一般定义是："现在不消费，为的是把节省下来的资金用来增加未来的消费。"但是，布雷勒认为，这样的定义尚不能把投资与储蓄和投机区别开来。因此他认为需要另作定义：投资是"花费金钱和其他资源（如时间、精力），从事以前已经有人从事过的事情。这种付出的方式，与风险小于投机的'习惯性'方式相一致，即以（过去的）经验作为向导"。[2] 投资采取的是被经验证明有效的进途，而不是投机那种逆向操作。投资与投机的另一区别在于时间，长为投资，短为投机。二者之间的再一个区别是动机，投资求合理的回报，是相对平稳的收入，投资若有损失，对个人财富的影响不大。相比之下，投机追

---

[1]　Reuven Brenner, *Gambling and Speculation*, p. 91.

[2]　Ibid., p. 93.

求的是高利润，是快速和突然的变富，因此投机者常有投资者所没有的那种奸诈、贪婪和暴发户的负面形象。

五、游戏的"魔力圈"

人们生活在信仰丧失、秩序失范、人心涣散、前景黯淡的状态下，碰运气、撞机遇就会成为一种常态。在这样的世界里，到底什么才是值得期盼的未来和希望，到底什么是生活的道理、做人的原则、该扮演的角色、该遵守的规范，都会变得模糊而茫然。各个领域中的赌博和投机都会随之增加，商业的、政治的、学术、知识的都不例外。

社会的乱象与赌和投机心态是同时发生的现象。需要分清什么是因，什么是果。政府权力经常以破坏稳定、扰乱民心、道德腐蚀为由来禁赌或打击投机。但实际情况是，赌和投机是症状，而不是病的本身。总是社会现状已经因为某些原因出现了问题，这才引起更多的赌和投机。

这时候，一些社会领域中便会出现种种与赌博和投机心理相一致的急功近利行为，包括政治、学术、教育、文艺创作、新闻报道，甚至宗教、健康和慈善的投机和机会主义。在不同程度上，这些都与制度性权力运作的方式有关。仅就经济体制而言，由国家主导的彩票和受政府操控的股市是最明显的。繁荣的牛市是政治稳定和社会繁荣、人民幸福的门面和象征。赌和投机让人们把注意力集中到每天股票的涨跌上，转移了他们对社会和政治事务应有的关心。每个人都能在共同体没有出路的状态下，为自己找到一条追求幸福的出路。这是很有助于社会稳定的。赌和投机的机会降低了社会里已经存在的或不可避免存在的不确定危机，化解这种危机，或者至少使它不至于发作。正如布雷勒所说，赌和投机维持了人们在没有出路时的"希望"，"如果人们不能从允许赌和投机的制度中获利，谁知道他们又会对什么革命的、意识形态的或宗教的制度上下赌注呢？或者因绝望而做出什么铤而走险的事呢？"[1]

政治权力左右（不同于正常的管理）股市是一件危险的事情，它能收到一时的效用，但它具有极大的不确定性，对经济制度长远的稳定发展却可能会有非常不利的影响。因此，这种政府行为本身就是一种急功近利、碰运气的赌博行为。在它的手中，股市本身不过是一个被掷起的骰子。这样的操控力同样把媒体、学校教育、学术、社会组织变成它权力赌博的骰子，赢了，得到的是它一己的利益，输了，失去的是整个国家和民族的精神元气、信仰、未来和希望。

从政治哲学的角度来看，现代世界里，政治只是人类活动的一个领域，它有自己的游戏规则，如果它强行干预或限制社会中其他领域中的活动，就会破坏它们各自的游戏规则。政治哲学家沃尔泽指出，现代生活世界中的诸多社会领域是相对独立的，有它们自己的原则、规则和价值目标（他称之为不同领域各自的特定"正义"），政治权力不应该随意干涉。[2] 与此同时，他也指出，诸多社会领域虽然相对独立，但并不是绝对隔离的。由于人们同时生活在不同的领域中，不同的领域必然相互发生影响。国家权力是对其他领域影响最大，也最特殊的一个。国家的职责是保持和维护其他领域的独立，尽管每个领域的成

[1] Reuven Brenner, *Gambling and Speculation*, pp. 94-95.

[2] Michael Walzer, *Spheres of Justice: A Defense of Pluralism and Equality*. New York: Basic Books, 1983.

员都应尽力保护自己，但当他们受到威胁时，最终还是得要求国家的保护。在具体的社会领域中，总是会有人为谋私利而企图破坏公平规则（如商业行为的欺行霸市、欺骗行诈、偷工减料、内线交易），这时候，政府权力就有责任维护和恢复被威胁或破坏的领域规范。

赫伊津哈在《游戏的人》中从人类文化学的角度，用"游戏"范围和范围内规则的概念，同样提出了社会不同领域活动区分的观念。他认为，作为一种特殊的、自我完足的活动，游戏的严肃性和自我意识在于，游戏者为自己设立了一个可以称之为"魔力圈"的范围。他写道："我们最感兴趣的一点是，游戏在何处进行。通常它是划在地上的一个简单的圆圈，dyutamandalam，但它具有魔力的意义（magic significance），防止各种欺诈手段，选手们在履行完所有义务之前不许离开它。有时候，会特别为比赛临时建起一个大厅，这个大厅即成圣地。摩诃婆罗多花了很长一段时间来建立萨伯哈（sabha）这个游戏大厅，在这里潘达瓦斯（Pandavas）将同他们的对手遭遇。"[1]

魔力圈（magic circle）在游戏与它之外的事物之间划出了疆界，在游戏中，魔力圈经常是某种有形的空间，如棋盘、竞技场、角斗场、运动场地、舞台、祭坛。魔力圈不仅有空间的界限，而且还有时间的界限。时间界限规定游戏什么时候开始，什么时候结束，把游戏在时间上与日常活动划分出来。游戏就是在一个特定的时空魔力圈里发生的特定活动。魔力圈意味着人为规则或惯例常规。规则或惯例只适用于在魔力圈内发生的特定游戏活动，没有魔力圈之外的效能。

重要的文化活动也都是在特定的魔力圈里发生的。庙宇、教堂、学校、报社、体育、文艺、股票市场都是如此，不同的魔力圈内规则

---

[1]　赫伊津哈：《游戏的人》，第 61 页。

虽不相同，但有一点却是共同的，那就是，魔力圈内的规则是在游戏之前就设置好的，必须由游戏者共同遵守，不允许任何人"独玩"或控制游戏规则，也不允许外在势力对之进行干涉或改变。游戏规则产生游戏的理想样式和具有权威的规范标准。例如，游戏竞赛要求参赛者从一开始就机会均等，棋局开始时双方的棋子是一样的，这样才能避免一方在一开始就处于吃亏的境地。

游戏的竞争必须是公平的，称之为"公平游戏"（fair play）。赫伊津哈强调，公平是游戏最基本的伦理价值观，认真坚持和无条件地落实公平原则，使得最轻松的游戏也具有严肃的一面。游戏不仅考验游戏者的力量、智能、努力、坚韧、耐力、灵活性等等，也考验他们是否诚实、守信，是否能平等、公平、坦荡、尊重对手。任何被视为公平的游戏，都有一个伦理层面，也都包含以这些伦理原则对参与者行为所做的经常评估。

游戏魔力圈的意义还在于，它为社会性的良好秩序提供了一个范本（学校的体育精神教育可以直接为学生提供相应的训练）。良好秩序的社会是一个法治社会，法治就是规则，制定规则的人不能同时也执行规则。法律不能朝令夕改、公器私用，更不能允许特殊集团的利益凌驾于它之上。若非如此，法治的游戏就会被毁掉，因为它单纯是为了权力的目的，而根本无视权力该有的方式。权力不等于正义，就如同竞赛不等于游戏。如赫伊津哈所说，"竞赛不仅是'为了'某种目的，而且是'用'某种方式或手段来争取。人们争相要成为第一，靠力量或敏捷，靠知识或靠财富，靠神采出众，慷慨大方，靠贵族血统，或靠子孙众多。他们用体力或臂力来比，或者比理智、比拳头，以奢侈的铺张陈列互相攀比，说大话，自吹自擂，用漫骂最后还用欺诈和诡计。照我们的想法，欺骗作为赢得一场比赛的手段会使之失去游戏的特色，整个地毁掉这场比赛。因为对于我们来说，游戏的要素就是坚守游戏规则——即公平竞争"[1]。

六、赌徒文化与骰子人生

有人说，"政府的人为干预把股市变成了赌场。中国民众的非理性把股民变成了赌徒"。其实，任何一个特定历史时刻的社会中，普遍的信心越薄弱、价值观越虚无，人们就越是会把短期牟利的赌博和投机当作具有普遍意义的行动选择方式。人们没有长期打算，是因为无从形成长期的预计，当然也就不可能有长远的规划。这种情况并不只是在股市里才有。股市大起大落的非理性起伏和普通股民在股市里几乎盲目地赌命运，这些都不过是近几十年来许多人在不同社会领域里形成赌博心态的一个写照，无论是金钱和精力，还是心血和努力，各种投入，都只有很短的投资期，对投入者来说，"长期"就是眼前的两三年，甚至更短，而不是接下来 20 年的未来。而且，不管什么投资，不仅急切地求速效，而且不顾一切地求高回报，因此不惜铤而走险，孤注一掷。

这种急功近利的投入是因为生存状态充满了不可预测的因素，没有信仰可以帮助人们对未来保持恒定的希望。赌博心态是一种对不确定性的应对。这是一种眼前的，而不是长远的不确定性。有些赌博在下注后可能立刻就知道结果，例如掷骰子或是玩轮盘，而也有些赌博在下注后一段时间才知道结果，例如要等一场比赛甚至是一个球季的

---

[1] 赫伊津哈：《游戏的人》，第 55—56 页。

结束,但这一段时间不会太长,没有人会赌10年后某个球季结果的。

赌博是一种拿有价值的东西做注码来赌输赢的游戏,它有一个经济的定义,是指以钱或具物质价值的东西对一个事件与不确定的结果下注,其主要目的为赢取金钱或物质价值。也就是说,为了在不久后获得有风险的可能赢利,必须先拿出一些实实在在有价值的东西来下注。通常情况,下注前无法确定结果,停止下注后才开始游戏。在个人来说,赌博下的注可以是金钱,也可以是名誉、职业道德、做人的价值观。贪婪的欲念让人利令智昏,甘愿用生命和生活中实实在在的好东西——健康、钱财、家庭、诚实、平静安宁——去换取虚无缥缈的一夜暴富梦想。在国家来说,赌博下的注可以是环境、自然资源,也可以是政府信誉、信仰和权威、民心向背。

赌博看似一种自主的选择,但赌博的人自己并不自由,更不能主控自己的行为和命运。社会生活中的赌徒,他们不过是一只无形之手中随时可能被掷起的骰子,这只无形之手就是无所不能的政治权力。民众之所以为骰子,难以摆脱骰子人生的命运,是因为他们在心理上依赖把他们当骰子来玩耍的政治权力。

赌徒们往往一次赌输了,下次还会再赌,觉得下次一定有更多赢的机会(称为"总结经验")。这就是赌徒谬误(Gambler's Fallacy),亦称为"蒙地卡罗谬误"(Monte Carlo Fallacy),指的是赌者经常以为,随机序列中一个事件发生的机会率与之前发生的事件有关,即其发生的机会率会随着之前没有发生该事件的次数而上升。例如,重复抛一个公平硬币,连续多次抛出反面朝上,赌徒可能错误地认为,下一次抛出正面的机会会较大。

赌徒指望命运的眷顾,但他们又希望有某种规则,使得他们的赌博不至于成为完全没有规则的机遇之博。在政治权力控制一切的社会里，他们无力建立可以共同认可的公正而有效的规则，不得不指望政治权力赐予他们这样的规则。美国经济学家、诺贝尔经济奖获得者詹姆斯·布坎南（James M. Buchanan）在他的公共选择理论中指出，政治权力并不是公正无私的，它所做出的公共选择，包括种种影响竞争输赢的规则，也并不总是有效的。这就意味着，在市场发生某种失败的时候（如股市的崩溃），政治干预时也需要考虑到政治干预失败的可能，这种失败的干预不仅无效，而且会使得事情变得更糟糕，问题没有解决，反而产生了新的问题。而政治失败一旦发生，它本身的问题会比其他问题更难得到解决。

当前中国社会中那种无所适从、盲目跟风、贪婪功利、道德虚无主义、赌博心态和投机心理是非理性的。要改变这种状态，不只是要看到当今社会里的赌徒心态，而且更需要提出理顺政治权力与社会生活关系的问题。社会生活只有从政治权力的不当影响力下独立出来，社会中人才有可能变得更负责任，更有自信，更加理性，也更有担当。非如此，不能真正摆脱他们的骰子人生。这种改变需要的不只是随机变换现有体制内的不确定规则，而是建立一种与赌博和投机不同的确定规则，它必须体现为与宪政法治稳定性相一致的公共生活秩序。宪政法治及其核心价值的稳定是对常态秩序的承诺，只有这样的秩序才能为社会共同体和个人自主选择提供具有更大确定性和理性期待的长远前景。

4 利他是一种怎样的"自然正当"
——艾略特·索博、大卫·威尔逊《为他人：无私行为的进化和心理》

心理学家艾略特·索博 (Elliott Sober) 和哲学家大卫·威尔逊 (David S. Wilson) 合著的《为他人：无私行为的进化和心理》(*Unto Others: The Evolution and Psychology of Unselfish Behavior*, 哈佛大学出版社, 1998 年, 下称《为他人》) 是一部从人类进化来讨论"利他"(altruism) 的著作。作者们认为, 利他是人类进化过程中"族群选择"的结果, 利他的族群选择与利己的个体选择同为进化的"自然选择"。所不同的是, 前者发生在族群与族群之间的竞争之中, 而后者则发生在同一族群中的不同个体之间。它们是两种不同层次的自然选择。利己是人的行为的基本动机, 但不是唯一的可能动机。利己的对立面不是利他, 而是多元的动机——一种同时受利己和利他影响的合力动机。

如何避免一个绝对利己的社会？靠什么力量在社会中倡导利他并遏制人类天生的利己？是否只能依靠"纠正"自然人性的道德教育, 或是旨在塑造新人的社会改造工程（"文化大革命"）？改造人性的革命理论倡导利他, 是从人本利己的前提出发的。正因为人的天性是自私的, 是人类进化的自然选择结果, 所以才需要用"大公无私""毫不利己专门利人"的社会工程来改造人性。然而, 即使在开足马力的时候,这样的社会改造运动也收效甚微，而一旦停止，则几乎无一例外地快速逆转。这种人为不敌自然的现象似乎证明了老赫胥黎（Thomas Henry Huxley）关于"园丁"和"花园退化"的"园丁理论"。他在 1894 年出版的《进化和伦理》一书的序言中描述了意欲干预自然演化的园丁。园丁中断了某个地方的"自然状态"，欲代之以一种"艺术状态"（人为状态）。园丁以人为的选择取代自然的选择，有选择地帮助某些植物在物竞生存的竞争中胜出。但是，他的干预一停止，自然状态立即开始自动复原。

《为他人》要证明的是，人的天性中本已经包含着某些利他的心理动机，利他不只是道德和社会改造的成就，而且是人的自然进化使然。可以撇开道德而只是从人的自然进化来讨论利他。"利他"与"革命"不同，利他并不是一种人为观念，而是在进化过程中形成的自然人性的一部分，尽管利他在不同环境和不同时刻会有不同的显现，但不会像革命那样退化，革命退化的"园丁理论"并不适用于利他和利己的消长关系。因此，有必要也有可能在任何时候和任何境况下坚持利他的合理性和利他对人类社会合作的积极作用。

一、进化的自然选择：个体选择与族群选择

自然选择（"天择"）是生物进化的一个主要机制，也是理解人类如何在进化过程中发生变化——包括道德变化——的一个关键因素。影响人类演化的其他因素包括与"自然"相对的种种"文化"因素，如文明进程、文化传统、社会心理、政治与经济环境的限制和影响等等。也有结合"自然"和"文化"因素的理解模式，例如，在生物

社会学里，利他的族群选择被当作一种基因—文化演化。基因—文化演化说把演化生物学和社会生物学结合起来，用来解释族群选择。它将文化遗传视为另一个演化中的系统，与基因遗传并行，并且相互影响，共同造就人类的特性。因为文化的演化比基因演化快速，所以基因—文化共演化可以让人类更快速地适应环境压力。而适应环境的文化可以通过学习，快速传给整个族群，让这种文化适应可以持续许多世代。由于其他理论，如亲属选择和互惠式利他行为，都未考虑文化遗传，因此基因—文化演化说似乎提供了最完整的人类社会行为演化模型。族群选择在此理论中主要用于不同文化之间的竞争。有研究发现，鼓励合作的社会较其他社会有较高的存活率，证明文化特征会被族群选择。

中国当今的社会道德讨论应对社会面临的道德困境和危机，往往强调"文化"而非"自然进化"的因素。对这样的讨论和思考，进化论的利他解释有相当的借鉴价值和意义。其意义在于，进化论将利他放置在一个比"文明""道德进步""革命成就"更坚实的基础上——利他是人类长期演化的产物，因此不会因为文明、道德进步、革命成就等可能遭遇到的短期"花园退化"而消失。政治的腐败、社会的堕落、文化的恶化的确会大大减少日常生活中的可见利他，但是，那只是暂时改变人们的行为方式，产生于漫长历史的族群选择的利他特性并不会绝迹。

达尔文在《物种起源》(1859)中首先提出自然选择的问题。他认为，在不断存在的过度繁殖压力下，生物界总是存在着争夺生存空间、食物和配偶的竞争。因此，它们当中只有一部分能成功繁衍并将自己在后代中延续下去。这种自然的筛选，经过足够长的时间，就能造成总体的、稳定的有机变化，这就是演进（进化）。而且，由自然选择所推进的进化总是朝特定方向发展，生存竞争中的胜者会具有与败者不同的特性，而竞争中的胜利本身就是因为这些特性起了作用，能在竞争中胜出，依靠的就是这些特性。

随着时间的推移，个体适应性越来越好，进化的特征都是对个体"适应"直接有利的特征，如果说与族群有关，那也只是间接的关系。例如，人类有了灵巧的双手和能分辨各种颜色、估计距离的眼睛，这样的双手和眼睛是为它们的个体主人，而非别人（如个体所属的族群）服务的。

进化增进人类在这个世界里的适应（adaptation）能力，这个进化效果是没有疑问的。但是，自达尔文之后，就一直有"适应的终极目标为何"的争论。人能运用双手和双眼，这样的特性是为什么目的而进化演变而成的呢？是为了帮助谁呢？人们一般同意这样两种利己论的看法，第一，适应是直接为了帮助能适应的个体，我的胳膊有劲，腿跑得快，帮助的是我自己，而非别人。第二，一个物种的适应，不可能直接是为了帮助其他物种的成员。它的适应可能对其他物种有间接帮助，但那是一种合作关系。例如，一种果子肉肥味美，并不是为了让猴子吃了开心，但由于猴子爱吃，所以它果实里的种子能借助猴子得以撒播。

这两个对利己的基本看法不能排除有关利他的种种问题：个体的适应对它的族群有直接的帮助吗？个体的适应对族群会比对个人更有利吗？是否能从族群生存来了解个体适应呢？人类是否可能从"族群选择"而非"个体选择"进化出"利他"的特性呢？

这些问题归结到一点，那就是，除了个体选择，是否还存在族群选择？如果只承认个体选择，那么，任何自然选择都只能直接为个体服务，一切的合作关系和友谊交往说到底都是利己的。如果承认存在某种族群选择，那么，有的自然选择就是可以直接为族群服务的，合作关系和友谊交往也就可能具有利他的性质。

索博和威尔逊认为，在包括人类在内的生物界，族群选择是存在的，也是起作用的。这种生物天性受自然选择推动，人类的某些特征因为对族群，而非只是对个人有利，因此而被选择。他们以此为基础，进一步提出，要理解人类的道德交往就必须全面了解人类经过进化的生物天性，包括个体的和族群的。他们所提出的族群选择与1960年代后被普遍接受的唯个体选择论是针锋相对的。他们认为，尽管人们普遍认为进化学说只支持利己论，但那是错误的；如果我们正确地认识进化论，就会发现，进化论其实并不只是支持利己论，而且还对某些利己论有颠覆作用。

索博和威尔逊在《为他人》中的主要论点可以归结为：一、族群选择使得生物利他特性演化成为可能，族群选择是人类进化一个重要机制，应该予以重视（第1—3章）。二、从人类的进化史来看，族群选择及其帮助产生的人类利他特性具有特别重要的意义（第4—5章）。三、进化论有助于把利他动机包括到人类行为心理的"终极动机"（ultimate motivations）之中（第6—10章）。这三个方面的论点是放在全书的"进化利他"和"心理利他"两个部分里阐述的。第1—5章是第一部分，第6—10章是第二部分。第一部分要论述的是，进化有可能使人类成为有"进化利他"特性的动物，人的利他行为是在这一进化过程中自然形成的，是一种物种属性，与道德意识无关。第二部分要论证的是，人类的进化也可能是具备"心理利他"特征的原因。由于这个进化过程，人类具有了某些利他心理特性（如"关爱""爱""同理心"）。利他可以成为人天性的一部分，这是人类道德成为自然正当的理由——虽然人基本上是利己的，但人也具有某些利他的特征。虽然无须将利己确定为恶，但人类有理由从道德观来将利他确定为人性善良的东西。从这样的道德观来看，尽管利己是人的天性，但只是利己是不道德的。人的利己特性不应排斥利他特性，这样对人性的理解才更完整，也更道德。

二、进化利他：多元的自然选择

索博和威尔逊对两种不同的利他作了区分：一种是进化意义上的利他，称作"进化利他"（evolutionary altruism）（又称生物利他）；另一种是心理意义上的利他，称作"心理利他"（psychological altruism）。二者的根本区别在于，进化利他与动机无关，而心理利他则关乎导致行为的根本动机。

进化利他只关乎行为的"生物之利"或"生物适合度"（biological fitness），从根本上说就是有机体的存活与繁殖。按照"生物适合度"，利他指的是"如果一个行为提升了他者的适合度，而削减了行为者自己的个体适合度，那么这个行为就是利他的"。（17页）[1] 这个行为只是出于生物本能，与动机无关。与此不同的是，如果一个行为者的动机是有利于他者的福祉，以他者之利为行为目的，那么他的行为就是心理利他行为。（6页）例如，蜜蜂为保卫蜂巢蜇入侵者而死，这是出于本能，称不上是心理利他。个体蜜蜂为了族群的存在而牺牲自己，是族群选择的进化结果，是"生物利他"。与生物利他不同，"心理利他"

---

[1]　Elliott Sober and David Sloan Wilson, *Unto Others: The Evolution and Psychology of Unselfish Behavior*. Cambridge, MA: Harvard University Press, 1998. 出自此书的引文在括号中注明页数。

只是对有动机意识的人类才有意义，例如，战争中的两国士兵都可以说是"为国而战"。那些"有觉悟"的，心甘情愿为国捐躯的，可以说是心理利他。那些不情愿，甚至痛恨人家拿他们当炮灰的，他们虽死于战斗，也为国家族群的生存作出了牺牲，但因为并没有自我牺牲的动机和意愿，所以不能算是有心理动机的利他。

索博和威尔逊认为，达尔文本人就认为，族群选择可以为人类道德秩序的形成提供某种解释。他在《人类的由来》(The Descent of Man, 1871) 中讨论了部落战争中勇敢者为部落舍身的行为，他认为，这样的行为特点不能用同一族群中个人与个人竞争的进化选择来解释，因此提出了"族群选择"的假设。然而，从 1960 年代起，族群选择理论遭到严重质疑，其中最有力的挑战来自基因遗传进化学的研究者们，如 George C. William, W. D. Hamilton, Maynard Smith。他们认为，心理特性不可能因有利于族群而得以进化，甚至也不可能因为有利于个人而得以进化，特性是因为有利于基因的复制才进化的。一些看上去是利他的行为，其基因复制其实是利己的。这在英国进化生物学家理查德·道金斯的《自私的基因》(1976) 中得到了经典的表述。

《自私的基因》将基因描述为"自私的"，但这并不意味着基因像人那样具有意志，被自私的动机所控制，而是说基因的行为"看上去"是自私的。在此书 30 周年纪念版的前言中，道金斯说他已经知道书名给读者留下了不恰当的印象，承认应该听取汤姆·马斯克勒 (Tom Maschler) 的建议，把书名改成"永恒的基因"(The Immortal Gene)。"永恒的基因"能更清晰地表达这样的意思：在生物体中的基因总是有利于基因自身的传播，而并不必须有利于生物体自身（个体）。这种观点解释了很多自然界中的利他行为，尤其是亲属之间的利他。当一个生物体为了保护亲戚的安全而战斗的时候，虽然冒着很大风险，但因为亲戚体内有很多相同的基因，因此对于基因是有利的。道金斯认为，能够帮助生物体存活并繁衍的基因组合也就增加了基因本身被传播下去的可能性。所以，经常"成功"的基因也有利于生物体。比如，帮助生物体抵御疾病的基因在帮助生物体的同时也同样促使这种基因本身在生物群体中传播开来。有些时候，基因和生物个体的利益会相互冲突。比如在一种蜘蛛交配的时候，雌性会把雄性吃掉。此时，雄蜘蛛寻找雌蜘蛛交配的行为会带来生命危险，是违反自己利益的，但这样却会使基因遗传给下一代。在基因和生物体之间不会发生对抗，因为最终胜出的总是基因。除非生物体有足够的智慧理解自己的利益是什么，才会有对抗出现。比如人类会使用生育控制来避免婴儿出生。

索博和威尔逊认为，人类学所提供的充足经验性研究成果显示群体选择过程中利他因素的演化，利己主义理论无法证伪这些研究成果，因此没有充分理由完全否定族群选择的利己主义。索博和威尔逊提出群体选择利他，不是为了否定个体选择的利己，而是为了指出，不应该忽视族群选择所起的作用。族群选择也是演化的一种机制，否定了这一机制便无从解释动物利他行为。他们主张族群选择的存在，并不是要证明个体选择的理论是错误的，而是为了指出，族群选择与个体选择之间的关系并不是有你无我，而是互不相同。在这个基础上，他们还提出了"多元选择"的观点。

"多元选择"主要是针对一些从利己观来解释利他的心理学理论。其中最有影响的是"亲属选择"（kin selection）理论和"互利关系"理论。早在 1930 年代，生物学家约翰·霍尔登（J. B. S. Haldane）已领会出利他行为可能与亲近程度有关，他曾说过一句名言："我将会为了两位兄弟，或是八位表亲，牺牲我的生命。"这种为了亲属利益，而牺牲某些自身利益的利他行为，称为亲属利他主义（Kin altruism），是由亲属选择机制产生的。霍尔登的一席话，是暗示两个兄弟姊妹、四个甥侄，以及八个表兄弟姊妹，在演化论上是"等值"的。因为对一个个体来说，他与他的亲兄弟姊妹之间，在遗传学上平均有二分之一相同，甥侄是四分之一，表兄弟姊妹则是八分之一。心理学研究发现，个人为兄弟姐妹、亲族或族人牺牲自己的行为远多于对陌生人的舍己救人，对此的解释是，个人牺牲所保护的其他个体能帮助这个个体基因的遗传，因此，这种牺牲仍然是利己性质的。

"互利关系"论是用利己解释利他的另一个例子，互利的利他指一个有机体给另一个有机体提供了好处（如无偿献血），不期待任何立即报答或补偿。然而，这种利他主义不是无条件的。首先，利他主义的行为必须引起合作的盈余；也就是说，受益人所得的收益，必须可察觉地显著大于捐助者的成本。其次，如果后来情况逆转了，原始受益人必须报答这一利他主义行为。如果不这样做，通常会导致原来的捐助者在未来撤销利他主义行为。为了使利他主义者不被非互惠者们利用，可以预期，互惠利他主义只能在查明和惩罚"骗子"的机制都存在的情况下发生。这一行为策略首先表现出利他，但在无互惠的情况下撤回援助。社会个体的普遍自私会降低少数利他者的助人动机，就是这个道理。这样的利他仍然不是完全利他的。

索博和威尔逊提出不同于利己论的族群选择利他，不是为了排斥诸如亲族选择、互惠利他这样的理论，而是对这样的理论展现了充分的理解和包容。在承认这些理论合理性的基础上，他们提出的"多元选择"指的是，在不同的情况下，个体的选择和族群的选择的行为特征会以不同的结合方式表现出来。坚持利他是人类进化多元特征的一部分，这对深受利己主义影响的常识和主流学术是一种挑战性。一方面，它要证明，尽管人们普遍接受"人天生利己"的观念，但是，把进化与利己紧拴在一起，甚至混为一谈是错误的。另一方面，由于族群选择至今没有得到进化生物学家们的普遍认可，所以用进化论来解释族群的利他选择也是对进化生物学本身的一种另类解释。

三、心理利他：行为的"动机"与"欲望"

《为他人》在第二部分中从"进化"转向"心理"，因此，那种比进化更接近生物行为的原因——"切近原因"（proximate causes）——也就自然而然成为关注的重点。无论是讨论心理利己还是心理利他，行为的"切近原因"都是引导行为的直接动机，也就是行为的意愿或欲望。

对生物来说，造成行为的"切近原因"可以是某种"切近机制"（proximate mechanism），"切近机制"是相对于"终极机制"（ultimate mechanism）而言的。例如，向日葵有向阳性，花冠朝向太阳移动，这是一种广义的生物行为。向日葵要有这种行为，它的内部必须有某种使它向阳的机能，而向日葵内部之所以有这个切近机制，乃是因为向日葵有自然进化的终极机制——繁衍后代。因此，需要分辨向日葵行为两个远近有别的机制：切近机制和终极机制。向日葵的特殊生物行为是在祖先的漫长进化过程中形成的，是在自然选择中被肯定了的特征。但是，今天每一株向日葵的向阳行为的直接原因是它有自己内部的向阳特性，也就是那个在向日葵体内起作用的"切近机制"，直接原因并不是整个进化过程中那个相对遥远的、自然选择的"终结机制"。

因此，对向日葵为什么朝阳这个问题可以有两个不同的解释：第一，因为它自己有向阳性；第二，它的祖先在进化的自然选择过程中选择了向阳性的特征。

　　向日葵是没有头脑的植物，从进化论来讨论人的行为，要比向日葵复杂得多。但是，向日葵的例子却可以让我们看到，人的行为也可能受到"切近原因"（动机、欲望、意愿）和"终极原因"（从支配祖先存活和繁衍要求而来的进化特性）的不同支配影响。人受头脑支配，这是"切近机制"，但是，人的头脑并不一定知道支配人类行为的"终极机制"。例如，一个人见死不救，这个行为的"切近原因"是他头脑里的自我利益（自私），因为不愿伤及自己（人各为己），所以不愿去救别人。然而，从更深一层来看，人各为己的"终极原因"是，人类在进化的过程中自然选择有利于个体自我保护的利己特性。是先有了人类利己的终极机制，才有个人的自然自私意念。索博和威尔逊要提出的问题是，人类在进化的过程中就一点也没有选择利他特性的可能吗？

　　为了回答这个问题，索博和威尔逊在区分"切近原因"和"终极原因"之后，又区分了"终极欲望"（ultimate desire）和"工具欲望"（instrumental desire）。他们认为，这两种欲望在我们身上都起作用，而且还会同时起作用。功利主义哲学（utilitarianism）也区分"工具欲望"和"终极欲望"。功利主义哲学认为，人的终极欲望是快乐，而工具欲望不过是实现终极欲望的手段。例如，我想占有一件东西，直接起作用的是我的"欲望"（工具欲望），我为什么会有这个欲望呢？欲望本身并不是目的，人并不为了满足欲望而满足欲望，人满足欲望是为了"快乐"，快乐才是人的终极欲望。索博和威尔逊所说的"终极欲望"与功利主义不同。他们着眼的"终极欲望"是生物进化的物种繁衍终极目的，而不仅仅是功利主义的快乐原则，从他们的进化理论来看，快乐原则的"终极"其实还不够终极。

　　从他们的进化理论来看，工具欲望是人头脑里的"心理意愿"，而终极欲望则是人的头脑不一定知觉的"生物意愿"。例如，我们躲避疼痛，直接原因就是因为怕疼痛，并不为了别的。避痛就是避痛的目的，避痛的意愿是工具性的（手段），要达到的目的是不痛。

但是，避痛还与进化意义上的"终极意愿"有关。这是因为，疼痛总是与身体的损伤相伴，避痛是避免身体伤害的手段。避免伤害，保存生命才是根本的目的。今天，人之所以避痛是因为人类在进化过程中自然选择了避痛这一生理特征。

人避痛，是工具欲望和终极欲望同时在起作用。从心理学来看，起作用的是"终极欲念"，而从进化学来看，则是"工具欲念"。索博和威尔逊作这样的区分，是为了提出一种多元的，而非单一的行为动机。对此，他们写道："在一个意义上说，避痛的欲念不是根本的；它可以追溯到更早的进化过程。在另一个意义上说，避痛的欲念是根本的，它无须追溯到任何其他更为根本的欲念。这两个意思并不矛盾。避痛的欲念是进化所产生的眼前机制，但它也是人的心理的根本欲念。避痛并不取决于人是否想要达到某个其他目的。"（201页）

心理的欲念与进化的欲念是有联系的，从进化的角度可以增进我们对心理的认识。索博和威尔逊进一步指出，行为动机不是两种，而是三种，利己和利他并不是相互对立，有你无我的。在它们之外还有第三种：多元动机，在不同意义上和不同情况下，可以既包含利己，也包含利他。利己的对立面不是利他，而是多元的动机论。例如，人在同一族群中利己，这并不意味着他作为族群的一员，在与其他族群的竞争中就不能放弃利己，而展现出利他的特性。

利己主义认为，人们的"根本欲念只是那些对他们自己有好处的事情"，人有时也会关心别人的利益，但那只是手段，从根本上说还是为了自己，如在无偿献血制度中的献血。索博和威尔逊不否定这一看法的合理性，他们所说的利他并不是对利己简单地反其道而为之。他们所说的利他并不是指那种所谓的"毫不利己专门利人"，而是指，人并不只是利己，人有时候会把别人的利益当作自己根本的欲念。利他与利己的区别在于，利己是"总是如此"，是排斥利他的单一动机，利他是"有时如此"，并且不排斥利己的动机。因此，利他与利己之间并不存在对称的对立关系。(230 页)

单一利己的对面其实是多元动机，多元动机指的是，行为可能有不止一种根本欲念的原因，就像物理力学的矢量（合力）分析一样，每种根本欲念发挥一种动机作用，而行为则是所有根本欲念共同作用的结果。以矢量模式来看，可以用两种方式来证明利己主义（人类一切行为皆起于利己动机）的谬误。第一种方式是证明，人的行为有时候可能有利他动机，另一种则是，人的行为可能既有利己的，也有利他的动机。只要任何一种方式能证明利己主义谬误，它也同时证明多元动机论是正确的。多元动机论并不否定人类的许多行为都是出自利己动机，它只是否定人类的一切行为皆出于利己动机。

索博和威尔逊认为，关于利己主义的心理学与哲学争论都不足以证明利己主义是人类的唯一动机，因此不能简单地排除人类进化中可能产生的利他。例如，主张心理利己主义的心理学家丹尼尔·巴特森(Daniel Batson)虽然证明了某些利他行为伴随着"同理心"的情感，而同理心作用的行为可能只是出于利己的考量（己所不欲，勿施于人），但这并不能最终证明不存在利他。索博和威尔逊指出，"实验心理学研究并不认为心理利己比多元动机更正确，而哲学对利他的争论也得不出支持心理利己主义的结论。公正的判断结论是，利他主义不该在知识的争论中占据特别有力量的位置，也从未占领过这样的位置。那么，为什么利己主义会占有压倒性的位置呢？这本身就成为思想史上饶有兴趣的问题"。(295 页)索博和威尔逊提出这个问题，并进而指出，利己—利他的争论实际上已经陷入僵局（deadlock），需要寻找打破这个僵局的新视野。他们提出，可以从进化论的视野来打破这个僵局。(333 页)《为他人》的最后一章"心理利他的进化"便是要证明，从进化论的新视野来打破这个僵局，合理解释利他特性，是有可能的，为此他们运用的例子是人类的"关爱"（caring），最明显的表现就是父母对子女的那种无私关爱。

四、心理利他的进化

心理学和哲学的利己 / 利他之争陷入僵局，为了打破这个僵局，索博和威尔逊提出，需要在利己和利他的二维争论之外，添加一个进化的维度。(301 页) 这并不是说，每一个难以断定的行为动机，只要从进化的角度去看就都会迎刃而解，而只是说，对某些利他的行为，用进化的角度去看会有所帮助。他们特别讨论的利他行为就是父母对子女的关爱。

尽管其他生物也爱护后代，但人类对后代的关爱愈加殷切，时间也更长。索博和威尔逊认为，我们有理由相信，在人类进化的过程中，自然选择选择了"关爱后代"这一特性。如果我们可以设想，父母关爱子女是因为他们有这个动机（想要关爱子女），那么，我们也就可以期待进化理论告诉我们，那个起到动机作用的是怎样一种愿望。

这并不是说，所有人在关爱孩子这一点上都是一样的。就算在同一文化中，也有许多不同。有的父母并不关爱子女，他们漠视甚至虐待子女。而且，关爱子女的父母们关爱的程度也不同。索博和威尔逊搁置对不同父母的讨论，他们只是指出，尽管人类有相互不同的行为特征（与其他物种一样），但还是会有某些基本共同点。进化论解释说明的是那些最为基本的意愿。父母对子女最为基本的意愿包括，希望他们活着而不是死掉，健康而非得病，成功而不是失败，等等。一句话，希望他们能幸福。

这里需要提出问题的是，这只是一种工具性的意愿吗？例如，孩子活着、健康、成功是为了父母自己日后的养老送终，为了实现自己没有实现的愿望，为了光宗耀祖，为了共产主义事业有接班人（革命者生孩子是为革命培养接班人）？希望他们能幸福，说到底是父母的一种利己的意愿吗？

工具性的意愿是利己的，在这之外，父母对子女的关爱是否还有不能用利己来解释的利他因素呢？索博和威尔逊并不否定父母关爱的利己因素，但他们认为，这种关爱是多元动机的一部分，其中包括纯粹是为了孩子自己好的利他。许多父母确实可以不求回报，不涉任何其他要求，一心一意为了子女。父母对子女的关爱可以同时有利他和利己的因素，也就是说有不止一种"切近原因"。但是，父母关爱子女还有其"终极意愿"，那就是从进化论来解释的繁衍后代。这是一切生物，包括人类的一种本能。有的人可以遏制这一本能（如终身不娶的教士和革命者），但由于他们没有子嗣，他们注定不可能在人类进化中留下痕迹，他们的基因不会在人类进化的自然选择中被保留下来。

索博和威尔逊指出，父母希望子女幸福，这只是就总体而言的意愿，是一种进化论一般意义上的关爱。父母还会有其他意愿，其他意愿在父母具体如何对待子女中也起作用。例如，熊猫同时产下两仔，会喂养体强的一只，而让另一只饿死，人类在极端环境下也会有相似行为。这不能证明父母不关爱孩子（是禽兽行为、丧尽天良），而只能证明父母对保留下来的子女比对抛弃的子女有更多的关爱。像堕胎这样的行为，不能证明堕胎的父母不关爱子女，而只能说，他们关爱其他事情（如生活条件、工作、事业）胜过对子女的关爱。因为没有能力养育第二个孩子而放弃生育二胎也是类似的。

这样看待进化自然选择的"关爱"并不是"基因决定论"。这并不是说，由于人类进化出有利于繁衍的"关爱"，每一个个体都有了关爱后代的基因，所以不管愿不愿意，这个基因都在起作用，每个人因此都必然关爱子女。进化的特征会在社会、文化环境中有不相符合或明显违背的表现。例如，人类生物进化使人嗜糖嗜油，但这并不等于人不能改变食品选择。人可以改变对糖和油的饮食偏好。进化给予人的某种饮食偏好是可以在环境中改变为具体饮食行为的。人嗜糖嗜油的进化特征会与人的健康意愿发生冲突。从经验上看，没有理由相信，人天生嗜糖嗜油比人想要健康的意愿更能影响人的饮食行为（当然，也有人不顾健康暴饮暴食）。就每个具体的个人而言，虽然他继承了人类进化而来的嗜糖嗜油，但他自己的清淡口味可以成为一种相当稳固的饮食习惯，所以他反倒会对高糖高油有看似天生的生理排斥。

这个道理同样适用于父母关爱子女。可以说，父母要子女幸福，这是进化而来的意愿(就如同嗜糖嗜油的意愿)。然而，人除了这一意愿，还可以有其他的意愿（如社会文化和道德文化），这些其他意愿可以成为足够强大的行为动机，改变人本该按进化意愿所指引的行为。在许多情况下，父母会有疏忽、遗弃、虐待、伤害甚至杀害自己的子女的行为，违背人类的终极意义。进化的自然选择意愿与文化环境诱导的意愿发生冲突时，不能先验地断定哪一种意愿一定会比另一种强。

父母关爱是一种特殊的"助人行为"(helping behavior)，索博和威尔逊以此来说明普遍的"助人行为"，因为就连利己主义者也很难否认，自然选择对关爱起到了作用。但是，关爱自己的子女与关爱别人是否

相同呢？索博和威尔逊认为，至少可以用相同的方式来思考关爱子女和关爱他人这两种看似不同的关爱形式。(304 页)

关爱子女与关爱他人都是关爱，人类必须有"关爱"这种由进化得来的"终极意愿"，具体的个人才能对具体的对象有关爱的行为。一个母亲关爱自己的孩子，首先是因为她有关爱的意愿（也是一种"机能"，就像向日葵的体内必须有向阳的机能），然后才是她愿意按自己的意愿有所行为（就像向日葵向阳机能在体内发生了作用）。索博和威尔逊认为，人的利他"助人"（关爱）就如同人的眼睛或皮肤，而不同的利他助人（对子女或对邻人）就像不同颜色的眼睛或皮肤。在人类的进化过程中，黑色的和蓝色的眼睛并不是各自单独进化而来，不同颜色的皮肤也不是各自单独进化而来。因此，有理由相信，不同的关爱也可能是某种进化过程的同一产物。

索博和威尔逊进一步指出，许多心理学研究发现，孩子从母亲那里得到怎样的关爱，可以用作对孩子长大后能否对他人抱有同理心，能否有亲社会行为的重要预测因素。(304 页) 这就说明，如果自然选择有利于关爱孩子的母亲（而不是不关爱孩子的母亲），那么也会有利于她孩子的助人意愿。当然，这也可以理解为，孩子关爱他人是受母亲影响，是一种家庭文化作用。与来自进化的终极原因相比，这种文化的影响只是一种切近原因，或者只是一种间接的切近原因。但是，索博和威尔逊认为，如果母亲对孩子的关爱至少有一部分是利他的动机，那么，她对他人的帮助也同样更加可能有一部分是利他的动机。对自己孩子特别无私的母亲对他人有更多的利他行为，这也是人们在生活经验中常见的。

索博和威尔逊将进化论引入现有的心理学和哲学的利己和利他之争，是因为看到，一方面，利己主义的理论非常强势，另一方面，利己主义的理论毕竟无法证明利他的不实。有一些行为，如无偿献血或捐赠器官，可以视为始于利他动机，也可以从更周全的利己原因来解释。他们提议，换一个角度来思考问题，不是从行为效果本身（利己或利他），而是从进化的原因来看问题，可能会有更周全的理解。这是因为，即使利己和利他这两种不同的动机都能产生某种行动（如母亲舍身护儿、有人在一瞬间的舍己救人行为），也仍然可能是一种动因比另一种动因更与进化有关。

　　索博和威尔逊指出，加入进化的思考不等于说所有的行为都可以从进化得到周全的解释，"有的行为问题可以通过进化的考虑得到解释，有的则不能。我们所提出的不过是，对人的行为的某些事实，进化可能提供一部分解释"。（298页）进化提供的只是对某些行为的某些方面的一部分解释，是相当有限的，也必须考虑到与其他方面的其他解释的相互作用。进化的解释不是简单的妥或不妥，它是否相关，要视具体情况而定。他们举例道，如果你问，为什么意大利人比法国人更爱吃意式面食（pasta），那么，"对这个饮食事实，你可以到饮食文化里找原因，而从进化找原因就太牵强了"。但是，用进化来解释人类嗜糖嗜油食品的饮食事实，则是具有相关性的，"在食品匮乏的条件下，这种饮食特征有利于储存体能。人类的祖先虽然不懂什么卡路里，但他们有从进化而来的味蕾，这种味蕾让他们可以摄入更多的卡路里"。（299页）然而，即使是文化的不同，从根本上说也是与人的自然进化相关的。例如，今天人类的饮食十分多样化，这是不同原因相互作用的结果，包括人的生物遗传、生存环境、生活经验等文化条件。然而，从进化的角度来看，人的行为能适应不同的环境和条件，这本身就是一个进化的特征，因为不能适应不同环境和条件的那部分人一定是难以生存的，也一定是最先灭绝的，他们是无法由后代来继承的。（299页）

五、利他是一种自然正当行为

由于利他是人类进化的结果，利他是人的一种自然会有的行为。利己主义者自己没有这种行为，不等于别人就不会有。利己主义者不能因为自己不愿意，就断定别人也不会愿意。利己主义者对自己的某些利他行为（如做好人好事）所作的利己解释（如为自己争取荣誉、博得别人的好感），可以适用于，也可以不适用于解释他人的某些利他行为，因此不能以绝对的利己主义来理解和解释人的一切行为。

利他是一个伦理问题。我们对伦理的讨论或研究包含两个不同的部分：一个是描述性的（事实如此），另一个是规范性的（应该如此），这是实然和应然的区别。实然和应然的区别也存在于利己主义的理论之中，前者被称为"心理利己"（与索博和威尔逊强调动机的"心理利己"有所不同），后者被称为"伦理利己"，这二者之间存在着从描述（实际如此）到规范(不应该不如此)的自然转化关系。美国哲学家罗伯特·凯恩(Robert Kane)在《伦理与寻求智慧》一书中指出，古典意义上的智慧包括两类相互结合的问题，第一类问题是"什么样的事物具有客观的真实，为什么？"第二类问题是"什么样的事物具有客观的价值，为什么？"这两类问题最终必然汇集到一起，"事实与价值、科学解释和目的汇合成为一种对智慧的整体追求。关于自然世界和人类的事实知识会告诉我们什么是好的，是有价值的。对事物本质的理论探究（theoria）会对该如何生活的实践问题（praxis）作出回答，对事物（包括人物）为何如此的解释会告诉我们事物（包括人类）应该追求什么目标和目的"。[1]

---

[1] Robert Kane, *Ethics and the Quest for Wisdom*. New York: Cambridge University Press, 2010, p. 1.

实然的心理利己主义以个体自然选择的进化论为依据，认为人都是利己的，利他的个体在自然竞争的选择中一定会败给利己的个体，不能在后代中留下痕迹。在这个基础上，伦理利己主义认为，每一个人都应该提升自己的利益，人有义务去从事任何可以有利于自己的事。换句话说，除非事情最终对你有利，否则你没有任何道德理由去做一些有利于他人的事。

这种应然的伦理观可以包含两个积极的方面。第一，"利己"并不是直接、立即的利己，而是"开明的利己"（enlightened self-interest），一个由开明的利己心所引导的行为，是一个理性的行为，行为者会基于长期较大的利益而牺牲短期较小的利益，会为了实现较永恒的价值而放弃短暂立即的享受，所以从开明利己的角度思考，利己主义者通常需要友谊、家庭，因为维持良好的人际关系，对一个理性的利己者而言是有利的。第二，利己主义者也会有利他的行为，虽然最终还是出于利己的考量。人从事一些利他的行为，虽然最终是对自己有利，但也有益于他人。例如，"诚实是最佳策略"可以是出于利己的考量，因为一个人如果保持诚实无欺的行事态度，久而久之，别人会相信你，认为你值得信赖，这样的结果不但使你赢得诚实的美誉，而且一旦你需要别人帮助时，你很容易就可以获得必要的援助。利己主义者也可能会从事一些慈善的行为，因为从事这样的行为也许短期不利，但是长期却有利。利己主义也可能做牺牲自己、施惠别人的行为，只要这样做对他最后是有利的，那么，根据利己主义原则，都是在道德上应该有的行为。

利他的伦理是应然的，但也需要有一个实然的基础。这个实然的基础是从进化论得来的。如果只是把利他当作一种道德境界，即使承认利他并不排除利己，可以与利己共存，仍然还是会缺乏基于人类自然进化的实然合理性。因此，从进化来论证利他可能具有的伦理价值便成为一件非常重要和有意义的事情。索博和威尔逊的进化理论要起到的便是这样的作用。

有了这样的进化理论，也就能证明，利他和利己一样，都是自然选择的结果，并不是逆自然选择而动的"非自然"倾向或行为。利他和利己一样，也是进化过程中形成的复杂人性的一部分。

进化论不把利他当作"文明""道德"改造自然人性的结果，而是把利他放置在一个比"文明""道德"更坚实的基础上。这样的利他是长期形成的，不会因为文明或道德在短期之内可能遭遇到的"花园退化"效应而消失。政治的腐败和社会道德的堕落可能会重创日常生活里的利他，但那只是暂时改变人们的行为方式，不可能扼杀利他，令利他在一个社会里绝迹。这样的利他比一般的道德更具存活力，也更坚韧，因为它并不仅是一种道德行为，而且更是一种自然正当的行为。在极其严酷的环境下，如纳粹时期的德国，普通人的道德观会被彻底改变，仇恨犹太人会成为"美德"。但是，利他的恻隐之心并不会全然泯灭，因此才有了像辛德勒帮助犹太人那样的行为，这种利他可能包含利己的成分，但它的意义和价值毕竟在于利他，而非利己。相比起彻底利己主义的动机解释（全然利己），索博和威尔逊所提出多元动机解释应该是更合理的。

索博和威尔逊的多元解释还有另一层的意义，那就是，利他的自然正当和利他的道德规范并不相互排斥，而是可以同时存在并发挥作用。利他的道德是一种群体规范，它不是可以用法律来强行规定的。

利他是群体规范内的自愿行为，也是对群体是否重视规范和是否有合作精神的一个衡量标准。人类群体不能没有群体规范而存在，这是一种社会性的规范。如社会学家席尔斯（David L. Sills）所说，社会规范是一些由非正式的社会约束力（sanctions）所维持的行为规范标准。[1] 许多社会人类学研究提供了生动的社会规范描述，如祭祀、性交忌讳、分享食物、互利或互助的义务、对共同家园的守卫责任、对共同资源的爱惜使用、遵守公共规则等。在经济学领域里，研究者也越来越多地用"规范"这个概念来讨论合作互利、共赢而非零和的游戏、不允许搭便车等。规范与价值观是联系在一起的，规范影响着人们的是非和对错的观念，也是人们判断好社会和好社会原则是否被破坏、被谁破坏的重要标准。

六、利他与社会规范的"第三者惩罚"

每个社会都会有破坏社会规范的事情发生，当这种事情发生时，该不该干涉呢？干涉要起到的是什么性质的作用？如果事情与你无关，而干涉又对你的个人利益有害，不符合利己原则的时候，你还要不要干涉呢？这样的问题都会涉及利他的问题。社会学家在合作理论中所说的"第二方惩罚"和"第三方惩罚"就是关于这些问题的。

社会中的群体规范要能够得到维持，必须具有人们可以普遍期待的实际制约作用，这主要是指对违反规范的行为的指责和惩罚。这是一种民间的，而非国家法律的制裁。现代国家垄断了暴力惩罚的权力，因此，群体中对违反规范行为的"惩罚"只是一种比喻的说法，与法律运用暴力的惩罚是不同的。

社会规范的核心就是制约过度的利己，尽可能倡导和实现合作。

---

[1] D. L. Sills, ed. *International Encyclopedia of the Social Sciences*. New York, Macmillan, 1968, p. 208.

制约利己包含着要求利他，因此，利己或利他必然成为遵守或违反规范的一个重要方面。对违反规范的行为，起制约作用的可能是"第二方"（第二方惩罚），第二方的利益直接受到了违反规范者（第一方）的侵犯，就会寻求对第一方的惩罚。例如买卖双方有约，但一方使诈欺骗，损害了另一方的利益，于是被另一方告上法庭；顾客挨宰或受骗，要向店主讨个说法。被骗的一方就是"第二方"。

利己经常作为两个利己主义者之间的利益博弈，而放在"囚徒困境"中讨论。单次发生的囚徒困境，和多次重复的囚徒困境结果不会一样。单次囚徒困境的第二方惩罚是在博弈关系之外的（诉诸法律或自行暴力报复）。但是，在重复的囚徒困境中，博弈反复进行。因而每个参与者都有机会去"惩罚"另一个参与者前一回合的不合作行为。这时，合作可能会作为均衡的结果出现。欺骗的动机这时可能被受到惩罚的威胁所克服，从而可能导向一个较好的、合作的结果。

与第二方惩罚不同的另一种制裁可能来自身处事外的"第三方"。一个第三方人士，他为维护规范甚至愿意付出他自身的代价，这种行为现在或未来对他自己都不能带来好处。第一和第二方之间破坏规范的行为并没有直接损害到第三方的个人利益，他站出来批评违规者，这就是"第三方惩罚"（虽然只是批评和指责）。应该看到，一个社会里如果只有当事人"第二方"采取制裁行动（批评、投诉、诉诸舆论等），维护社会规范的作用就相当有限，因为具体违规行为直接侵犯的总是少数人，而并不损及其他人。商业上的欺诈行为和坑蒙拐骗是如此，其他性质的行为也是如此。例如，克奈克（Stephen Knack）指出，民主选择中，不投票并不直接损及任何人，如果没有"第三方"批评就根本不会被当作违反规范的行为。[1]同样，在许多合作关系中，如果群体很大，那么只求得利不肯出力的个人也没有对他人造成什么损失，没有第三方的批评，这些搭便车的人就会很逍遥自在。

第三方制约可以大大扩展规范行为的范围。因此，许多研究者把第三方制约视为社会规范的核心关键。这是因为，第二方惩罚是一对一的关系的互动，随时在变化，对于社会规范演化来说是缺乏稳定性的。第三方惩罚则不同，它的批评方式是可以在社会中稳定发展的。[2]在任何一个现代社会里，公共知识分子对不良现象的批评都是一种重要的"第三方批评"行为，其中包含着不同程度的利他因素。尤其是在大多数人沉默，对"房间里的大象"熟视无睹、装聋作哑的社会环境里，公共知识分子的第三方惩罚就可能要付出相当大的被报复的代价，利他的性质也就愈加突显出来。

公共知识分子作为第三方批评者的利他行为又有三个特征，第一，它是随着现代性的发展，在现代批判型知识分子的传统中逐渐发展形成的，但又是在每个社会中秉承和结合了具有文化特色的"良心人士"的传统。在中国，那是"士"的传统（如死谏，宁为玉碎、不为瓦全）。第二，它经常呈现多元的形态，其利己和利他动机结构随着形势的变化而变化。公共知识分子的批判在许多社会问题上可以是典型的第三方惩罚，与批评者自己的利益以及这些问题所涉的第一和第二方利益无关：如批评三农问题、贫困儿童失学、歧视同性恋者、民工在城市里受到不公正待遇、强行拆迁。但是作为整体社会中的公民，公

---

[1]　Stephen Knack, "Civil Norms, Social Sanctions, and Voter Turnout." *Rationality and Society*, 4（1992）, pp. 133-156.

[2]　J. Bendor and P. Swistak, "The Evolution of Norms." *American Journal of Sociology*, 106（2001）, pp. 1493-1545.

共知识分子在许多其他问题上的第三方批评又可以是"第二方"的，例如，媒体的言论自由、官商勾结产生的腐败、教育政策的失误、社会道德的失范与堕落等。第三，公共知识分子永远是少数人，他们的第三方批评要起作用，必须转化为公共舆论，形成更大范围内的第三方批评，而许多公众现有的"反公知""反智"偏见则使得公共知识分子在已经相当有限范围内的第三方批评作用受到进一步限制。

由于自由公共言论和独立批评空间的逼仄，更由于一般人明哲保身、随遇而安、吃亏是福的犬儒心态，中国社会中具有利他特性的第三方惩罚一直相当微弱。由于一次次政治运动的影响，知识分子普遍丧失了勇者和义者的传统精神与价值观——其实就是利他的传统。社会中的第三方制约力量因此进一步萎缩。更有犬儒人士不仅自己在违规行为面前保持沉默，采取事不关己的冷漠态度，而且专门对敢于做出第三方批评的知识分子冷嘲热讽、抹黑攻击。犬儒主义是一种最极端的利己主义，犬儒人士因为自己极端利己且善于伪装，所以根本无法相信，也不愿意相信别人可能有任何诚实的利他动机或行为。一位勃列日涅夫时代的苏联人曾感叹道："人群中有一种难以相信的犬儒主义。……诚实的人使得那些沉默的人由于没有大胆说话而觉得有罪。他们无法了解，他怎么会有勇气去干他们本人所不能干的事。因而他们感到不得不攻击他以安慰他们自己的良心。第二，根据他们自己的经验，他们觉得每一个地方的每一个人，都是在演戏。他们好像妓女一样，因为自己是妓女，便认为所有的女人都是妓女。他们认为根本不存在真正的诚实，根本没有人真正追求真理。那些异议人士，很可能就是一些撒谎的骗子。"[1] 也正是因为这样的利己主义者自己绝不肯

---

[1]   Hedrick Smith, *The Russians*. New York: Ballantine Books, 1977, p. 452.

为他人出头，所以他们把所有出头的人都说成是特别阴险的利己主义者，报以最恶毒的谩骂和诅咒。

这种犬儒主义和利己主义对社会中仅存的第三方惩罚机制具有相当大的破坏力，它不仅在逼迫知识分子噤声，而且从根本上取消和抹黑任何第三方批评的利他合理性，把这种批评的利他扭曲为一种比利己更自私、更阴暗的自私和伪善。遭受这样命运的当然不只是公共知识分子，而且包括一切其他的利他行为者，例如，救人于难的利他行为往往让出手救人者被受救者讹上，最后惹祸上身，而普通人竟然拒绝相信他有任何真诚利他的可能。更有甚者，那些以猜度邪恶动机为能事的，竟然还会把这样的利他行为解读为心理特别阴暗、特别工于心计的利己主义。

一个好的社会不会是无私的社会，但绝不会是一个打击"第三方惩罚"机制的社会。重视第三方惩罚，往往把重点放在"惩罚"的制约作用上。经济学家苏特（Matthias Sutter）等人在《社会规范：第三方监视和第三方奖励》一文中指出，存在着第三方的"监视"，这本身就可以是一种对违规行为的制约力量，违规者会因为知道"有人在看着""有人会出来说话指责"，而在违规之前有所顾忌，不至于无所顾忌，有恃无恐。[1] 因此，打击任何利他的第三方惩罚，取消第三方批评者的合理性，都会从根本上瓦解第三方监视对坏人坏事的制约机制。

第三方的干预不只是惩罚，也包括表扬，不只是限制自私行为，而且还表彰利他行为。美国民间组织"卡内基英雄基金委员会"（Carnegie Hero Fund Commission）每年都会评选出上一年度的舍己救人英雄。委员

---

[1]　Matthias Sutter, Peter Lindner and Daniela Platsch, "Social Norms, Third-Party Observation and Third-party Reward." http://econpapers.repec.org/paper/innwpaper/2009-08.htm.

会向获奖人士授予铜质奖章和奖金。见义勇为者如果受伤，可获得抚恤金；如果牺牲，赖其抚养者也可获得抚恤金。委员会还提供奖学金以供资助。这是一种对利他行为的表扬机制，它本身也是一种利他的第三方行为。这种奖励不应视为利他者所谋求到的私利，也不应该当作鼓励或诱使人们以利他行为来作沽名钓誉的手段。否则，它的奖励机制就会完全失去意义。

从进化的角度来看，第三方奖励不如第三方惩罚有效，而且也较难为之辩护，因为奖励（名利）确实有可能使具体个人的利他变得像是沽名钓誉、求名求利的利己行为。而且，像卡内基英雄基金委员会这样的第三方奖励必须承担奖励性干预的可观费用，即便如此也不可能奖励所有的利他行为者。第三方惩罚比第三方表彰的成本要低得多，效果也更好。如果违规者知道可能有第三方惩罚，那么，这种可能的惩罚本身就能起到制约违规行为的作用，使得真的动用第三方惩罚成为多余。正因为第三方惩罚比第三方奖励有效，所以更加应该受到我们的重视。

当今中国社会道德危机的许多表现都涉及利己和利他的问题。例如，人们经常说，诚信缺失是当今中国道德的重大弊病，确实如此，不过可以进一步说，诚信是包含利他的，诚信是一种利他行为，诚信经常是一种违背自己利益，而有利于他人的行为。即使在欺骗和背叛对自己有好处、不需要付出代价和不会受到惩罚的时候，诚信的人也不这么做，这才是真正的诚信。这与从自己的利益角度出发，权衡欺骗和背叛的代价之后，因得不偿失而不欺骗和背叛是不同的。在一个人欲横流、人各为己，甚至为了私利不惜宰人自肥、以邻为壑的社会里，"利他"似乎已经成为一个天真不实，甚至故意自欺欺人的伪善说辞。在这样的社会里，除了在一些亲密的私人关系里，如父母子女、夫妻、好朋友，利他行为会变得非常罕见。人们即使有机会碰见这样的行为，也会充满怀疑和不信任。那些仍然坚持相信真诚利他可能存在的人们比其他任何时候都更想知道，这世界上为什么会有利他行为？索博和威尔逊的《为他人》为这个问题提供了答案，不管读者是否同意他们的答案，都可以从中得到许多可以帮助寻找答案的有益启示。

5　非人的妖魔化和异化
——大卫·史密斯《非人：为何我们会贬低、
　　奴役、灭绝他人》

非人化是从对人的矮化、贱化开始的，大卫·史密斯的《非人：为何我们会贬低、奴役、灭绝他人》（下称《非人》）原题是 *Less than Human*，意思并不一定是"非人"或"不是人"，而可能只是次于"人"、比"人"不如、不足为"人"、低"人"一等。低"人"一等的极端才成为低级生物的"动物"的那种"非人"。只有在与动物的对比中，人才成为高于动物的高级生物，而在与贱人、下等人的比较中，凸显的是上等人和高等人的优越和特权。[1]

从物种上说，人的对立面是动物，而不是矮化或贱化的人。然而，具有道德和政治讽刺意味的是，人虽然驾驭、使唤，甚至虐待和杀害动物（当然也有把动物当作宠物的），但文化和政治意义上歧视、压迫、仇恨、迫害却只能发生在人与人，而不是人与动物之间，更确切地说，是发生在"人类"与被矮化、贱化，最后沦为"非人"的那部分人之间。

―――――――――

[1]　大卫·史密斯：《非人：为何我们会贬低、奴役、灭绝他人》，冯伟译，重庆出版社，2012年。本文为此书导读，括号中是中译本的页码，凡此书引文皆在括号中标明页码。

一、概念与素材

尽管英语中有"亚人类"（subhuman）的说法，但这个说法却难以给史密斯的非人化研究提供其所需的分析概念。史密斯要讨论的是"去掉作为人的特征"和在"战争和种族灭绝等残暴行径中发挥关键作用"的那种非人化。（3、2 页）这虽然比人们一般所使用的"非人化"概念要来得专门，但主要的表现方式却是相同的。这些方式包括，话语贬损（用语言辱骂为猪狗、豺狼、魔鬼等）、象征形象（用有形的图像表现这类侮辱）、针对肉体的行为（奴役、酷刑、折磨）。史密斯的研究对象不包括个人与个人或地域之间的非人化贬损、侮辱行为和言辞（如狐狸精、树倒猢狲散、蚍蜉撼树、螳臂当车），也不包括被非人化的弱势人群的报复性非人化想象（尽管他提到了"将非人化的人非人化"的问题）（113 页），例如把贪婪的官吏和权贵比喻为吸血鬼、蚊子、蛀虫、蛇蝎、豺狼虎豹。

史密斯用"人"（person）和"人类"（human）的区分来讨论他所关注的"亚人类"（包括"非人"）问题。非人化将一部分人类当成亚人类，"认为某些存在只是看起来像人，但起决定作用的内在，却不是人"。（3 页）例如，虽然犹太人看起来处处都和雅利安人一样，但纳粹却视他们为"亚人类"。非人化在人的头脑中将"亚人类"形象化为一些引起人类本能恐惧、莫名厌恶、深险莫测的动物。例如，纳粹就把犹太人看成是寄生虫和细菌。又例如，"日本人也自认为是人类生命中最高级的人种，而他们的敌人中，好一点儿的是低级人种，差的则是亚人类。英美的领导人被刻画成两个太阳穴生出角，长着尾巴、爪子和獠牙的怪物。日本人将敌人称作魔鬼（oni）、妖怪（kichiku）、邪灵（akki 和 akuma）、怪物（kaibutsu）和'长毛歪鼻的野人'。美国人是 Mei-ri-ken——一个译文为'迷途之犬'的双关语"。（7 页）非人化当然也有运用植物而非动物想象的，例如，纳粹把犹太人比喻为色彩诱人但能令人毙命的"毒蘑菇"（"文革"中的"批毒草"与此类似），但更多的是利用动物想象。

讨论非人化要解决的不仅是概念术语的问题，而且还有方法论的问题。在今天的世界里，非人化是一种古老思维的借尸还魂。为了以一个开阔的视角来揭示"非人化冲动的性质、历史和范围"，史密斯把生物学、文化和人类思维结构同时纳入了他的视野，"要抓住非人化的本质和运作机制，必须兼顾以上三种要素。排除任何一种只会让我们得到扭曲得令人绝望的图景"。（3页）

非人化的文化内容是从历史素材中总结出来的，历史证明，非人化总是在某个自然的等级上将一部分人类往下挤压。19世纪的达尔文学说引起了生物学革命，但并没有能把人类从顽固的"宏大的存在之链"（Great Chain of Being）观念中解放出来。这个宏大的存在之链为人类提供了"朴素生物学认知模型"，最终也提供了"朴素社会学认知模型，因为它将人类世界分成为叫做'种族'的自然种类"。（227页）这些种类并不平等，而是优劣有别，高下分明，等级森严。这是一个从中世纪就开始支配人类（其实是西方人）的秩序观念："完美而至高无上的神，高坐在宇宙的顶端，而无生命的物质在最底端，中间则是其他各种各样占据各种层次的事物。……植物靠近底端，仅比自己生长的泥土高出一点；软体动物或蜗牛这种简单的动物则比植物要稍微完善一些，因此它们占据的是略高的等级；哺乳动物还要再高一些；而我们人类则是仅次于天使的特权阶级，离造物主仅有两步之遥。"（26页）

史密斯详细描述了非人化的概念在许多世纪中的演变，素材非常丰富，从亚里士多德、奥古斯丁、波伊提乌（Anicius Manlius Severinus Boëthius）这些古代作者到中世纪、启蒙运动，再到当前。从这些"迄今为止尚未书写的历史"中他提炼出一个关键的概念：本质。一个生命物体是什么，是由它的"本质"所决定的，这种本质的东西决定了一种生物在宏大的存在之链中的位置。本质论支配着非人化的想象：外貌看上去是人类的未必具有人类的本质，仅仅有外貌而无本质的"人"是次等人或非人，他们不配享受人类的待遇，他们只不过是人类的赝品。这种歧视性的文化观念助长和支持了对"非人"的残害、暴力和杀戮。

二、生物心理学和人的思维结构

非人化除了文化内容，还有生物学和人类思维结构的因素。史密斯是从他自己的专业角度来讨论这两个因素的。他是一位哲学教授，也是新英格兰认知科学和进化心理学院（New England Institute for Cognitive Science and Evolutionary Psychology）的领导人。他的学术兴趣主要在于人类行为的生物学依据，而在《非人》中，他关心的一个重要问题便是，生物进化论究竟能对我们认识非人化提供多大的和什么样的帮助。对此，他并没有得出一个明确的结论。一方面，他并没有采取生物决定论的观念，而是强调，非人化并不是由自然力量在人的头脑里形成的进化适应所决定的；而另一方面，他也不承认非人化是一种由人的具体生存环境所构建的文化观念。生物决定论是一种自然主义观念（人天生如此），而社会构建论则是一种环境影响和教育的观念（人是生存环境的产物）。在对许多影响人类思想的观念的研究中（如美德、善和恶、美和丑，甚至男子、女人、儿童、人权），都存在着自然论和构建论的对立和争论。

史密斯在序言中对"构建主义"提出质疑，他认为构建太简单，不够深入，"非人化既非欧洲人特有，也非现代社会特有。它的范围更广，时间跨度更大，而且和人类经验深深地交织在一起，远不止建构主义的观点那样简单。为了了解非人化的运作过程，单纯研究某个特定历史时期的偶然现象远远不够。我们必须往更深处看"。但是，接下来他马上又说，"当然，非人化的具体表现是社会建构的结果，因此在特定的文化和历史时期，非人化也会留下特别的印记"。(3 页)

史密斯提出"生物学、文化和人类思维结构"的三结合，是要努力在生物决定论和社会构建论之外或之间另辟蹊径。在他的非人化研究中，史密斯不想太靠近这两种对立观点中的任何一种，似乎是为了避免陷入它们之间长期未决的争论中去。这二者之间的争论，正如生物学家保罗·埃尔利希（Paul Ehrlick，1908 年获诺贝尔生理学或医学奖）所说，就像争论长还是宽对增加长方形的面积作用更大一样，难以有定论。但是，在史密斯的讨论中并不难察觉他的生物进化心理解释倾向，那就是，尽管人的心理特征随着社会环境而变化（进化），但仍不能脱离人的心理，这就好比一块石材所做的雕像，必然带有那石材的特质。这种解释倾向应该说是生物决定论的。

史密斯采取这一理论策略，是为了寻找非人化在人类认知结构中具有普遍意义的特征，非人化出现在历史的不同时期和不同文化中，不是一时一地的特殊现象。非人化也不限于人类某些个体的特别禀性和素质。非人化在任何历史时期的任何种族或个体的认知和思维中都可能发生。正如古罗马戏剧家泰伦斯（Publius Terentius Afer，约公元前 190—前 159）所说，"凡是人类的事情，对我都不陌生"。这样看待非人化是一种提醒，也是一种警策：如果你没有清晰的自知之明，你也可能把别人非人化。

史密斯让我们看到非人化的实质和它的严重危害。非人化不只是在嘴上说说的骂人话，也不只是夸张的比喻，而是一种有害的思维方式和心理过程，一种能切实引发人的残酷行动的歧视和偏见。非人化的想法还会形成法律和习俗，把压迫、奴役和残害变成正当的行为，蓄奴、种族灭绝、肉体酷刑等都是这样获得正当性的。

三、被搁置的非人化问题

虽然非人化的现象在历史上和当今世界中司空见惯，但史密斯认为前人对非人化缺少系统的理论研究，因此他要弄清非人化的一些根本认知和道德问题。他得出的结论是，非人化问题的根子在人性，不在文化。为此他提供了大量的历史例证，叙述得生动有趣，使得这本书既包含丰富的知识信息，又非常有可读性。

但是，提供丰富的知识信息并不是史密斯的唯一目的，他要在这些丰富的材料上以心理进化论来建立一种解释和认识非人化的普遍理论。从心理进化来解释普遍、共同、恒久的非人化现象，一个不可避免的问题是，它越普遍，越强调非人化植根于普遍恒久的人性和人心理机制之中，也就越需要广泛涉及不同种类、不同具体条件下的非人化现象。对不同的非人化现象，批判的针对性是不同的。史密斯对自己批判目标的规定是，"本书中关注的非人化牵涉的是战争、种族灭绝和其他形式的大规模暴力"，并特别搁置了女性"客体化"这种特殊的非人化现象，他说，这是一个可以另外写一本书的议题。（4—5 页）

虽然史密斯没有明说，但我们不难联想到另外一些被搁置的非人化现象议题。例如，人格贬损、流放、劳改和株连家属。史密斯在《非人》中提供的非人化材料和例子几乎全都是一国对另一国，一个民族

（种族）对另一个民族（种族），一种人（如美国的白人）对另一种外貌不同的人（如黑奴）的。这种非人化其实比较容易察觉，而那些发生在同一国家和社会中，同一个民族里，甚至同一个党派内部的非人化则要隐蔽得多，也正是因为隐蔽和伪装而变得更难以察觉。这样的非人化才更需要特别受到关注。

同一国家和社会中，同一个民族里，甚至同一个党派内部的非人化所造成的危害并不低于国与国、民族与民族、种族与种族之间的非人化。政治恶斗时人们使用的语言中充满了激烈的非人化词汇，构成了极具摧残性的语言暴力。恶毒的用词将人妖魔化，把活生生的人说成为非人的异类，排斥到人类之外，剥夺他们人的属性，使被虐者自觉低人一等，施虐者没有负疚之感。活生生的人被妖魔化为"牛鬼蛇神""害人虫""小爬虫""走狗""洋奴"等。长期使用这样的语言，会对整个社会有潜移默化的毒害作用，深入到人们的下意识之中，构建了他们的敌我观念和亚人类想象。

史密斯关心的是诸如战争、种族灭绝和其他形式的大规模暴力的极端状况，顾名思义，极端状况是例外的状态。与例外状态下的非人化相比，常态状况（和平时期）下的非人化就更加可怕。由于它的常规化，它变得正当合理，自然如此，无可置疑。这种日常化的非人化，甚至无须把人当成动物、害虫，就可以使他们丧失做人的尊严、自由、个体性和人权。如果人类是平等的，如果人类是一个整体，那么就不该一些国家承认，而另一些国家则不承认人都应拥有普遍价值的尊严、自由、个体性和人权，除非另外一些国家里的人是理所当然地"低人一等"。在这样的国家里，人的生命价值同样会被蔑视和践踏，在一些民族主义和国家主义要求无条件牺牲个人的豪言壮语后面，往往隐藏着最冷血的非人化。草菅人命，把人的生命看得轻如鸿毛、贱如蝼蚁，还有什么是比这个更不拿人当人，更非人化的呢？这样理解非人化，关注这些非人化现象，那就不是生物学或心理科学的，而是社会人文或政治人文的了。

四、社会人文和政治人文的非人化批判

史密斯的《非人》基本上是从科学角度来讨论非人化问题的，与以社会和政治文化的非人化人文批判有所区别。史密斯所讨论的非人化主要是"妖魔化"，而人文批判则更重视可能并无明显妖魔化的那种人的"异化"。异化是一种比妖魔化更可怕的非人化。被妖魔化的人们会愤怒、反弹和对抗，很少会加入对自己的妖魔化；但异化的人们却会由于被洗脑或麻木愚昧，而参与外力和环境对他们的心灵侵腐和人格扭曲，心甘情愿地按变异的标准来自我要求。

将人想象或比喻成动物（或植物）并不总是敌意或恶意的，因此并不都是妖魔化，雄鹰、骏马、青松等都是赞誉之词。马基雅维里在《君主论》中劝导君主，要既做狮子也做狐狸，并没有将君主妖魔化的意图，所以并不是史密斯所关心的那种非人化。但是，一个为了统治权力可以不择手段、无恶不作的君主却是政治人文意义上的"异化"。这种统治者的异化还会以其非道义的暴戾统治而造成被统治者的异化和非人化，使他们把自己当作低人一等的走狗、奴才和草民。

人类学家蒙塔古（Ashley Montagu）、麦特森（Floyd Matson）在《人的非人化》（ *The Dehumanization of Man*, 1983）中详细讨论了人文意义上的非人化（异化）。非人化是一种由于现代技术、消费主义、色情和暴力文艺、纵欲享受导致的人的堕落和变异，是一种严重侵蚀人的精神的疾病，这是"一种看不见的失调，一种精神伤害。它在最近时代里毫无

抵抗地蹂躏人类，已经成为一种流行疾病。……它既不立即置人于死命，也不造成可见的伤害，但是，它所造成的毁灭已经超过了一切有记录的瘟疫、饥荒和自然灾害，对文明社会的破坏更是无可计数。正因为如此，这种灵魂的疾病可以称作为'启示录的第五骑士'，更简便一些的称呼便是'非人化'"。《圣经·启示录》描绘了末日审判，"启示录"这个词因此用来指代世界末日，按"启示录"的说法，分别有骑着白、红、黑、灰四匹马的骑士，将瘟疫、战争、饥荒和死亡带给接受最终审判的人类。届时天地万象失调，日月为之变色，随后便是世界的毁灭。"非人化"这个第五骑士带来的便是人性的变异和堕落，它同样可能给人类带来可怕的灾难和毁灭。[1]

蒙塔古和麦特森强调，人一旦患有"非人化综合征"，就会变成"活死人"（the living dead）。他们用阿伦特（Hannah Arendt）所讨论的纳粹分子艾希曼为例来说明，人在特定的政治生活环境中会被非人化为螺丝钉和机器人。正是纳粹极权统治机器的意识形态洗脑和组织控制，使得艾希曼成为一个不能独立思考，没有道德判断，但却能高效作恶的非人。[2] 阿伦特在《极权主义的起源》中分析了极权统治的非人化过程，也就是她所说的三步"杀人"法。第一步是"杀法权之人"，即剥夺人的基本政治权利和公民权利，"摧毁人的权利，杀死他这个法权之人，这是全面宰制一个人的前提"。第二步是"杀道德之人"，使被杀者"在历史上头一次成不了烈士"，无法用"良心来作抵抗"。第三步更可怕，它杀绝人的个性思想和创造性，最终把人变成行尸走肉，"摧毁人的

---

[1]　Ashley Montagu and Floyd Matson, *The Dehumanization of Man*. New York: McGraw-Hill Book Company, 1983, p. xi.

[2]　Ibid., pp. 2-3.

个性就是摧毁人的自发性，摧毁人靠自己重新开始的能力"。[1] 他们在非人的待遇下，既没有反抗的能力，也没有反抗的意愿。

普里莫·莱维（Primo Levi）是一位经历过纳粹集中营磨难的大屠杀幸存者，他在《被淹没与被拯救的》中描绘了死亡集中营里的许多令人战栗的非人化经历。集中营里的犯人生活在非人化的环境中，不仅被德国看守当成畜生，而且还被同为囚犯的牢头不当人地虐待。这些囚犯牢头和"特遣队"员（他们负责焚烧和清理尸体）的人性被极度扭曲，心甘情愿地成为德国看守的同谋，"德国人早已被灌输的理念是：这些犹太人是卑鄙的生物，德国的敌人，因此并不配拥有生命，最好应该强迫他们劳动，直至劳累而死。但他们并不这样对待特遣队的新队员——在一定程度上，党卫军把他们看作是自己的同类，现在，和他们一样是非人的禽畜，在强加的同谋中，依靠罪行的纽带，绑在同一条船上"。甚至还有更严重的自我非人化，"压迫越残酷，被压迫者就会表现出越广泛的合作意愿。这其中有着无数微妙的变化和动机：恐怖；意识形态的诱惑；对胜利者的奴态模仿；短视地渴望任何形式的权力，即使荒唐地有着时间和空间上的局限；懦弱；还有，最后的，精明的算计，希望逃避强加的命令和秩序。人们会同时带有一种或多种动机，但无论如何，所有这些动机，都在形成灰色地带的时候发挥着重要的作用"。[2] 在极权统治下，同为受害者的人们互相监视、揭发检举、落井下石，为的是讨好谄媚他们共同的加害者。可怕的非人化所造成的这种"禽兽"行为（其实禽兽并不会有这样的行为），也许可以用

---

[1]　Hannah Arendt, *The Origins of Totalitarianism*. New York: Harcourt Brace Jovanovich, 1973 [1951], pp.447，451-455.

[2]　Primo Levi, *The Drowned and the Saved*. New York: Vintage Books, 1989, pp. 54, 43.

生物学来解释为动物求生的自然本能，但更是极端残酷的非人环境对人扭曲和异化的结果。

即使在并非如此极端的环境中，社会和政治制度也会对人有非人化的影响。德国哲学家和人类学家蒙坦布鲁克（Axel Montenbruck）从政治人文主义的角度指出，人由于对权威的机械顺从而陷入盲目和麻木的状态，这是一种非常可怕的非人化。蒙坦布鲁克同样也运用了心理学的研究成果，如津巴多（Philip G. Zimbardo）和米尔格伦（Stanley Milgram）的心理学实验。津巴多的监狱模拟实验（称"斯坦福监狱实验"）发现，锁住人类自由的，常常不是监狱那道有形的高墙，而是人本身对角色规范的认定所带来的心灵枷锁，这时候的人已经被异化成为非人。米尔格伦的"权威服从试验"则显示，在权威的诱导下，普通个人在不受胁迫的状态下也会自愿地进行伤害他人的行为。

布拉斯（Thomas Blass）在《电醒世界的人》一书中指出，不假思索地服从命令和作恶是一种非人化的训练结果，是对作恶者和整个社会的严重侵害。他写道，"我们看到，并不需要有邪恶、乖戾之人，就能做出不道德和非人性之事。……米尔格伦的发现让我们对社会压力下人的可塑性变得更为敏感，让我们对个人道德的观念有了新的看法。就在我们自以为可以凭借良知解决道德难题的时候，米尔格伦的服从试验极具戏剧性地告诉我们，在那些暗含着强大社会压力的情境中，我们的道德感可以多么轻易地被践踏在脚下"。[1]蒙坦布鲁克强调，尊严、自由、平等、公民权利和人权是衡量一个人的完整性和人之为人的尺度，任何对这些尺度的侵犯和否定都是严重的非人化。非

---

[1]　Thomas Blass, *The Man Who Shocked the World: The Life and Legacy of Stanley Milgram*. New York: Basic Books, 2004, p. xviii.

人化是一种制度性的暴力侵犯，侵犯一个人就是"用不公正和不人道的方法剥夺他的自由"。压制公民自由，限制公民权利，侵犯人权，这些不仅违反宪政法治的原则，而且是严重的非人化行为。[1]

盲目顺从权威的非人化越是严重的地方，就越是会出现对权威的神化和崇拜。普通民众越是低于人的标准，权威人物就越是超乎人的常态，他们永远英明、伟大，绝对正确，不仅是圣人，而且根本就是神人。他们常常被比喻为超人（另一种非人）的事物，如高山、大海、太阳、甘霖。这类想象和比喻都是夸大其词的崇拜、恭维和奉承，在一个理性的社会里会被当作笑话，但在一个被宣传洗脑的社会里，却会被欢欣鼓舞地接受。这两种社会中的人形成了对比，比较之下，究竟哪个社会的人在理性和心智上更具有人的特征或是被非人化了，应该是不难判断的。

五、对非人化，我们能做什么？

史密斯把"对非人化，我们能做什么"当作一个重要的问题。他是在与已故美国哲学家罗蒂（Richard Rorty）的思想对话中回答这个问题的。史密斯认为，罗蒂 1993 年为了国际特赦组织所作的讲座文章《人权、理性和情感》是少数直接探讨非人化问题及怎么办的文章。罗蒂认为，理性哲学，光凭有知识，不足以保证人不做非人化的事情。杰弗逊是启蒙思想家，也是《独立宣言》的起草者，《独立宣言》里明白

---

[1] Axel Montenbruck, *Western Anthropology: Democracy and Dehumanization*. 2nd edition. Berlin: Universitätsbibliothek der Freien Universität, 2010, pp. 60-66, 74-75.

地写着"人人生而平等",但杰弗逊却拥有黑人奴隶,是一个奴隶主。罗蒂认为可以用"情感教育"(sentimental education)来瓦解非人化,例如,比彻·斯托夫人的《汤姆叔叔的小屋》(1852)就对民众起到了这种情感教育的作用,对解放黑奴发挥了巨大的作用。

讲道理不如讲故事,这是后现代主义者罗蒂一贯的主张,并不是没有道理的,但也有其局限。我们知道,要进行任何说服工作(包括说服人不要将他人非人化),都有三个因素。第一是言之成理,用理性,有逻辑;第二个是说话人诚实恳挚,受人信赖;第三是能动人以情,促人行动。亚里士多德在《修辞学》中将这三个因素分别称作为 logos, ethos, pathos。

逻辑说理是理性论证的主要力量,但是单单依靠这种力量往往并不能起到预期的说服效果。而且,人常常懂了道理也未必有所行动。罗蒂认为,单纯逻辑的说理是枯燥无味的,很难引起人们愿意被说服的意愿,逻辑对于没有兴趣被说服的人是无能为力的。他因此提出"背弃理论,转向叙述"的说理主张。所谓叙述,就是要让听众运用他们的想象,这是一种诉诸情感的说理方式,通过说故事来引导听众想象一种具有普遍性的,能够感同身受的境遇。在这样的说服中,反对非人化的共识是被创造出来的,而不是推理出来的。

罗蒂对说故事的看法可以得到许多实际的印证。例如,"文革"记忆的正义观不仅是理性的,而且也是动情的,因为除了理性判断,正义观还表现为"情不自禁"的感动和同情。许多"文革"故事能唤起人们对非人遭遇、苦难、冤屈的同情,因为它们本身就已经包含了一种正义是非判断。对后世之人来说,这些"文革"故事是他们了解"文革"日常生活的主要感性知识资源。这些故事对读者造成的感动和震撼,对激发反思"文革"可以起到很大的作用。1980 年代的电影《芙蓉镇》中,当饱受冤屈的"右派分子"秦书田对与他相依为命的胡玉音说"活下去，像牲口一样活下去"的时候，观众感受到的就是一种令人震颤的非人化。杨显惠描写"右派"苦难的《夹边沟记事》也具有同样的动情效果。其中有这样一个故事，1960 年 4 月兰州中医院的右派高吉义被场部派往酒泉拉洋芋，装完货的最后一天，饿极了的右派们知道这个机会千载难逢，便煮熟了一麻袋洋芋，9 个人一口气将 160 斤洋芋统统吃光，"都吃得洋芋顶到嗓子眼上了，在地上坐不住了，靠墙坐也坐不住了，一弯腰嗓子眼里的洋芋疙瘩就冒出来，冒出来还吃，站在院子里吃，吃不下去了，还伸着脖子瞪着眼睛用力往下咽"。返回途中，一名吴姓右派在颠簸下，活活胀死。高吉义也上吐下泻，和他住在一起的来自甘肃省建工局的右派工程师牛天德整个晚上都在照顾着他。第二天，高吉义醒来，看见年近六旬的牛天德竟然将他的呕吐物和排泄物收集起来，在其中仔细地挑拣洋芋疙瘩吃！无须理论，这一景象足以让读者看到人如何变成了非人，并对它的非正义充满了愤慨。

　　史密斯认为，故事是根据目的而叙述的，因此说故事本身并不能解决非人化的问题。只要故事讲得好，反对非人化和主张非人化的故事都会有"情感教育"效果。因此，他提出，"为解决非人化问题，只有采取广泛的科学手段，我的目标便是为此作出辩护，因为这是唯一可能成功的手段"。(228 页) 然而，关于非人化的心理机制和生物进化知识虽然可能有助于减少非人化，但不可能消除非人化。这是因为，任何一种知识都可能正当使用或非正当使用。就算获得了非人化进化心理的科学知识，仍然有一个如何运用这一知识的问题。这就像研究酷刑的心理学，它可以用来避免不人道的酷刑，也可以被用来"更有效"地设计和施行酷刑。非人化的心理机制和生物进化知识也可能被用来对民众进行"更有效"的洗脑宣传，蛊惑他们去仇恨和残害各种

"异己族类"。从一个科学家的角度，史密斯所能希望的是，"为了更有效地解决非人化的问题，我们需要了解其机制。除此之外别无其他可行的选择"。(233 页)

　　非人化固然有普遍的人类心理和认知特征，但非人化的具体构建和特征却又必定会打上特定的制度烙印。人类要更好地和平共存，让每一个人活得像人，有人的权利，实现人的价值，进行反对非人化的教育是必不可少的。通过生物学和认知心理的科学知识也好，讲述非人化残害的故事也罢，再加上对人的价值的社会和政治人文教育，只要能有教育效果，都是我们所需要的。

6 伪善是人的宿命吗

——罗伯特·库尔茨班《人人都是伪君子》

在美国，进化心理学对一般阅读大众有一种近乎自然的知识吸引力，因为它就许多读者所熟悉的，但还想进一步了解的人的行为（当然还有动物的行为），不仅作出"怎么样"（how）的描述，而且还提供"为什么"（why）的解释。例如，为什么在性行为方面，大多数雄性哺乳动物都"花心"（乱交），而大多数雌性哺乳动物都"挑剔"（选择强壮、群体地位高、有钱有势的配偶）？解释是，受精只需数秒时间，而怀孕和哺乳却可长达数年，雌雄在后代身上的投资悬殊。花心雄性或挑剔雌性繁育的后代多于不花心或不挑剔的。

近十数年来，许多有文化差异的认知和伦理现象进入了进化心理学家们的视野，他们的研究范围也就扩展到了像暴力、说谎、自私、歧视、欺骗、排斥异己、将对手非人化和妖魔化等以前是哲学和道德哲学中关注和思考的问题。伪善和自我欺骗就属于这样的问题，罗伯特·库尔茨班（Robert Kurzban）讨论"伪善"的《人人都是伪君子》[*Why Everyone（Else）Is a Hypocrite*，2010，下称《伪君子》] 就是这样一部进化心理学著作。[1] 几个月之后，罗伯特·特里弗斯（Robert Trivers）的《愚昧

---

[1]　罗伯特·库尔茨班：《人人都是伪君子》，李赛、苏彦捷译，中信出版社，2013年。出自此书的引文皆在括号中标明页码。

者的愚昧》(*The Folly of Fools*, 2011) 出版，是另一部类似的著作，其议题"自我欺骗"恰好与"伪善"互补。这两部著作现在都有了中文译本。

库尔茨班认为，伪善不是一个道德问题，而是人大脑自然结构的产物。我们不必为人类的伪善行为或社会中的伪善现象担心，因为伪善是一种自然状态。库尔茨班幽默风趣的实例讲述让《伪君子》成为一部有趣的读物，可是，这样一部在知识上"有趣"的著作却给我们带来了许多与知识和道德伦理有关的问题：库尔茨班是怎么得出他的结论的呢？读者又该如何在现实的制度里，而不是单纯的心理学简化环境中去思考这个结论呢？伪善（包括它的"自欺"）与人对自己行为应该承担怎样的道德责任真的没有关系吗？如果不是这样，那么可以或应该如何去思考伪善的道德责任呢？

一、"伪善"的大脑模块理论

库尔茨班在《伪君子》中这样总结自己的主要观点，"人脑包括许多功能各异的系统，或者说模块，它们各异的功能是为了解决我们祖先的适应性问题。……其中一些系统把信息传给别的部分，但另外一些则不传递信息。……有限的信息在人脑的一些模块中流动，即信息封存的说法，揭示为什么人脑可以有不一致。如果两个不同的系统信息来源不同，并且没有主次之分，那么不一致就可以很容易地存在"。（72—73 页）库尔茨班从模块理论推导出这样的结论：人的"意识"只是许多模块中的一种，并不具有特殊的作用，也没有统观其他模块的功能。他引用美国哲学家和认知科学家丹尼尔·丹尼特 (Daniel Dennett) 的话说，"大脑中有特殊中心（自我／意识）的想法，是最固执的坏想法，一直困扰着我们对意识的思考……这种想法不断以各种新面貌和各种表面光鲜的理由重申自己。本来，我们对于以上的统一就有着个人的内省的偏好"。 库尔茨班对此深表赞同，"确实有这样奇怪而又执迷的想法，认为（意识）控制着人脑，监视着行为，控制着一切"。(59 页)

人的意识并不是一个看管着人的头脑的"小人"，这个观点并不只是模块心理学家们才有，现象学哲学家也有持类似观点的。这个观点有助于破除唯意识论，但也有可能摆向意识虚无论的极端。库尔茨班要用大脑模块的科学来解释意识，而不是要否定意识。大脑模块说并不是要否定人的道德感，而是用科学来解释道德感。这种科学解释与道德哲学的推理思辨是不同的。心理学与道德哲学很少相互提及或引述，如何弥合这二者之间的隔阂仍然是一个受关注的问题。[1]

道德进化心理学对道德伪善为何能够作为人的遗传特征存在下来作了解释。在人类的生存竞争过程中，如果道德伪善只有消极作用，那么它早就应该被自然淘汰了。从进化心理学的角度看，伪善既然能存在，而且能保留下来，肯定有其积极作用。进化心理学家们认为，伪善是一种机会主义的适应策略，为的是适应群体生活情境下自我谋利不得不面对的环境压力。群体生活要求个人具有较高的合作性和道德性，否则就可能被群体排斥并导致抑郁、焦虑、恐慌。道德伪善作为一种机会主义的适应策略，既可以使个体保持良好的道德形象，又可以使他们比其他成员占有较多的资源，从而在社会中具有更多的优势。

与道德进化心理学的解释相比，库尔茨班的大脑模块论更加显出它的"科学"特征。库尔茨班关注的"伪善"不是一个道德概念，而是大脑科学的客观现象描述。 伪善指的大脑模块之间的"不一致"

---

[1] Daniel Statman, "Hypocrisy and Self-Deception." *Philosophical Psychology*. 10: 1, 1997, p. 58.

(inconsistency) 或 "矛盾"(contradiction)。他解释道，这本关于伪善的书，"是一本关于矛盾的书。比如在某个寒冷的十一月早晨，你（我）既想跑步锻炼，同时又想待在床上睡觉。在一段严重的经济下滑期，你希望知道，同时又不愿意知道自己退休金的情况；你希望政府在个体没有伤害他人的情况下不要去干涉个人自由，同时又希望政府去干涉他人的生活，甚至是在他们并没有伤害别人的时候"。(4 页)

这些例子中的"伪善"都是日常生活中的"自相矛盾"，与道德哲学关注的那种失德或罪过的伪善并不是一回事。当然，库尔茨班也不是没有考虑可以放到道德哲学中讨论的例子。他举美国政治人物艾略特·斯皮策（Eliot Spitzer, 2007 年任纽约州州长，2008 年因个人丑闻辞职）为例指出，"当他决定和一个妓女发生性关系的时候，有些模块是负责衡量利弊的。其中一项弊端当然是会对他的政治生涯造成危害，特别是因为他众所周知的反娼妓的立场。但是这只是其中的一个方面而已。和权衡利弊模块相对的，是寻找性满足的模块。很明显，寻找性满足的模块占了优势了"。对此，库尔茨班的结论是，"负责人的行为的模块和负责声明遵守道德的模块是全然不同的。因为负责谴责的和良心的模块是不同的，所以行为和言语的不一致也是理所当然的"。(238 页)即使在斯皮策的例子里，库尔茨班指出的也只是大脑不同模块的不一致，而不是导致斯皮策因丑闻辞职的失德行为本身。

二、大脑模块与道德意识

库尔茨班的大脑模块说不仅仅是要指出，意愿与行为、言论与行动的不一致或矛盾是"理所当然"的，而且还有更深一层的意思，那就是普通人，甚至哲学家们所相信存在的"道德意识"其实是一个不真实、不科学的幻觉。道德意识不过是大脑中某些模块的作用，而不是人对自己言行的自我审视和思考。道德意识对于是非、对错和正邪的判断只是人脑中一个很小部分的活动，对人脑其他部分的影响不仅是偶然的，而且效能微乎其微。对此，库尔茨班写道，"模块观意味着我们应该对如何思考意识持非常仔细的态度，因为我们并不真正了解那些有意识的模块的功能。我们应该对'有意识的模块必然将会对人脑的整体有重要的作用'这样的想法非常警觉。……我认为，心理学也有这样的证据表明，无论意识模块实际上怎样运作，相对于整体心智，它们还是微乎其微的"。（59 页）

库尔茨班承认，并没有充分的理由可以否认意识的存在，但有理由相信"对于意识的了解还有很多不足"。凭借这样的理由，他说，"我不认为我们懂得意识的功能，甚至谈论意识有功能是不是合理都不一定"。（60 页）以这样的理由否定自我意识的存在和作用显然是难以令人信服的。对此，杜克大学哲学和神经生物学教授欧文·弗拉那根（Owen Flanagan）提出了强烈的质疑。他批评道，"尽管（研究者）对大脑模块有某种程度的共识，但许多神经科学家认为，大脑的前额皮质（prefrontal cortices）有许多普遍性的运作，在以前，这被称为'思考'。库尔茨班不这么认为。在他看来，头脑只不过是许多有自己利益的模块在相互争夺的殖民地，如此而已。他说，这就解释了为什么我们是如此自相矛盾的动物"。弗拉那根指出，也许正是由于大脑某个部分的"普遍性运作"，不同模块才有可能尽量降低它们之间的矛盾和冲突，并尽量协调和一致起来。[1]

---

[1] Owen Flanagan, "An advertisement for mad-dog brain modularity." https://www.newscientist.com/article/mg20827911-300-an-advertisement-for-mad-dog-brain-modularity.

弗拉那根与库尔茨班的分歧不只是关于大脑模块或大脑前额皮质。专门知识的分歧从来就不只是关乎"事实",而且更关乎对事实的理解。伦理是这种理解中的重要部分。弗拉那根不仅是一位科学家,而且还是一位哲学家,他认为,经验性的心理学可以朝道德心理学的方向发展,但在库尔茨班的《伪君子》中很难找到这样的思考。弗拉那根指出,库尔茨班所说的伪善与道德伪善是有距离的,道德伪善的问题是,"为什么我们在评判自己行为和别人行为的时候不运用同一道德标准?"对这个问题,"库尔茨班的回答只是,这都是因为你的模块"。库尔茨班认为,对人和对己有双重标准,那不过是模块之间的争斗。但是,弗拉那根认为,心理学可以对此有完全不同的理解,"我将自己的行为合理化,是因为这是我的生活,不是你的生活……因此对人和对己的要求是不对称的。这与模块无关"。弗拉那根并不是要否定模块的学说,但他认为,任何学说都有一个适用的范围限度,超过了限度,也就推向荒谬的极端。[1]

库尔茨班认为,人的大脑里有许许多多的模块,不存在一个意识可以反观的"自我"或整体的"心灵"(mind)。他写道,"我们可以总结得出,一定程度上是,心灵(按,中译本作'大脑',原文是 mind,不是 brain)包括不同的模块,没有理由说某个模块比另一个更'真实'或'实际'"。(81 页)在看到视觉幻觉图时,没有理由认为真实感比幻觉更为真实。只能说,你这样看,我也可以那样看,大脑模块活动不同,所以无所谓谁对谁错。美国戈登学院(Gordon College)哲学教授伊安·德维斯波伊德(Ian De Weese-Boyd)指出,心理进化论把"自我欺骗"和"伪

---

[1] Owen Flanagan, "An advertisement for mad-dog brain modularity." https://www.newscientist.com/article/mg20827911-300-an-advertisement-for-mad-dog-brain-modularity.

善"这样的心理特征归结为自然进化适者生存和繁衍后代需要的产物，但是，会忽视这样一个事实，那就是"我们经常努力纠正偏误和无知。人有繁衍后代之外的价值观。……当我们的意识模块察觉到错误信念时，虽然我们（大脑）的一部分接受这信念，但我们还是拒绝了它"。也就是说，人的心灵确实可能发挥辨别真实与不真实、正确与错误的功能。[1]

美国著名哲学家和认知科学家杰瑞·福多（Jerry Fodor）是心灵模块（modularity of mind）和思想语言（language of thought）研究的权威，他对《伪君子》的"心理学达尔文主义"（Psychological Darwinism）和"反智主义"表示忧虑。他认为，从柏拉图开始，哲学的主流观点就把"心灵（mind）视为思想的器官"，"思考是心灵所为，我们有某个行为，是因为我们想要有这个行为。但是，过去一百年来，心理学家们将此视为启蒙运动残留下来的令人难堪的'唯智主义'。……神经心理学家说，既然心灵就是大脑，那我们就不需要心灵了，因为我们已经有了大脑"。[2]福多所说的"心灵"就是让人能够思考的"意识"，大脑模块并不能自动替人思考，是人的意识在用大脑思考。"动脑筋""用大脑思考"也许还没有成为毫无现实意义的老生之谈，因为真实情况是，虽然每个人都有天生的大脑模块，但并非人人都同样开动他们的大脑或同样都在用自己的大脑思考。

---

[1] Ian De Weese-Boyd, "Review: Why Everyone （Else） Is a Hypocrite." Metapsychology Online Review. Sep. 6th 2011 （Volume 15, Issue 36）http://metapsychology.mentalhelp.net/poc/view_doc.php?type=book&id=6217.

[2] Jerry Fodor, "Fire the Press Secretary." *London Review of Books*. 33: 9 （28 April）, 2011, pp. 24-25.

三、作为道德问题的伪善和欺骗

《伪君子》不是一部专业化的科学研究著作，在内容和写法上，它都以一般知识大众为其阅读对象。普通读者对这本书有兴趣，主要是因为他们对"伪善"本身有兴趣。伪善是人们在社会和日常生活中常见的现象和行为，人们一般对伪善已经有了某种来自道德伦理的看法：对个人和社会来说，伪善都是不道德的。一般人都会憎恶别人的伪善，也会为自己的伪善感到羞耻。而《伪君子》对伪善提出的心理进化论解释则有可能彻底颠覆他们原有的看法和感受，因此对他们来说是完全新奇的，能强烈刺激他们的阅读兴趣。然而，这并不意味着对他们来说，伪善从此就只是一个科学问题，而不再是一个道德问题。对于《伪君子》的英语或汉语读者来说，伪善仍然是，也应该是一个不容忽视的道德问题。

古代的道德劝谕和智慧里就已经有不少对伪善的鄙视和责备。道德伪善被视为人性恶的体现。荀子在《性恶》中说，"人之性恶，其善者伪也"。《圣经·路加福音》里说"你不见自己眼中有梁木，怎能对你弟兄说：容我去掉你眼中的刺呢？你这假冒为善的人！先去掉自己眼中的梁木，然后才能看得清楚，去掉你弟兄眼中的刺"。(6：42) 在现代伦理道德中，伪善的不道德在于它的虚假和不真实，更在于它的欺骗。伪善是一种把自己打扮得更好、更善良、更道德的假面表演，经常同时企图隐瞒不好、不善良、不道德的真实品格或意图，因此成为一种不道德的，对他人有害的行为。伪善也指表面仁义道德而私下为非作歹、纠举他人但放纵自己、说一套做一套的恶劣行为。

伪善是虚假和不真实的，但虚假和不真实的并不都是伪善。为了认识伪善，哲学和伦理学经常把伪善与"欺骗"进行联系和比较——

欺骗他人（骗人）和欺骗自己（自欺）。哲学教授迈克·马丁（Mike W. Martin）在《自我欺骗与道德》(*Self-Deception and Morality*) 一书里讨论伪善，采用的就是这样的比较。他指出，人们经常把在别人面前的伪善简单地当作伪装和欺骗，这是不正确的，伪善是一种"伪装"（pretense），但并非所有的伪善都是伪装，也并非所有的伪装都是伪善。士兵伪装阵地并不是虚伪。同样，恐怖分子用欺骗的手法蒙骗保安人员，也不关乎虚伪。[1]《牛津英语词典》对虚伪的定义是，"伪善是假装出道德或善良的样子，隐瞒真实的品格或意向"，伪善者"虚假地声称自己有道德或宗教信仰；他假装有比真实的自我有更好的信念；因此，一般而言是伪君子和假善人"。这是对伪善比较恰当的认识。

伪装有许多不同的情况，不能不加分辨地对所有的伪善作同样的道德批评，也不能把一些看似伪善的情况直接称为伪善。例如，有的人夸夸其谈、大言不惭、大话炎炎，虽然虚假不实，但未必就是伪善。还有的人身处不自由的境地，假面扮相，假装积极或忠诚，也不能称之为伪善。马丁认为，伪善是一种严重的道德指责，指责伪善应该基于两种与道德相关的理由。第一，伪善"造成了不道德的后果"，如欺骗和操控他人，腐蚀社会道德、混淆是非和颠倒黑白。第二，"我们因为伪善本身而批评它，因为伪善本身的用心不良、不公平，或破坏与他人的关系"。[2]

伪善的公共人物经常企图通过营造良好的自我形象来欺骗、愚弄、操纵和控制公众，而且经常得逞。伪善因此成为一种巧妙而隐蔽

---

[1]　Mike W. Martin, *Self-Deception and Morality*. Lawrence, KS: University Press of Kansas, 1986, p. 44.

[2]　Mike W. Martin, *Self-Deception and Morality*, p. 45.

的权术和强制手段。无论成功与否，有这种意图的伪善都应该受到谴责。而且，伪善者经常利用别人对自己的信任，这种信任可以是个人之间的，也可以是社会整体诚实价值观和诚信机制的一部分。伪善的诡计可以轻易得逞和伪善者可以春风得意、大行其道的社会一定也是犬儒主义盛行的社会。伪善者从伪善得到的种种好处——博得荣誉和社会地位、骗取提升机会和竞争优势——都是用不正当手段获得的不公平利益，也都是违背社会公正原则的。

伪善经常与自我欺骗有关联。如果我们从违背诚信和公正原则来看待伪善的不道德，那么就不难看到，并非所有的自我欺骗都是伪善。许多自欺者并不犯有伪善者的道德过错。有的自欺者把自己想得太好，但也有的自欺者把自己想得比实际情况要差，自卑、懦弱、没有自信的人经常会是这样。对自欺的批评同样需要有与道德有关的理由，自欺之所以被视为不道德，主要是因为自欺者通过自我欺骗来更有效地欺骗他人，自欺导致了对他人的欺骗和伤害。

自我欺骗经常是为了更方便、更有效地欺骗他人。以色列海法（Haifa）大学哲学教授斯塔特曼（Daniel Statman）指出，自己不相信却要骗别人相信，其难度可以与"当间谍"相比。他写道："持续地假装有某种信念或价值观是很困难的，需要像当间谍那样非常辛苦。正如有作家所描述的，'欺骗是很累人的活计。你老是担心会露馅，搞得你筋疲力竭'。这种事情对于一个自我主义者（egoist）来说是自讨苦吃。自我主义者假装面子，原本是为了日子更好过，结果却为了欺骗别人，把自己搞得神经紧绷，十分辛苦。谎言本来就是一个套着一个，谎言之网编制得越复杂，欺骗者就越是不得不苦心维持。"[1] 为了避免持续

---

[1]　Daniel Statman, "Hypocrisy and Self-Deception," p. 62.

地辛苦假装，需要先让自己相信假的事情就是真的。

伪善者经常同时既是自欺者又是欺骗者。他们的伪装动机和行为是不道德的，而他们却不愿意对自己承认这一点。马丁指出，伪善可以区分为"内心伪善"（inner hypocricy）和"对外伪善"（outer-directed hypocricy），这二者经常交织在一起。内心伪善者对别人也伪善，"他们是内心的伪善者——对他们自己伪善——，因为他们不真实地在自己面前假装是更好的人。他们也是对外的伪善者，因为他们在他人面前造成和导致了道德上虚假的形象，因此应该受到责备"[1]。但是，马丁指出，"他们并不会坦然承认自己是伪善者，因为'伪善'是一个谴责之词，而他们最不愿意的就是诚实地批评自己"[2]。

四、结语

在道德哲学中，伪善是一种道德之恶，这与库尔茨班模块心理学中伪善是"理所当然"的人性特点是完全不同的。形形色色的道德伪善在当今社会成为一种社会弊病，在这种环境下阅读《伪君子》，如果用模块学说来淡化或降低道德伪善社会弊病的严重性，那将会是一个错误。

其实，进化心理学不一定要用科学来代替道德，而是可以从科学的角度来帮助我们认识伪善的不道德。斯托芬·平克（Steven Pinker）是一位重视道德意识的进化心理学家，他指出，进化心理学所包含的"道

---

[1] Mike W. Martin, *Self-Deception and Morality*, p. 46.

[2] Ibid..

德感科学"（science of moral sense）让我们看到，"道德要比我们从过去继承而来的道德感更为宽广，新的道德科学并不会使得道德理论和道德信念成为过时的东西。但是，它对于我们如何看待道德世界却会有深刻的影响"。最重要的是，新的道德科学告诫我们，进化心理学解释的伪善、自私、欺骗、排他性、侵略性等是人类共有的倾向，不是"敌人"或"坏人"才有的，因此，在道德评价时应该谨慎再谨慎，不要互相乱扣"不道德"的帽子，也不要随便挥舞"道德"的棍子去打别人。[1]

库尔茨班在《伪君子》中也表达了相似的想法，他担心，"道德判断是棍棒，道德规则则是一种认为做了某事的人应该为之受到惩罚的方式。……在很多情况下，我们都难以对道德棍棒的应用加以争辩。为了自己的利益而损害他人的人理应受到惩罚。但是如果我们被允许制造规则，运用棍棒来维护我们想要的任何事情，那么我们就被允许阻止他们做任何我们的模板（也是他们的模板）想到的事，无论是某种性行为、市场交易，或者是服装的选择。当道德棍棒不受原则控制时，我们也会运用棍棒来侵略性地控制他人"。（256 页）

进化心理学将道德"自然"化，但这个"自然"应该是在包括特定环境中社会演化在内的进化过程，而不是某种不变的"自然人性"中形成的。库尔茨班的进化心理学试图用人的"自然"特征（或"自然人性"）来重新理解道德伦理——因为是自然的，所以在道德上是好的。他认为，这样的理解也具有哲学的可靠性。但是，这种伦理自然主义——凡是自然的，就是好的，就是对的——是难以被道德哲学接受的，也不符合具有多样性的现代社会，包括当今中国社会的实际情况。美国专栏作家和编辑托马斯·德赞格提塔（Thomas de Zengotita）指

---

[1]　Steven Pinker, "The Moral Instinct." *New York Times Magazine*, Jan. 13, 2008.

出，"虽然有人主张，'某行为是好的，因为它是由基因安排所触发，我们赞同这一行为，是因为自然选择如此'，但我们仍然可以问，我们按照基因倾向行事就一定是好的吗？也就是说，我们仍然有理由问这个问题。这是因为——即使我们用进化心理学家爱用的那些例子——对这个问题的回答似乎是：有的时候是好的（如帮助朋友），有的时候则不好（如杀死'他者'）"[1]。

　　人类进化过程中形成的"自然"并不能给我们充分的道德指引，我们的道德原则也不仅仅是从这样的自然中推导而来。自然的选择是随机而无序的，无论是产生多样性的变异，还是在偶然环境中所做的适应，无论是以变化的形式存在下去，还是因为不适应而就此消失，这一切都有不可预测的偶然性。自然选择的确可能产生像"母性本能"这样的特征，对它的道德性我们都没有异议（但也有像"文革"时期那样必须"划清阶级界限"的）。但是，自然选择也可能造成我们对陌生人、异己思想、非我族类的恐惧，并驱使我们去攻击或残害他人。周全的伦理思考需要我们考虑到进化而来的"自然人"——这样我们就不会被改造人性的乌托邦社会工程冲昏头脑；但也需要我们同样重视对自然人应有的制度规范约束——这样我们就不会因为人有贪婪的自然倾向而损人利己，因为人有权力的自然欲望而弱肉强食，或者因为人在大脑中有自然的伪善模板而心安理得地欺骗自己和欺骗他人。

----

[1]　Thomas de Zengotita, "Ethics and the Limits of Evolutionary Psychology." http://www.iasc-culture.org/THR/THR_article_2013_Spring_deZengotita.php.

第二辑

梦魇

7 自由服从与无效常识
——米尔顿·迈耶《他们以为他们是自由的》

米尔顿·迈耶的《他们以为他们是自由的》是一本写作于 1950 年代，于 1966 年再版的老书。[1] 作者在书里记录了他于二战后与 10 位德国纳粹"小人物"的交谈和交往。我们读中译本，对书中小人物的自我意识会有一种似曾相识的感觉。他们以为自己是自由的，是这种自我意识的一个主要部分。

这 10 位德国人之所以是"小人物"，不仅因为他们都很平凡，地位低下，见识不高，更因为他们时时都觉得自己是小人物，永远在用小人物的眼光打量自己的生活世界。对身边周围发生的事情，他们满足于小人物的理解，如果他们有所期待，那也是安分守己，与小人物身份相符的期待。他们是凭着小人物"常识"生活的人——什么安全、什么危险、什么对自己有好处、可以或不可以期待什么好处、该与谁亲近或疏远、如何摆正与元首和党的关系等。他们对纳粹统治的认识囿于常识，并不认为纳粹极权统治有什么不好，更不觉得它有什么邪

---

[1]　米尔顿·迈耶：《他们以为他们是自由的》，王岽兴、张蓉译，商务印书馆，2013 年。

恶，他们是"活得较为舒服"的小人物。

然而，迈耶的记录同时又让我们看到，这些小人物的"常识"其实是分裂的。一方面，他们满足于纳粹统治带给他们的物质利益甚至某些自由；另一方面，他们对身边的某些事情也会有"不对劲"的感觉。不过，由于他们的自我感觉始终在提醒自己不过是小人物，所以不对劲的感觉并不太搅扰他们。他们反而会疑心是不是自己有什么不对劲或弄错了的地方。知足常乐和守住本分使得他们能像他们的小人物邻居、熟人一样，安安稳稳地过那种他们认为"还不算太坏"的生活。

一、"自由服从"的小人物

在这 10 位小人物中，有一位希尔德布兰特先生，是一位教师，"在社区里有那么一点儿重要地位"，他也和那些当裁缝的、做木匠和面包师的、收账员、高中生、失业的银行职员、警察一样，一再地说"我们是小人物"。在希特勒统治时期，教师享有特殊的社会地位，他们是最配合纳粹的职业人群，至少公开的表现是如此。许多教师以前是社会民主党人，摇身一变就成了纳粹党人，当时流行这样一个挖苦教师的段子："什么是最短的时间单位？答案是：'教师改变政治忠诚所需要的时间。'"使教师变成纳粹党的人，变成听从党使唤并致力于在学校里从事党国教育事业的党民，这是纳粹实现党国主义教育一个重要条件。

这 10 个人中，教师希尔德布兰特是最有知识的，他是唯一了解非纳粹式民主的。但是，他也还是同其他 9 人一样无法摆脱纳粹的思想影响。迈耶记叙道，"甚至他在那时也相信，而且现在仍然认为纳粹主义纲领和实践的一部分属于'民主的一部分'。其他 9 个人，正派、勤劳、智力平常和诚实的 9 个人，他们不知道 1933 年到 1945 年之间的纳粹主义是邪恶的。现在他们也不了解它。他们曾了解到或现在知道的纳粹主义，和我们曾经了解到和现在知道的不一样。他们生活在纳粹统治之下，服务于它，更确切地说是创造了它"。

小人物是一个自愿服从者的社会角色，小人物的心态使他们有了服从精英（"大人物"）领导的充分理由。"当'大人物们'，比如兴登堡（Hindenburg）们、诺伊拉特（Neuraths）们、沙赫特（Schacht）们，甚至是霍亨索伦（Hohenzollern）们都接受了纳粹主义，那么，小人物们就有了正当和充分的理由接受它。西蒙先生，即那位收账员说道，'对他们来说是足够正当的事物，对我们而言当然也是足够正当的事物'。"正因为他们的服从是自愿的，他们以为自己是享有自由的。

小人物是凭常识生活的人，"他们思考的不是那些非凡的事物，而是他们日常生活范围内眼见的事物"。决定他们政治态度的是对衣食住行的平常需求。他们不是不知道纳粹和希特勒实行的是一种独裁统治，可是，那又怎么样呢？"一种独裁统治？是的，当然是一种独裁统治，像我们父母知道的那些传说中'黄金时代'的统治一样。……极权统治？那是胡说八道。"面包师韦德金德说：他相信国家社会主义（纳粹）是"因为它承诺解决失业问题。而且它做到了"。他也承认自己从未想象到它会导致的后果，"没有人会想象得到"。

对他们来说，重要的是他们确实从纳粹统治得到了"实惠"，"现在，他们回顾过去仍然……把纳粹时期视为他们生命中的最好时期；人们活着是为了什么呢？有工作和保障，孩子们有夏令营。……当家庭的事情变得更好，有稳定工作时，一位丈夫或父亲还想知道更多的事情吗？"只要日子过好了，他们对外国人怎么评价德国发生的事情不感兴趣，这 10 位德国人中有 9 位不曾去过国外游历（战争期间除外）；他们不了解外国人，也没有阅读过外国报纸杂志。"在收听外国广播合法时，他们不曾收听过；当不合法时，他们也没收听过。……他们对外部世界没有兴趣。"他们关心的只是如何过好自己的小日子。

元首和他的党都需要普通人的小人物意识来集聚自己的政治力量，因此，希特勒总是在贬低或诋毁大人物，造大人物的反，显示只有他才是小人物的代表和救星。普通德国人都觉得元首本人也和他们一样曾经是小人物，10 位小人物都同意，"元首在贬低大人物的同时，提升了小人物的地位。为争取选票而哗众取宠的持民主立场的政客和表现得过度亲民的人们做着同样的事，但如果由一位专制的统治者来做，就会更为有效"。因此，他们认为，纳粹是"人民的政党"，而且是"民主的实践"。这是纳粹统治的群众基础，"群众的重要性在于如下事实：上帝……创造了数量庞大的他们。在一个有着 7000 万人口的国家中，他们的人数超过了 6900 万。他们是纳粹分子，他们是小人物"。

希特勒是小人物心目中的当然领袖，这也是他们的政治常识，迈耶记叙说，"甚至在今天，我的 10 位朋友中也没人把道德邪恶归因于希特勒，尽管他们大部分人（事后）都认为他犯了即使他们自己在当时也可能犯的致命的战略性错误"。希特勒的最大错误在于用人不当和受坏人蒙骗，"他最大的错误是对顾问的挑选——他们都假惺惺地称颂元首轻信和忠诚的德性"。

小人物是用父母和子女的关系来理解希特勒与自己的关系的。迈耶透视了这种常识的本质，"我们把我们的信念确定在一位父亲式的人物身上……我们必须确保信念的稳定性，直到有不可宽恕的错误（一位父亲、母亲……的什么错误是不可宽恕的呢？）瞬间且彻底地摧毁了他"。对于小人物来说，摧毁伟大领袖就像摧毁自己的父母一样不可思议，完全在他们的理解力所能企达的常识之外。这是因为，伟大领袖"这个人物代表了我们自己的最好自我；那是我们自己想成为的样子，而且通过认同作用，我们自己就成了那个样子。除了要销毁不可宽恕之错误的证据外，任何对该人物的放弃都是在暗示自我有罪，都是对一个人的最好的和未实现的自我的自我控诉"。

德国哲学家费尔巴哈说，是人出于自己的需要，按自己的本质创造了神，这话更确切地适用于小人物心目中的伟大领袖，即使在领袖给小人物带来了无穷灾难以后，他们仍然会给他建纪念堂、塑雕像或是修供奉的庙宇。不仅是小人物，就连有些学者也对领袖有这样的心理需要。迈耶的一位德国学者朋友对他说，"独裁统治和它形成的整个过程，在很大程度上转移了人们的注意力。……生活在这样一个历程之中，人们绝对不可能注意到独裁统治……除非一个人的政治意识和敏锐性比起我们大多数人高出许多"。不幸的是，绝大多数人（包括许多学者）的政治意识和敏锐性都只是停留在普通人的常识水平上。

二、小人物的选择性关注

但是，身为小人物的德国人也有时候，会因为常识而感觉到什么地方确实有些"不对劲"。他们都知道，到别人的店铺里去抢东西，不管是谁开的店铺，都是不对的，不是因为法律这么规定，而是因为人们有"人同此心"的常识良心。这就像"文革"时的打砸抢，尽管对象是"坏人"，初干这种事的人总还是会觉得良心不安。迈耶提到了这样一则报道，一群孩子从一家玻璃被砸的犹太人的糖果店中搬运几大袋糖果,而一群成年人,包括一些孩子的父母(也包括穿着褐色制服围成了一圈的冲锋队队员)站在一边看着,"有一位老人,一位'雅利安'老人走了过来。他看着这些举动,而后转向了父母们并对他们说:'你们以为你们是在损害犹太人。你们不知道你们在干什么啊。你们是在教孩子们偷盗。'那位老人走开了,父母们冲入人群,从孩子们的手中拍掉糖果,拖着哭闹的他们离开了"。不仅抢人店铺的行为有悖常理,有责任制止却站在一边袖手旁观的公职人员也同样有悖常理。小人物未必有"国家暴力"的观念,但看到"冲锋队队员只是站在那儿,没有进行干预",不能不有本能的不安和"不对劲"的感觉。

小人物对小事远比对大事敏感,他们可以用经验常识去感知和把握小事,而对大事却无法如此。小人物对周围事件选择性地关注,柴米油盐、名人绯闻比公民权利遭受侵犯更受关注,在德国和许多其他国家都是这样。他们对空气污染、物价上涨、食品不安全感到不安,总是大大超过被破坏的法治秩序和被侵犯的公民权利。而且,只要事情不发生在自己身上,就算他们对某些事情觉得不对劲,也很容易接受政府提供的说法,或者故意装作没看见。德国人对非我族类的犹太人是如此,"文革"中大多数人对非我族类的"阶级敌人"也是如此。普通人能感觉不对劲的都是局部的"小措施","除非一个人从一开始就超然于整个过程,除非一个人能够从本质上理解整个事态,否则,所有这些爱国的德国人不可能憎恶的'小措施',总有一天会发挥主导作用,总有一天它会骑到人们的头上"。常言道,人没法有前后眼。大事从小事一点一点发生时,一般人是无法察觉的。就算他们有所察觉,他们也会对自己说,"也许事情不会变得那么糟"。

普通人,包括受过高等教育的普通人,都是没有前后眼的。迈耶的德国学者朋友对他说,"我多次思考如下这一对格言——'抗拒开始

(Principiis obsta)'和'考虑结局 (Finem respice)'。但是一个人必须要能够预见到结局，他才能去抗拒开始。但一个普通人又如何做到这一点呢？在这些事态发展到极端之前，它们没有发生变化，但它们也许会发生变化。每个人都指望着那个'也许'"。用"也许"来考虑问题是心存侥幸的小人物习惯的一种选择。

普通人凭借常识本能，害怕自己与别人在想法或行为上有什么不同，害怕言行会给自己带来麻烦。这种害怕来自"不确定性"，"不确定性是一个非常重要的因素，而且随着时间推移，它不是有所减少，而是增加了。在外面、在街上、在普通的社区里，'每个人'都很开心。一个人听不到抗议声，显然也看不到任何抗议"。人们在私下聊天时会说，"还不算太坏"，"你都看到了"，或者"你是杞人忧天啊"。盛世景象使人们选择将不安和害怕隐藏在心里。

他们并不知道，还有许多别人也像他们一样，"到处都在宣传新秩序的所有恩惠，这影响和打动了'每个人'。也存在着恐怖，但没有地方公告这些恐怖，它们就没有影响到'任何人'"。由于希特勒政权并不像对犹太人那样迫害雅利安人，所以普通德国人觉得"除了开会和纳税之外，他们没有被强迫做更多的事；他们认为服兵役、当秘密警察和定量配给是理所当然的（谁不这样认为呢？）"。既然如此，"服务于专制政权是自然的和非常明智的"，而专制政权对"那些想有一份工作、一所住宅"的人们有一些要求，又有什么不可以呢？于是，接受专制的现实便似乎成了一种理想的自由选择。

极权统治的"实惠"（给谁和不给谁）成为操控普通人"自由选择"的无形之手。即使没有人威胁他们必须有所选择，他们也还是自愿选择不做那些会给自己带来麻烦的选择。由于这种"自由"的非自由选择，常识失去了主导选择的作用。迈耶就此写道，"进行选择的基本要素是常识，但压力下的人最快失去的恰恰就是常识，因为他们与正常的境况隔绝了。人们受到的挤压越猛烈，他们就越难进行推断。事实上，他们往往会变成不讲道理的人；因为讲道理是属于这个世界范围内的理智，而'皮奥里亚'处于这个世界之外"。"皮奥里亚"成为纳粹第三帝国和其他集权专制帝国的象征。

三、常识不能自动对抗专制

"皮奥里亚"（Peoria）是一座为了对抗最可怕的纷争而建立的专制城市，建城者的后代（如"某二代"）为了对抗在他们心目中抹不掉的纷争和威胁，会把它传承下去，他们要维护"一个新的皮奥里亚，一个更伟大的皮奥里亚，一个千年的皮奥里亚。世界将会盛传它那亘古不朽的声名，会拜倒在它高耸入云的塔楼前。皮奥里亚会成为人类的典范"。"皮奥里亚"成为一个象征，每一个以敌情观念和筑墙方式建立起来的意识形态堡垒都是一个皮奥里亚，它害怕战争，但却需要敌人。在它精美的高塔中，"理论被设计成最宏大的秩序和最庞大的复杂体，这些理论要求只承认它们形成于其中的各种非世界性和理念"，结果是，居住在里面的人们，他们被政府欺世盗名的陈词滥调给灌醉，如迈耶所说，他们"总的智力水平下降了"。

迈耶记录的小人物常识可以帮助我们更好地了解常识是否可以在"皮奥里亚"之城里真的提升人们总的智力水平。常识也许是有破除假象、坚持真实和真相的作用，但是。常识也是很容易被政治化和意识形态化的。所谓常识，应该是指那些能够不证自明，可以不言而喻，直至众所周知，最终心领神会的日常观念。观念是一个学习与接受的过程，观念无法自动进入人的头脑和想法中去，需要通过经验或教育来逐渐形成。如果某些观念不能从日常生活的直接经验中习得，那就不妨从他人那里借用过来，其中的知识越普及，观念就越可能以"正确看法"的形式变成常识。在阶级斗争知识极为普及的"文革"期间，常识让普通人满眼看到的都是"阶级敌人""黑七类"和"颠覆破坏"。

常识在中国公共生活中的作用是暧昧而且矛盾的。常识并不一定是推动社会改革的知识力量，因此不宜过分推崇。常识是人的生存环境的产物，是社会文化（包括政治文化）的一部分，不同国家里普通人的常识内容和作用会有很大的不同。常识不是人天生头脑里固有的。一般的常识之所以是常识，是因为那是民众早就在日常的利害关系中知道了的。常识有时能让人头脑清醒，不容易被花哨的说辞欺骗，但常识并不会因此引发反抗的行为。生存环境能决定人选择怎样的常识，给哪种常识以优先考量。例如，常识能让人看到社会里的许多腐败和虚假，不相信那些虚伪的歌功颂德之辞。但是，知道跟有钱有势者的腐败、虚假过不去，是要吃亏的，这也是常识。这两种常识是相互抵消的。后一种常识甚至还会更占上风，因为凡是有常识的，都特别清楚自己的生存需要，做人要圆滑识相，要见人说人话，见鬼说鬼话，这样才能安身立命、左右逢源。为了明哲保身，更不能强出头或者以卵击石。美国作家奈文（Larry Niven）挖苦常识道："常识就是，a. 不要朝持枪者扔大便，b. 也不要站在朝持枪者扔大便的人旁边。"

在1933年以后的德国，普通人的常识一点一点地变成了帮助他们适应而不是不满和抵制现实的知识。常识具有一般人不易想象的自我调整能力，如果一件事情在一开始的时候就与常识抵牾，那么常识可能不接受它。但是，如果事情慢慢变化，那么常识便会忽略细小变化的严重性。这在纳粹德国和别的地方都是有先例的，"如果这整个政权的最后和最恶劣的行径是在他们最初和最轻微的行径之后马上就发生了的话，是足以令数千人甚至令几百万人感到震惊——让我们假设，1943 年用毒气杀死犹太人这次事件，紧接着发生在 1933 年那件把'德国人商铺'的标签贴在非犹太人店铺的窗户上之后。可是事情当然不是这样发生的。在这两件事之间共发生过数百个小步骤，有些根本无从察觉，每个小步骤都让你做好准备，不会被下一个小步骤震住。步骤 C 并不比步骤 B 坏很多，而且，您没有在发生步骤 B 的时候进行抵抗，那为什么要在步骤 C 的时候这样做呢？于是接下来是步骤 D"。

　　如果我们把今天中国人的常识与七八十年前民国时中国人的常识比较一下的话，也许会发现，我们的常识里有了许多前人匪夷所思的东西，也许有一些是我们可以庆幸自己的，但更多的也许是前人会认为非常邪恶的东西。我们是怎样一路走下来的呢？也许我们需要有人像迈耶那样为我们写一本记录普通人常识和小人物自我意识变化的微型社会学历史。这样的历史可以让我们看到，"生活是一个连贯的过程，一个流动的东西，根本不是一系列动作和事件的组合体。生活流到了一个新的层次，裹挟着您，而您这边完全不费任何力气。在这个新的层次，您生活着，您每天都活得较为舒服，您有了新的道德观和新的信条。您已经接受了您五年前或一年前无法接受的那些事情，您已经接受了那些您的父辈——即使是在德国——都无法想象的事情"。在我们"每天都活得较为舒服"的生活里，不是也已经有了太多我们的前人所无法想象的事情吗？

8　纳粹统治下的日常语言与常理常识
——维克多·克莱普勒《第三帝国的语言》

德国语言学家维克多·克莱普勒的（Victor Klemperer）的《第三帝国的语言》终于在中国翻译出版了。[1]翻译工作的不易与苦心，译者在书的后记中已经说了，不再赘述。相比起翻译，克莱普勒为写这本书固然在材料搜集和问题思考上耗费心力，但成文也许反倒不如翻译来得艰辛，这主要是因为原书是用德语写的，并且是为德语读者写的，无须转化为另一种语言。对于今天的德国读者来说，这本书无疑能起到历史记录的作用，让年轻一代德国人不要忘记，德国人的日常语言曾经遭受过极权政治何等全面的控制和严重的败坏。对于别国读者来说，这本书的作用远不止了解纳粹德国的情况，所以不能拿它当一本与自己无关，只是历史或异国知识的书来读。

一、成为全民语言的党语言

克莱普勒是一位语文学家。语文学观察的是日常语言的运用。他

---

[1]　维克多·克莱普勒：《第三帝国的语言》，印芝虹译，商务印书馆，2013 年。

对德国纳粹时期的日常语言偏重于描述性的分析，但并未像一些研究纳粹宣传的著作那样把描述的现象归纳成基本的类型，中文本读者需要自己来补充这样的归纳，以便联系自己日常语言的词义、句法、修辞等诸方面现象。

美国历史学家格伦伯格（Richard Grunberger）在《十二年帝国》（The 12-Year Reich）中称纳粹的语言是"扎进（德国人）下意识软肌肉里的渔叉"。渔叉（hapoons）是有倒刺的，一旦插进肉里，便难以拔除。克莱普勒只是告诉读者哪些带钩的渔叉插进了德国人的日常语言，也插进了他们的思维方式和由此形成的"常识"之中。他并没有为读者解释这些带钩的渔叉是用什么和怎么制作的，是在什么样的工厂或作坊里制造的。他是一位语文学家，也许他把解释的工作留给了社会学和政治学的研究者们，或读者自己。

语言对纳粹统治下德国人的行为有很大的影响作用。克莱普勒说，"少数的个别人就在为全体人民提供着唯一通行的语言模式。是的，最终可能就是这个唯一的戈培尔，是他在左右着这个持有通行证的语言，因为他不仅比希特勒讲话清晰，而且在表述的经常性和规律性方面也胜过希特勒，特别是由于领袖越来越沉寂了"。今天，对纳粹宣传的研究（美国学者兰德尔·彼特沃克的《弯曲的脊梁》便是一个代表）让我们看到，纳粹的语言并不是由少数几个纳粹党魁发明，然后传授或强加于全体德国人的。纳粹的语言是在叫作"宣传"的话语机制里生产出来的，它通过多种组织形式来贯彻一个独裁政党的意识形态统治。彼特沃克的《弯曲的脊梁》中对纳粹宣传及其政治组织机制的研究分析可以成为对克莱普勒语文观察的重要补充。

任何一个国家里，政治力量都不足以用一套新语言一下子替代人们习惯使用的日常语言。语言总是在更新的，但是，在相对短的时间内成功推行一种与以前几乎完全不同的新语言，需要有高度组织化的机制，也需要有远远超过"少数个别人"的推动参与者。谁是那些在纳粹组织化机制里起主要作用的参与者呢？他们首先便是党国的精英。格伦伯格指出，纳粹的极权统治依赖于意识形态，而这必须要"让党的语言成为国家的语言"。纳粹取得政权之前，6600 万德国人中有85 万正式纳粹党员，每 77 个德国人中 1 个。纳粹执政后，党员人数最多时为 800 万（总人口为 8000 万），达到了希特勒提出的德国人要有 10% 精华的要求。党员是党的语言的主要使用者。使用这种语言是立场坚定、政治忠诚、思想纯洁的表现，也是在语言上表现出比一般人"进步""先进""有觉悟"的区别方式。普通人不仅仅是在读报纸和听广播时学习新语言，而且也在不知不觉地模仿比他们先学会这种语言的邻居、熟人、同事和朋友。纳粹统治的两大支柱是党组织和"公务员"（civil service），也就是官僚机构，用格伦伯格的话来说，"这两套有机组织（organisms）是共生的，通常很难断定是谁寄生在谁身上"。官僚有机组织中的成员即便不是党员（精华），也是社会的精英。他们的工作语言便是党所使用的新语言。

这一套语言通过宣传、教科书和教师进入课堂，灌输给学生。教师们对这种语言的意识程度当然会有所不同，但他们都知道，这是他们该用的语言，久而久之，便成为他们当中许多人自然运用或唯一能自然运用的语言。德国教师是最善于与纳粹合作的职业人群。他们是最善于配合纳粹的，97% 的教师是纳粹教师联合会（NSLB）的会员。1933 年纳粹取得政权后，大批乘顺风船的人入了党，1936 年纳粹停止大规模吸收党员。就在这之前，已经有 32% 的教师联合会会员是纳粹党员。教师联合会中的党员人数是纳粹公务员联合会的将近 2 倍。担任纳粹党政领导干部的比例更高，教师是 14%，而公务员则是 6%。在纳粹党高级干部中，有 76 名区领导和 7 名大区领导是教师出身。教师们所惯常使用的政治、道德说教和腔调对纳粹话语有很大影响。许多忠于党的教师在学校和基层组织中积极发挥作用，成为影响和教育学生的表率。

二、日常语言与常理

在普通人那里，语言改变了他们的思想习惯和对日常事务的合理性判断。《第三帝国的语言》向我们揭示了极权统治下"日常语言"与"常理"之间的联系，启发我们从语言与常理的关系去反思。

在我们经验之外的事，如果听起来太违背常理，就会觉得"离谱"，难以置信；即便相信这样的事情确实发生过，也难以理解为什么会那样，于是会将其判断为"不合理"（It doesn't make sense）。"合理"的"理"（sense），是与人的感官（senses）经验联系在一起的。人们平时说的"离谱"或"不合常理"，指的是与日常生活常识相违背的事情，因此特别荒谬、荒唐、滑稽、可笑。

美国个性心理学家沃尔特·米歇尔（Walter Mischel）在实验中发现，人在不同的环境（situation）中，行为表现往往会缺乏一致性（consistency）。[1] 一个人在一种环境中失去常识，在其他环境中不一定也失去。这一现象可以从两个方向来理解。一种理解是，特定的环境对人有改变的作用。另一种理解是，个人有某些让他轻易放弃常识的个性条件，如轻信、无知、愚昧、随众、思想懒惰。这种个性条件能

---

[1]　Walter Mischel, *Personality and Assessment*. New York: Wiley, 1968.

让一个人在一件事情上容易失去常识，也就能让他在其他事情上也是这样。这样的人，他行为看上去似乎比一般人较有连贯性，但这并不见得就是好事。一个人在一件一件事情上失去常识，积累起来，最后可能会变得完全不在乎事实，人云亦云，叫他相信什么就相信什么，成为一味举手赞成的机器人。开始是出于必要（没有办法），后来是出于选择（自己愿意），习得的东西终于变成本能。

因此，改变人们的常识需要不断和反复进行，不断用新的语言来形成新常识。政治运动是最有效的新语言制造机制——运动是一种例外状态，产生的新语言也是一种违背常识的例外语言。运动的政治和意识形态扭曲常理和常识，而接受这种扭曲则主要是通过新语言的影响和作用下发生的。语言甚至还造就了一种代替原先常理的"新常理"。

早在 18 世纪，英国哲学家托马斯·里德（Thomas Reid, 1710—1796）就已指出，人的常理与日常语言是联系在一起的，也是一致的。他认为，人对外部世界的知觉（sensations）是获得关于生活世界的直接知识来源，一般人的日常想法都是以这种知识为依据的，而他们所使用的日常语言（称为"普通语言"，ordinary language）则是他们日常想法的反映。里德关于日常语言与常理、常识有所联系的观点也影响了后来的语言哲学家（如 George E. Moore 和 John L. Austin）。里德讨论的是一种"感觉"（senses）不经中介解释而与"日常语言"（ordinary language）发生的联系，他有时也称之为"'粗鄙之人'的真实想法"（opinion of "the vulgar"）。里德无法预料到的是，形成日常语言与常识的这种关系并不一定需要经由长时间的自然过程，而是可以在一个相对短的时间内，通过宣传的人为机制来有效而成功地完成。

三、常识与判断

我们平时所说的"常识"有两个意思，一个是指人类与生俱来、无须特别学习，就能得到的思维能力、判断力，或是众人接受、无须解释或论证的意见观念，即"寻常见识"。里德所说的便是这样一种常识，它是由人的经验感觉而来的知识，不需要经过什么解释，任何一个"粗鄙之人"都能对真实有所知觉，卑之无甚高论，多为这种常识而已。例如，一个事物不可能同时是这样又不是这样；整体的某一个部分不可能大于这个整体；是风调雨顺就不是天灾，在风调雨顺年头挨饿，原因不是自然灾害。

这样的常识能帮助普通人识别不实宣传中的欺骗和误导伎俩，当然，有时会需要有人对此做一些诉诸常识的"点拨"。例如，有一篇题为《"文革"结束40年与发动50年刍议》的文章，故意淡化"文革"的特殊危害。评论先是说，"'文革'中的一些突出表现并没有在后来的中国绝迹，被称为'文革余毒'的东西在今天的社会生活中仍能找到一些。比如'文革'中流行斗争，盛行扣帽子、贴标签，鼓动非好即坏、非黑即白、非此即彼、非'左'即右的极端逻辑。不难发现，这一切在今天的舆论场上仍属于'常见病'"。接着话锋一转又说，"然而这些'文革'遗风在西方政党斗争中也比比皆是，这让我们想到，或许它们更多是政治及意识形态斗争白热化的伴生现象。看看西方一些政客抨击中国时的激烈样子和他们扣给中国的一顶顶帽子，他们是不是也挺像当年的'红卫兵头头'的"。

文章是要让人相信，"文革"的暴力行为各国都有，因此无须追究"文革"在中国发生的特殊制度原因。评论很有欺骗性，但不难用常识发现，它的逻辑是谬误的。美国政治家的粗野自有自己的不良文化元素在作祟，无论看起来与中国式的粗野有何相似，都与中国的"文革"并不相干。这就好比，王二的妈妈是售货员，但售货员并不都是王二的妈妈。驴子有四条腿，牛也有四条腿，但驴子并不是牛。这是普通人都有的常识。

常识的另一个意思是指普通社会中，一个智力正常的人所应有的知识，即"普通知识"，也就是 common knowledge，这种知识不是直接从经验感知而来的，而是已经经过某种"解释"，如生活小常识、健康常识、职场法则、育儿常识、两性知识、法律常识，当然还有公民常识、政治常识、处世之道的常识，等等。在极端境况下，日常语言的改变可以改变的往往是这种"普通知识"意义上的常识。例如，"大跃进""放卫星"一旦成为日常语言，亩产万斤也就成了新的"常识"。政治正确的"日常语言"不断在用政治和意识形态的普通知识代替传统的常识，以此不知不觉地改变人们的思维方式。

阿伦特在《理解与政治》一文中指出，常识是一种人们用以进行判断的依据，当人们不能将判断的依据"诚实地运用于核心政治问题"时，一般的常识判断也会失效。这是因为，"人们生活在一个颠倒了的世界里，在这样一个世界里，我们不能像以前那样，靠着遵循那些曾经是常识的规则来辨明方向"。常识不只是一个人独自通过感官经验获得的直接知识，而且是与他人的一种联系形式。常识的拉丁语是 sensus communis，也就是共识或群体的想法。人没有常识，就不能与他人作出相同的判断，就会有古怪的想法。在常识失效之前，谁主张"亩产万斤"，一定会被人看成是没有常识，头脑出了问题。相反，一旦人人主张亩产万斤，亩产万斤就成了"常识"，与之不同的想法便成为异类，不是"古怪"，而是"落后"。像"落后"这样的说法便是影响和改变人们思维方式和常识判断的新语言。

克莱普勒在《第三帝国的语言》中所讨论的"学生的品德评语"就是阿伦特所说的"常识失效"的一个例子。德国人很注重个人的"品性"，从道德常识来说，一个人不说谎、不出卖朋友、不残害或杀害别人，就是品性好。但是，从纳粹德国的普通知识来说，可以允许为了纳粹事业而干出这样的事情，不但允许，还要表彰。这样的思维方式主导着老师们为学生所写的"品德评语"，这时候，他们以前的道德常识便失效了，而这种变化是在不知不觉中发生的。克莱普勒写道："就在（一个老师）用'品性上'这个他最喜欢的词的时候，他帮助了纳粹的一个新词义继续传播。对于纳粹教育学来说，一切都完全取决于思想，取决于他们的学生拥有未经歪曲的纳粹主义，所以，思想在所有的、每一个方面都放在决定性的第一位，比任何一种能力培养和实际运用能力、所有的知识都更受重视。从学校的语言里，从考评证书和毕业证书的要求里，我为自己找到了这个新形容词流行的原因；评语'品性上良好'，这就意味着：无可指摘的纳粹思想。"

美国语言学家沃尔夫（Benjamin Lee Whorf）在 20 世纪初就曾提出，语言形态制约人的思维形式，他说，"每个语言的背景体系（即语法）不仅仅是概念的加工工具，其实，它本身的形态就规范了概念的形成"，使用不同语言的人们"在头脑中形成的关于客观世界的图像是各异的"。深受这一观点影响的美国政论家、经济学家、语言学普通语义学派的代表人物切斯教授（Stuart Chase）在《语言如何塑造我们的思想与现实》一文中指出，语言有三种功能：第一，与他人交流；第二，与自己交流，也就是思考；第三，形成一个人的整体生活观。后面两种功能特别体现了语言对人的思想和现实观念的塑造作用。克莱普勒让我们看到的是，纳粹统治曾经如何在语言的三种功能上灾难性地改变了无数德国人的思想方式和现实意识，而更不幸的是，在这个世界上，这并不是独一无二的德国灾难。

9 自由与奴役
—— 阿道斯·赫胥黎《美丽新世界》《重访美丽新世界》

这个《美丽新世界》的新译本中包括了阿道斯·赫胥黎1946年的序和他在去世前8年所写的《重访美丽新世界》（下称《重访》），另外还包括克里斯托弗·希钦斯（Christopher Hitchens）2003年为此书写的"前言"，对于读者是方便的。[1] 尽管《美丽新世界》是一部名著，但对它有深度的全面思考却并不多见。迄今为止，1946年版的序和《重访》仍被认为是对《美丽新世界》最深入的思考（当然这还取决于读者自己对这些思考的思考）。今天能够把赫胥黎的三个文本放到一起出版，对读者更好地理解《美丽新世界》和赫胥黎对乌托邦和现代极权的许多观点都很有帮助。

美国普渡大学（Purdue University）教授哈罗德·瓦兹（Harold H. Watts）在《阿道斯·赫胥黎》一书中说，《美丽新世界》"对赫胥黎本人来说，表述的是他在发展的观念"[2]，这个评价是很确切的。《美丽

---

[1]　阿道斯·赫胥黎：《重访美丽新世界》，章艳泽，中央编译出版社，2016年。本文是该书的导读。

[2]　Harold H. Watts, *Aldous Huxley*. New York, Twayne Publishers, 1969, p. 72.

新世界》于 1932 年出版，在 1946 年版的序里，赫胥黎就检讨了书中的"严重缺陷"。他说，检讨不是为了悔恨，而是为了"把优缺点都扔到一边，去思考一些其他问题"。1958 年《重访》出版。在《重访》中，赫胥黎再次思考并发展了《美丽新世界》中的一些观点，其中最重要的便是人的"自由"问题。在 1946 年版的序里，赫胥黎已经提到，他对人的"自由意志"有了新的认识。20 年后，他在《重访》中把人的"自由意志"进一步明确为"自由与自由之敌"的问题。

一、美丽新世界的"幸福工程"

赫胥黎在 1946 年序里说，《美丽新世界》最严重的缺点就是低估了人类的自由意志。书中的野人约翰只有两种选择：一种是乌托邦中定型僵化的非人生活，另一种是部落村庄中的原始生活。一个是"心智不正常"（insanity）的，另一个是"精神错乱"（lunacy）的——"后者虽更接近人性，但也同样奇怪反常"。赫胥黎说，如果他重新写这本书，他要给约翰一个"心智正常"的选择（choice of sanity），他的意思不是说在原来的两个选择之外，另给约翰一个选择，这样约翰便有了三个选择。赫胥黎是个用字很精确的作家，从他的用字来看，他给约翰的还是两个选择——在"心智正常"和"心智不正常"之间的选择。"精神错乱"不算一个选择，因为在现代世界里，回到部落村庄的原始生活是不可能的。但是，心智不正常的新极权却是可能的，心智正常也就是选择一种与这样的新极权不同的生活方式。

赫胥黎在《美丽新世界》中之所以只是给了约翰"心智不正常"和"精神错乱"这两种选择，他解释说，是因为当时他认为，人之所以被赋予自由意志，就是为了让他在两种疯狂中任选一种。这样的选择叫作"两害相权取其轻"（the less evil）——在两个魔鬼中选择较不魔鬼的那一个。一直到今天，这似乎仍然是世界上许多地方人们所能进行的唯一能展现他们"自由意识"的选择。这是一种鲁迅曾经说过的奴隶选择，"把沦为异族奴隶之苦告诉国人，是很必要的，但是切莫使人得出结论：那么，我们倒不如做自己人的奴隶罢"。

没有自由意识的解放是没有意义的，这种解放会带来新的、看起来不像是奴役的奴役，那就是美丽新世界里的那种奴役。这是一种犒赏型控制（control by reward）的柔性奴役，它对人的自由形成了比暴力和恐惧更致命的威胁。它所营造的快乐感可以让人在失去自由的时候感到安全，在被奴役的时候庆幸有主子可依靠并在享受他的关怀。与必然引起反抗的残暴强制和惩罚不同，柔性奴役不会遭遇反抗，因此可以在人非自觉意识的接受和拥护下常态化地永远持续下去。

赫胥黎在 1946 年序里说，如果他重写《美丽新世界》，那么他会给野人约翰另一种选择，一种"心智正常"（sanity）的选择。他不再认为"心智正常是不可能的"。他说，"虽然，我现在和过去一样都很悲哀地肯定，心智正常是很罕见的现象，但我还是相信，心智正常是可以获得的，而且我希望能够看到越来越多的心智正常"。

自由选择的心智正常指的是寻找一种与美丽新世界仁慈专制（benevolent tyranny）不同的社会形态。赫胥黎自己的构想是，"在这种社会中，经济上是分散和亨利－乔治（Henry-Georgian）式的。政治上是克鲁泡特金（Kropotkinesque）式和合作互助的。科学技术的作用就像是安息日，它们是为人类服务的，而不是让人为了它们改变，并成为它们的奴隶（现在是这样，美丽新世界里更是如此）。宗教是人类的终极目标，是对道或逻辑的知识以及超然神性的有意识的理性追求。人们普遍信奉更高层级的功利主义，最大快乐原则将服从于终极目标原则——在每个突发事件发生的时候，第一个被提出并回答的问题是：'我和其他绝大多数人的这个思想或行为，将对达到人类的终极目标有何贡献，有何干扰？'"

这个社会里的政治、社会、经济活动都是以人的自由为基础和出发点的。政府是由人民自己缔结的，经济政策受自由公民选择的道义而非天然弱肉强食定律所指导，科学是人的自由知识探索，宗教体现人自由的精神向往。赫胥黎的经济和政治思想明显受到亨利·乔治和克鲁泡特金的影响，这两位思想家在 20 世纪初时，在世界范围内都具有影响力。

亨利·乔治是美国 19 世纪末期的知名社会活动家和经济学家。他认为土地占有是不平等的主要根源，主张土地国有，征收地价税归公共所有，废除一切其他税收，税收用于减少贫困，使社会财富趋于平均。这些主张对欧美一些国家颇有影响，也影响了孙中山的民生主义思想。克鲁泡特金对进化论提出了新的社会解释。与社会达尔文主义者不同，他认为，人类进化的重要因素是合作而不是竞争，因此人类社会应该发展成分散的、非政治的、合作的社会。人应该不受政治、宗教、军队的干预，充分发挥自己的才能。他提出无政府共产主义的理想，主张取消私人财产和不平等的收入，按需分配，主张脑力劳动和体力劳动相结合。他认为要实现这种理想，需要从教育青少年入手，青少年不仅要学习书本知识，还要参加劳动和户外考察。罗曼·罗兰以著名的格言对克鲁泡特金作出评价："托尔斯泰追求的理想，被他在生活中实践了。"

在亨利·乔治和克鲁泡特金的影响下，赫胥黎在《美丽新世界》的 1946 年序里提出了自己的经济和政治理想。他所设想的造福而非奴役人类的科学和为人类提供终极信仰而非迷信崇拜的宗教，构成了一幅与《美丽新世界》中的那个乌托邦完全相反的景象。《美丽新世界》是讽刺小说，不是未来学的科学预言，它展现的是一个已经全面成功的"幸福工程"。这个所谓"普遍幸福"（universal happiness）梦想成为一个荒诞意象。那不是未来世界某个地方真的会出现的社会景象，而是一个象征。在象征而非写实的层面上，今天世界上不少地方的人们会对美丽新世界的种种现象和特征有似曾相识的感觉，虽觉得新鲜，但并不陌生。这是因为，他们生活世界里的权力统治逻辑和手段与美丽新世界有着许多相似的地方。

美丽新世界在经济和政治上是高度组织化和极权管制的，保障它长期稳定的三个支柱是定型教育、种姓制度和消费满足。首先，它通过在实验室里进行的优生工程和定性定量生产，以及巴甫洛夫式的条件反射教育定型（包括无意识的"睡眠教育"），规定了每个不同阶层的人如何扮演好统治权力预先为他们编好程序的固定角色，让他们安分守己并非常满足地发挥好螺丝钉的作用，没有任何的非分之想和越轨行为。因此，这是一个实现了最大维稳的社会。这是一种无须可见暴力（但不放弃暴力），就能让所有人觉得舒服快乐，并愿意享受顺从之乐的极权统治。

在这个制度中，幸福来自对消费的充分享受，享受的是为大众消费而大量生产的障碍高尔夫、感官电影、离心汪汪狗游戏，尤其是性放纵的滥交和保证供应的"索麻"。赫胥黎对"快乐药品"（hedonic drugs）有着特殊的兴趣（他自己也依赖一些这样的药品），在《重访》第8章里有许多具体的讨论，也是他社会理论中颇受批评的部分。在《美丽新世界》里，他讽刺那个世界的药品天堂（drug-assisted paradise），但是，在他晚期的著作《岛》（Island，1962）里，从他自己服用麦司卡林

（mescaline）和 LSD 的经验，他的理想社会图景有了变化，转而接受药物作用的可能。《美丽新世界》里的"索麻"——一种并不令人亢奋，而且没有副作用的镇静剂——除了可以是一种真的"快乐药剂"，还可以象征任何一种普遍令人上瘾的，廉价又肤浅的快乐享受。

索麻提供的是一种逃避主义的快乐，它既不给人带来崇高精神和智慧的愉悦，也不能使人获得自由思想和艺术创造的丰富满足。这种快乐让人在没有自觉意识的状态下，因受周围人群的感染而愉悦和陶醉，使人更容易接受外界的暗示（suggestibility），"列宁娜和亨利跟其他四百对舞伴一起在威斯敏斯特歌舞厅里一圈圈地跳着五步舞，他们已经进入了另一个世界，那是索麻给他们带来的温馨友爱、色彩绚丽的假日世界。每个人都那么善良，那么漂亮，那么快乐风趣"。

赫胥黎在 1946 年序里说，他在《美丽新世界》里描绘的是一种"新的极权主义"，这是一种通过人们的幸福感而不是恐惧进行统治的，比旧极权主义更有效率的统治。在讲究效率的新极权社会里，"低效是一种罪恶。在一个真正高效的极权国家里，应该由强大的政治决策者和管理者来控制根本不需要胁迫的奴隶，因为他们热爱被奴役的感觉"。索麻不只是一种"幸福药品"，而且更是一切利于幸福感的奴役和一切行之有效的柔性统治手段的象征。

二、新世界的天鹅绒监狱

对于能从索麻得到快乐人生的人们来说，宗教是多余的，统制官蒙德对野人约翰解释说，"有人说对死亡和来生的恐惧使人们到老年之后转向宗教，但是我自己的体会使我深信，宗教情绪是随着年龄的增长而增长的，与这些恐惧或幻想无关。随着年龄的增长，激情减退了，幻想和感受力变弱了，理智活动受到的干扰减少，理智不再像以前那样被物象、欲望和娱乐所遮蔽，这时上帝就出现了"。他认为，"人只有在获得青春和富裕时才能独立于上帝"，"现在我们已经获得了青春和富裕，随之而来的是什么？显然我们可以独立于上帝之外了。'宗教情绪可以弥补我们其他的一切损失。'可是我们并没有什么需要弥补的损失，宗教情绪是多余的东西"。

宗教是一种对人生意义的思索，可是，索麻让新世界的人们匆匆忙忙地追逐年轻的快乐，"工作、游戏——到了六十岁我们的精力和趣味还和十七岁时一模一样。以前的那些老人总喜欢遁世逃避，皈依宗教，靠读书和思考度日，思考！……而现在，老年人照样工作，照样性交，照样寻欢作乐，没有一点空闲时间可以坐下来思考"。美丽新世界不能成功地消除社会里的宗教要求和冲动，但却能做到控制宗教要求和冲动。他们有仪式化的活动，他们参加"团结仪式"（Solidarity Service）的时候，感觉到了"福特神灵"（Fordian Holy Ghost）的存在。"福特"（取名于美国工业家亨利·福特）是他们存在于遥远过去的神话符号、凝聚象征和制度祖先，"福特"（Ford）代替"上帝"（Lord），福特 T 型车的"T"代替了十字架，象征着新世界的幸福工程和物质文化已经彻底代替了基于宗教道德观的旧世界秩序。

美丽新世界成功的幸福工程，它的目的正是为了提供一种无须思考，而只是令人飘飘然的"温馨友爱、色彩绚丽"的快乐感。这种快乐感越普遍，社会就越稳定。比起奥威尔《1984》中的秘密警察、峻刑苛法、暴力恐惧来，更有效的统治方式是通过享乐和不思想，让人们爱上被奴役的感觉。用天鹅绒监狱代替铁笼统治，这才是新极权统治的艺术和诀窍所在。在这个转变中，功利的科学技术发挥着重要的作用，而幸福工程本身就是一种关于人的心理和欲望的科学。受惠于科学的美丽新世界幸福工程非常成功，统制官蒙德说："科学给了我们历史上最平衡的稳定。"这是一种实用主义的非道德（amoral）的科学，一种只是为新世界最高目的——绝对稳定——服务的科学。这样的科学没有它自身的价值和道德目的。这是一种完全受权力意志控制的科学。

什么是有用的科学呢？这取决于科学对谁有用。统制官蒙德认为，就像艺术和宗教一样，科学也必须以"有用"的标准来严格限制，因为不受限制的科学（如自由的网络技术）会导致社会的不稳定。科学可以减少这个社会所需要的劳动，既让下层人有事做，又让上层人能满意他们的工作。从这样的科学，我们看到一种悲观的警告：不受道德目的限制的科学可能把人类带向一种无从对抗的奴役。我们也看到一种讽刺：稳定的最高目的是科学遭到扼杀而非得到发展的原因。这样的国家里，科学其实只是实用的技术，科学精神中的自由思想交流、思考乐趣和批判方式都是不被允许也难以存在的。

压制科学精神导致人性的萎缩和丧失，技术化的科学是沉闷乏味的。统制官蒙德自己就间接承认，他的社会是一个没有思想乐趣的社会。伯纳流着眼泪恳求蒙德不要把他流放到冰岛上去。伯纳被带走后，蒙德对在一旁看着的赫姆霍尔兹说："别人还以为要割他的喉咙了呢。不过，他如果有一点点脑子就会明白，这种处罚其实是一种奖赏。他要被送到某个小岛上去，那就意味着他要被送到一个可以遇见世界上最有趣的男男女女的地方去，那些人在世界的其他任何地方都不可能遇到。那些人都是因为某种原因而特别具有个性，他们跟社会生活格格不入，对正统思想感到不满，有自己的独立思想。总而言之，他们每个人都不一样。我几乎要妒忌了呢。"

统制官蒙德是开明专制的化身，是他那个世界里的智者，也是贤者。他曾经是一位不寻常的年轻阿尔法，不得不在流放去外岛和留住在他的国家里之间做出选择，最后他违抗自己的天然志趣，放弃了他喜爱的科学，选择"进入统制官委员会，然后在适当的时候继任统制官"。他把"伺候"别人的幸福当作自己的责任，"责任就是责任，人是没法选择自己的喜好的。我对真理感兴趣，我喜欢科学，但是真理是一种威胁，科学（知识）是一种社会危害"。因此，他担当起了限制人民接近真理和知识的使命。他说，人民并不需要弄懂乌托邦的道理，但必须有人能懂这个道理，这个人就是统制官。乌托邦必须有足够的魅力，统制官才会愿意为之牺牲自己的自由与个性。统制官自己可以有他不允许人民有的想法，这是他的特权。但是，他不能让别人看出来他有正统之外的想法。这不是因为他虚伪，而是因为他精明，因为他知道，就算他知道乌托邦的弊端，他也是没有力量去加以改变的。统制官和所有其他人一样，也是被囚禁在这个乌托邦里的。他必须对他的乌托邦保持足够程度的信仰，才能用它的价值标准去尽量限制所有社会成员的自由，并相信唯有如此，才是为他们幸福服务的最佳方式。这就是极权乌托邦幸福工程的意识形态。

蒙德是一个思想家、科学家和超级功利主义者，也是一个浪漫主义诗人。他知道，关于稳定的学问就是关于控制的学问。他的学问来自他自己阅读但不让人民阅读的古老禁书，来自他自己了解但却不让人民知道的历史（"历史全是胡说八道"）。在他统制的新世界里，虽然有种种模糊、朦胧的"不满情绪"——因为妒忌、好奇、无聊、孤独而冒出来，但却未满足的欲望 ——但不会有真正的或有效的批判和反抗。这个社会里虽然有"异类"，但不会有真正的反抗者或反叛者，典型人物便是伯纳和赫姆霍尔兹。他们以各自不同的方式成为虽有想法，却不可能有行动的"反英雄"（anti-hero）。

伯纳是孵化和定型中心的睡眠教育专家，是新世界"大伙堆"里的一个异类。别人都喜欢体育，他不喜欢；别人都爱热闹，他爱孤独；别人都快乐幸福，他郁郁寡欢。他甚至不像所有其他人那样喜欢索麻。他也不知道自己为什么不快乐，有人疑心他在试管里培育时被不小心滴入了酒精。他的不满完全是个人性质的，不是因为道德观或见解上有什么与众不同之处。他是一个上等阿尔法，本该生得高大英俊，但却偏偏生得矮小，皮肤又黑，这与他这个在智力上非常优等的阿尔法身份不符。因为长相而不被人待见，他孤独、愤懑、怨天尤人，先是把一肚子的怨愤发泄在没能将他完美定型的制度身上。但是，一旦得到什么职务，却马上又趾高气扬、得意忘形。最后他因为不能随众而被流放到冰岛去，虽苦苦哀求，但终于难逃一劫。

赫姆霍尔兹是"情绪工程学院"的教师，是伯纳的朋友。他是一个与伯纳不同的异类。他异类是因为太完美，不仅漂亮而且睿智，是个有自己想法的上等阿尔法。他不被乌托邦里的官员们信任，因为他太聪明。他成为异类不是因为个人情绪的私怨或不得意，而是因为他有自己的想法和理念。他不喜欢自己担任的宣传工作，对"大伙儿"的价值观有所怀疑和抵触。他善于运用理智，也不乏勇气。野人约翰对大家说，你们是被控制的一群。所有的人都视约翰如仇寇，唯有赫姆霍尔兹站在他一边。然而，他生活在天鹅绒监狱里，最终也只能成为一个"无效理智"的象征人物。他能感觉到自己的力量——思考并把思考的结果告诉社会。但是，他同时也知道，自己说什么都等于零，在人人都享受无思想幸福的新世界里，一个人独自的思考是什么结果也不会有的。他冷静地接受了对他的流放判决，提出的唯一要求是送他到一个气候寒冷的地方去，因为严酷的气候有利于他的写作。

　　小说里更深层意义的异类是野人约翰，他是一个跨越两个世界和两种文化的桥梁式人物。新世界的秩序有"域内"和"化外"的区分，约翰同时游离在这二者之外。他是一个彻底的、既不属于域内也不属于化外的孤独变异个体，一个既不可能留在"保护区"，又不可能进入新世界的陌生人。他是由人类偶然交配而生的"非孵化定型"人，同时也是一个不幸流落到"保护区"的"外来人"。双重的变异身份使得他不属于任何一种人群，被每一种人群所排斥。约翰有严肃的价值观（非常接近于基督教道德），这与新世界的轻松自在的幸福观凿枘不投。他认为很可能有一个上帝，但是，蒙德对他说，"上帝跟机器、科学的医药以及普遍的幸福是格格不入的。……我们选择了机器、医药和幸福"。约翰在社会意识和情感上也与新世界冲突。约翰有新世界"大伙儿"没有的个人的复杂情绪和情感，他爱自己那个被新世界鄙视的母亲，但也厌恶她的性滥交。他被列宁娜吸引，但却为自己的情欲感到羞愧，所以努力加以抑制。最后，当他鼓起勇气向列宁娜要求结婚时，列宁娜觉得这种情绪太荒诞、太匪夷所思。约翰忘不了列宁娜，由爱生恨，他对列宁娜的恨又转化为对自己的恨，最后终于自杀。这种复杂矛盾的人类情绪是新世界里的僵尸人物所不具备的。野人约翰不会真的对新世界有所反抗或颠覆。既然他不可能在任何一个群体中生存，他的毁灭也就是注定的了，最后只能以自杀来结束自己的性命。

三、"奴役工程"的启动与完成

　　赫胥黎的传记作者尼古拉斯·穆雷（Nicholas Murray）对他的评价

是"比起小说家来，他是一位更有效的散文家"[1]。作为小说，《美丽新世界》也许有不尽如人意的地方，例如，批评家们对野人约翰这个人物的可信性常有訾议。约翰没念过几本书，言谈却充满了不凡的理性智慧。这样的小说"瑕疵"也许并不重要，赫胥黎的写作兴趣在于提出想法而不是如实地刻画人物，《美丽新世界》是一部幻想和讽刺作品，也被称为"观念小说"(novel of ideas)，其中的人物也都是幻想和讽刺性的。

我们在同时阅读《美丽新世界》和《重访美丽新世界》的时候，可以这样理解穆雷所说的"有效"：《重访》这个用散文写成的直接讨论文本，比起运用隐喻的小说，可以更清楚、透彻地表达赫胥黎对新极权的统治逻辑和民众心理素质的见解。散文精简清晰，小说曲折多义，用于讨论观念，散文本来就比小说更合适。由此可以更加见出《重访美丽新世界》的重要。

《重访美丽新世界》中的"重访"其实是"再议"而非"重新造访"的意思。如果说《美丽新世界》描绘的是一幅极权乌托邦的景象，那么《重访》要阐述的便是这个乌托邦的寡头们是如何实现他们对普通人的奴役。在《美丽新世界》中，新极权已经实现，幸福的奴役工程已经完成。但是，《重访》讨论的是，在新极权实现之前，有哪些统治手段可以使人的彻底奴役成为可能，而为了有效地运用这些统治手段，又必须借助当代社会里的哪些人性特征和非人为因素。因此，可以说，《重访》虽然写作在《美丽新世界》之后，在思考上却是一个回溯，因为它思考的内容是先于《美丽新世界》的。如果说，在《美丽新世界》里我们看到了完成和完善了的全面奴役工程，那么，《重访》要揭示的

---

[1]　Nicholas Murray, *Aldous Huxley: A Biography.* 2002, p. 429.

便是这个工程的启动和进行过程，尤其是它的运作逻辑。

赫胥黎在《重访》中对极权运作的统治逻辑特别有所思考（这种思考其实在1946年的序里就已经开始了），他得出了这样的结论，新极权的到来比他在1931年写《美丽新世界》时预估的要早得多，也快得多。诉诸幸福感的新极权比用恐惧维持的旧极权更稳定，也更稳固。过去几十年的现实变化印证了赫胥黎的论断，"从长远来看，通过惩罚不当行为来控制人的行为远不如通过奖励期望行为有效，运用恐怖手段的政府也远不如通过非暴力手段操纵环境和个人思想情感的政府更有成效。惩罚可以暂时中断不当行为，但不能永久地遏制人们从事不良行为的倾向。此外，惩罚所产生的心理副作用可能和他们受到惩罚的行为一样产生恶果"。惩罚会引起反抗，而"奖励期望"，也就是利益刺激，则不仅有助于消除反抗，而且还能鼓励顺从和合作。

把利益刺激的犒赏型控制用作主要的统治手段，这当然不等于放弃警察国家的暴力统治和言论钳制，但这可以使得警察统治显得是在保护而不是阻碍绝大多数人的幸福，更可以让言论自由显得不再重要。其实，任何一种极权统治都不会放弃暴力，也必然不会停止对思想交流的恐惧和限制，因此必然不可能完全放弃禁书和审查制度。赫胥黎认为，利益刺激也好，警察统治也罢，极权统治的形成是由现代社会的两个自然的，也就是"非人为的力量"（impersonal forces）所驱动的。第一个是人口过剩，第二个是过度组织化，其中人口过剩是第一位的。赫胥黎认为，人口过剩使得生存资源匮乏，不可避免地要带来经济问题，而经济问题则又不可避免地要依靠政治对社会的组织化手段去解决，因此，"独裁统治几乎不可避免"。

在《美丽新世界》的想象世界里，人口过剩的问题已经解决了，实验室按照科学的比例和数量生产社会成员，但在现实世界里，解决人口过剩问题要困难得多。赫胥黎认为，人类社会解决死的问题比解决生的问题容易得多，因为人的天性是总想活得更长久一些。医学、营养、保健的科学发展让人活得更久，一般国家都有促进这种科学发展的能力。人类要繁殖的天性却使人口越来越多，医学、营养、保健越发展，人的普遍生命越长，人口过剩的问题也就越严重。对人口与极权独裁的关系，赫胥黎的看法包括两个方面，一方面，人口过剩会导致极权专制，另一方面极权有能力遏制人口过剩，也一定会这么做。

　　这个看法的两个方面都只是理性的假设和推导，并没有充分的现实依据。它们与现有的许多关于极权的理论或观察也不相符。例如，美国作家和政治活动家麦克斯·伊司曼（Max Eastman）在 1941 年 5 月 11 日给《纽约时报》的信中列举了极权主义的 21 个特征，其中有一条是，极权主义不择手段地鼓励人口增加。从历史的经验来看，极权主义与人口增长之间并没有必然的逻辑关系，极权统治在人口问题上是机会主义的，并没有一贯的、必然的人口政策。

　　预测和想象未来的极权统治，经常会过度强调科学发展的作用。其实，从现有的极权经验来看，极权统治完全可以是低科技的，至少在极权体制初建成的阶段是如此。极权的发展需要科学技术，科技可以加强极权，但与建成和维护极权的两个关键要素——组织和宣传——相比，科技并不是最重要的，更不是极权存在的必要条件。因此，赫胥黎在《重访》中对极权统治"过度组织化"和"宣传"的论述，比强调"人口过剩"更能帮助读者从本质上了解 20 世纪极权统治的组织和宣传特征。这两个特征也是阿伦特在《极权主义的起源》(1950)一书中特别强调的。

　　赫胥黎认为，过度组织化是自由最大的敌人，过度组织化体现的是极权对人的生活和社会领域进行全面管制的"秩序意志"（Will to

Order），也是极权统治下社会僵尸化的根本原因。《美丽新世界》里展现的是一个已经僵尸化了的社会（zombie-like society）。人的僵尸化是因为"心理卫生"出现了问题，"社会已经把人变成了机器人，精神疾病越来越普遍"。僵尸社会中的人既没有自由也没有自由意识，无自由和不自由成为新常态。正是因为所有的人都不自由，反常的不自由才显得像是正常。赫胥黎写道："他们的这种正常并不是真的正常，他们只有在一个极端不正常的社会里才显得正常。他们能够完全适应这个不正常的社会就证明了他们有精神疾病。数百万的不正常的正常人毫无怨言地生活在这个社会里，如果他们还有健全的人性，他们就不应该去适应这样的社会，他们就应该还抱有'个人自由的幻想'，但事实上，在很大程度上他们已经丧失了个人自由。他们的顺从已经变成了一种同一性，而'同一性和自由是不可能共存的，同一性和心理健康也是不能共存的'。"

相比起组织和宣传，科学提供的只是一种统治的便利，而不是必须手段。与科学发挥类似作用的还有"经济实力"。对稳固极权，经济实力能比科学发挥更大的作用。有了经济实力就能加强国家机器的科技手段、收买知识分子、丰富人民的物质和娱乐享受、扩展官僚机器并增强他们的政治忠诚。有了强大的经济实力，无论是奥威尔式的极权统治手段——军事压迫、坦克、枪炮、警察、监狱，还是赫胥黎式的极权管制方式——物质满足、享乐主义、利益刺激、鼓励消费和无脑娱乐、变换和翻新软实力招数，都可以得到加强。经济实力是充分条件，但不是必要条件。有了经济实力，极权统治能如虎添翼般地发展和运用科技与其他花钱的统治手段，但是，没有经济实力并不意味着它就会被放弃或就此瓦解。就算没有经济实力，只要有强烈的权力意志，不放弃暴力，只要能有办法维持僵尸化的社会，那么，极权统治在很穷的情况下，也照样能长期维持下去。

四、幸福工程造就僵尸社会

僵尸社会是社会中人的自由被剥夺的结果，社会僵尸化越普遍越彻底，极权统治就越成功越稳定。僵尸社会里的人们，最大特点就是思想懒惰。人的思想懒惰是没有止境的。一方面，一个人思想越是懒惰，就越是容易接受暗示，接受幸福工程的宣传，觉得心满意足。另一方面，一个人越是觉得心满意足，也就越是没有寻求变化的意愿。随着求变动力和意愿的丧失，行动能力也会减退和丧失。民主制度不能由思想懒惰者建成，也不能靠思想懒惰者来运作。

赫胥黎强调民众思考在民主制度中的关键作用。他对普通人的思考能力有一个基于人性潜力的基本客观估计，这个估计与民主社会对普通人现实人性的认识前提是一致的。他认为，"人类绝对不像18世纪的乐观主义者认为的那样具有理性和天生的正义感。同时，他们也不像20世纪的悲观主义者相信的那样缺乏道德和理智。……大多数男人和女人还是有足够的道德和理智来决定他们自己的人生目标"。让每个人决定他自己的人生目标，而不是像在极权统治下那样，由统治权力来统一规定，这便是社会需要自由和政治必须保护公民自由权利的理由，这也是民主与专制的根本分野。

每个人思考都需要信息，信息的传播就是宣传。赫胥黎认为，有两种宣传手段，一种起到正面作用，另一种起到负面作用。他说，"宣传手段有两种——一种是理性宣传，这种宣传提倡与宣传者和被宣传者的开明式自利一致的行为；另一种是非理性宣传，这种宣传和任何人的开明式自利都不一致，它听命于激情，并催发激情"。正面的宣传是理性的，它讲道理，诉诸被宣传者自己的独立思考和价值判断。负面的宣传是非理性的，它煽动情绪、借助暗示、利用受众自身的心理弱点和盲目欲望，它用欺骗的手段来达到宣传者一己的自私目的。

理性的宣传在民主社会中发挥作用，是民主社会必不可少的，它让人们获得参与公民政治所必需的知识和信息。赫胥黎引述美国建国之父之一的杰弗逊的话说："如果一个国家希望保持无知和自由，这样的愿望以前没有实现过，以后也永远不会实现……无知的人民是不可能获得安全的。只有在一个新闻自由，人人能阅读的地方，一切才可能安全。"在讨论非理性的宣传时，赫胥黎所用的例子是"历史上最伟大的煽动家"希特勒。理性宣传与非理性宣传所为之服务的不同政治——民主和独裁——在赫胥黎所举的例子里就已经判然有别了。

赫胥黎在《重访》里用两章（"独裁统治下的宣传"和"洗脑术"）来讨论极权统治所使用的宣传手段。以今天我们对洗脑宣传的认识来看，他为读者提供的只是一些提示，而不是系统的分析和总结。他所论及的一些群众心理，如情绪冲动、反复无常、意气用事、缺乏主见、容易接受暗示和传染、随众趋同等，早在19世纪末勒庞的《乌合之众》（1895）一书中就已经有了远为详细的论述。20世纪许多关于群众和宣传的论著里，更是有许多社会学和心理学研究的更新成果和更系统讨论。然而，赫胥黎对极权宣传还是提出了两个重要的洞见。

第一个洞见是，独裁宣传不仅给普通民众洗脑，也给"领导者"洗脑。当然，赫胥黎所说的领导者主要是"低层领导者"，这在《美丽新世界》的阿尔法们那里已经有了具体的描绘。在《重访》里，赫胥黎则是用人们熟悉的具体现实为例来论述他的这一观点，他说，"在我预言的美丽新世界中，科学技术的发展早已超越了希特勒时代的水平，和纳粹统治下的人们相比，美丽新世界中的命令执行者更不具备批判能力，他们对那些发布命令的精英更加驯服。而且，他们的基因被标准化，他们的胚胎接受了执行服从指令的条件反射设置，所以他们的行为几乎可以和机器一样被准确预测。……'低层领导者'的条件反射设置已经在独裁统治下得到了实施。这些国家不仅仅间接利用科学技术的发展，它们还直接作用于低层领导者的生理和心理，使他们的思想和身体都接受无情而高效的条件反射设置"。

赫胥黎提出的第二个洞见是，宣传是利用语言在人非自觉意识的状况下，对他们进行操控。今天，控制思想的艺术已经日渐变成了科学，而思想控制的手段也日益艺术化和娱乐化。这二者的结合使宣传洗脑、控制群众情绪并进而控制他们的社会行为发挥了很大作用，成为幸福工程的软实力。宣传的科学化不仅是指"广播、扩音器、移动摄像机和轮转印刷机"（当然还有电视和网络）这样的硬件部分，而且也包括关于群众心理和行为的专门知识。对此，赫胥黎写道："宣传者、说教者和洗脑者在应用心理学和神经学领域都已开展了大量工作。过去，从事这类改变人们思维工作的专家都是经验主义者，他们通过反复试验的方法研究出一系列技术和程序，这些技术和程序可能很有效，但他们并不明确地知道为什么有效。今天，控制思维的艺术已经日渐变成了科学，实践者们不仅知道自己在做什么，而且也知道为什么要这么做。他们用于指导工作的理论和假说都是建立在大量实验数据的基础上得出的。由于他们的新发现，以及这些新发现带来的新技术，'在希特勒的极权统治中无法实现'的噩梦将很快成为现实"。

宣传借助大众娱乐和大众文化，包括电影、电视、歌舞晚会、各种纪念仪式、游行庆祝、节假购物、美食节、旅游和"圣地"崇拜、运动会等。这类活动寓政治宣传于大众娱乐，让人有欢愉、和谐、幸福、亢奋的冲动，身不由己地接受宣传的各种暗示。这种肤浅、简单但可能颇为强烈的情绪正是《美丽新世界》里人民的典型感受方式。统制官蒙德说，"多么幸运的孩子们啊！为了不让你们在生活中受到任何情绪（emotions）的折磨，我们费尽了心思，只要有可能，就不让你们产生任何情绪"。听了这话，孵化室主任在一旁轻声念叨："福特保佑，天下太平。"人类所有的情绪都同时包含着睿智与愚蠢，都指导人的行为，情绪是行动的模式，了解一个人行为后面的情绪，不仅有助于了解他的行动倾向，也有助于了解他对周围环境的认知。控制了一个人的情绪就是控制了他的行为，改变人的行为必须从改变人的情绪方式开始，这是许多其他反乌托邦作品的一个常见主题。宣传利用大众娱乐和大众文化操纵群众的情绪，艺术手法和技巧可以非常专业、精妙，让人以为是在欣赏艺术，对自己的艺术品位自鸣得意。赫胥黎在《重访》中预言，"随着操纵的艺术和科学越来越被人了解，未来的独裁者无疑将学会把这些技巧运用到永无止境的娱乐中，这些娱乐提供给我们一个与现实生活无关的世界，进而威胁着对于维护个人自由和民主体制至关重要的理性宣传"。

五、我们怎么办

在《重访》里，赫胥黎提出了一个他认为非常紧迫的问题，"在这个人口过剩不断加速，过度组织不断加强，大众传媒手段越来越高效的时代，我们该怎样保持个体的神志健全，提高个体的价值呢？这个问题现在还可能被认真地提出并给出有效的回答。再过一代人，在未来令人窒息的丧失个性的氛围中，要想找出答案就太晚了，或者连提出这个问题都不可能了"。这确实是一个如果现在不提出来，就会晚了的问题，因为《美丽新世界》的许多景象和《重访》中的种种忧思，在我们今天的社会生活里，已经不再显得陌生和遥远，而仿佛就是近在眼前的事情。

我们该怎样保持个体的健全？该如何提高个体的价值？该如何珍视作为人的自己？如何反抗不管是暴政的还是天鹅绒监狱的奴役？这些问题之所以迫切，是因为，虽然我们的社会还没有变成《美丽新世界》里那样的僵尸社会，但却已经变成了一个"笨蛋社会"。

"笨蛋社会"是一个不思考、不说理、无信仰、没有未来理想，或者不知道怎么思考、说理、展望未来的社会。它的公共生活可以看上去色彩缤纷、幸福快乐、享受丰富、热闹非凡，但却是无聊烦琐、浮躁浅薄、虚伪、犬儒、过一天算一天。笨蛋社会不是一个好的公共社会，它缺乏与好社会相一致的公共生活。没有人会真的喜欢生活在"笨蛋社会"里，即使在笨蛋社会里，真正的笨蛋也只是极少数。就算是笨蛋，他们也盼望自己能聪明起来，不喜欢被人叫笨蛋。

笨蛋社会有自己的鸡和蛋问题：是先有笨蛋还是先有笨蛋社会？在赫胥黎看来，笨蛋社会和对笨蛋社会的专制统治，都是在某些"非人控力量"（尤其是人口过剩和过度组织）的驱动下自动完成的。这是一种命定论的社会发展观，我们很难认同它，这是因为，不管什么形式的专制（开明专制也好，亚洲模式的强人政治也罢），都不是现代政治和社会组织化必然的和唯一的发展方向。政治和社会制度是人选择的结果，如果我们认同赫胥黎对人的自由的见解——人天生是自由的动物，任何形式的奴役不仅会将人变成奴隶，而且会把人变成僵尸——那么，我们就不能接受任何形式的命定论。我们必须强调自由选择，尤其是民主社会里的那种公民自由选择。

专制统治下的笨蛋是笨蛋社会弄笨的，先是不得不假装，后来便弄假成真，以致越来越多的人真的成了笨蛋。理性、思考、判断、与他人交流和说理是反对"笨蛋社会"，帮助"笨蛋"变得聪明起来，学会珍惜自由和痛恨奴役的教育与自我教育手段。赫胥黎认为，知识分子应该，也可以担当起启蒙和教育普通群众的重责大任。他说，"和群众不同的是，知识分子爱好理性，对事实表现出极大的兴趣。他们的批判思想让他们排斥那种大多数人接受的宣传。对于群众来说，'本能是最重要的，信仰来自于本能……健康的普通民众本能地凝聚在一起成为一个团体'。……'而知识分子则像一群养鸡场里的鸡，东跑跑西跑跑。他们无法被用来创造历史，无法成为组成某个团体的一分子。'知识分子需要证据，不能接受逻辑混乱和谬论。他们认为简单化是错误思维的根源，他们也不喜欢使用宣传者们惯用的那些伎俩，比如口号、未经证实的主张以及笼统的归纳"。

赫胥黎显然低估了美丽新世界能成功笼络、雇佣、收买、利用知识分子的手段和能力，也低估了知识分子为一己私利随时准备顺从、谄媚、投靠权力的那种机会主义和犬儒主义倾向。何况，知识分子对宣传洗脑并不一定具备比群众更强的识辨和抵御能力。法国社会学家埃吕（Jacques Ellul）在他的经典之作《宣传：人的态度形成》（*Propaganda: The Formation of Men's Attitudes*）中指出，许多人以为，一般大众的知识程度不如知识分子，所以比较容易受宣传影响。然而，情况可能恰恰相反。现代社会中最容易受宣传影响的其实是知识分子，主要有三个原因：第一，知识分子吸收二手的、无法证实的信息神话比一般人来得多；第二，他们总觉得需要对一些重要的事情或问题发表自己的看法，所以格外需要借助宣传提供的一些现成看法；第三，他们会把不知不觉中接受的宣传误以为是自己的"独立判断"，自以为是，往往生吞活剥，食而不化，对宣传的说法添油加醋，标新立异。比起社会中许多别种阶层或行业的人们来说，知识分子因为更需要与信息打交道，比一般人更积极地阅读报刊书籍，关注时事报道，所以更有机会受到宣传的影响。知识分子是与意识形态语言接触最多的一个阶层，他们自己的语言就往往不知不觉地成为统治意识形态语言的一部分。当这些知识分子有机会分享体制内的利益和特权时，他们接受宣传就更不是因为上当受骗，而是因为先已有了迎合的心理和利益需求，他们是呼吸肮脏空气而不在乎空气有多么肮脏的那一群人。

赫胥黎对知识分子的社会作用也许并非全无保留，因为他也提到科学家（他们也是知识分子），说他们可以在新世界的奴役工程中成为统治权力的共谋和共犯，"自由是美好的状态，宽容是至上的美德，组织化是天大的灾祸。出于实际或理论方面的原因，独裁者、组织人和某些科学家非常热切地想改变人们多样化的天性，使大家都归于某种便于管理的同一状态"。赫胥黎是个精英主义者，他似乎把改变这种不自由、不宽容现状的希望寄托于社会出现"伟人"上，伟人特别懂得和理解自由价值，并能将其诉诸行动。

那么，在没有这样的伟人可以期待的今天，赫胥黎是不是也还给我们提出了某些有用的建议呢？我想还是有的，其中最重要的恐怕就是，为了警惕和抵御宣传的洗脑和欺骗，我们必须增强对它的识别能力。正如赫胥黎所说，"自由之敌用他们反理性的宣传，系统化地滥用语言，诱惑或威逼他们的受害者按照他们这些头脑操纵者的意愿来思考、感受和行动。以自由为目的的教育（也包括为了以获得爱和智慧为目的的教育，这些既是自由产生的条件，也是自由的产物）除了其他的任务外，必须是正确使用语言的教育"。

这样的语言教育包括了用语言说理的教育。说理是识别和抵御宣传欺骗与脑控唯一有效的教育手段，也是赫胥黎所关心的儿童和青少年教育的重要部分。赫胥黎说，宣传正在从四面八方渗透到社会语言里来，成为许多人思维和说话的方式。他们实际上已经像是新世界里的芸芸众生那样，在不知不觉中被操纵、被控制、被奴役。《重访》就是要告诉读者，这样的宣传是自由的头号敌人。要战胜这个敌人，需要每个人都能保持思想的警觉，让普通人都能够自由思考、独立判断，并与他人平等而尊重地相互交流。赫胥黎说，"如果普通百姓都学会了仔细分析他们的牧师和主人说的话，这就可能具有颠覆性。在目前的状况下，社会秩序的延续取决于人们无条件地接受权威人士进行的宣传，以及被当地传统神圣化的宣传"。抵御宣传，体现的是"智力的价值，没有了智力，爱就失去了力量，自由也会不可企及"。自由、爱、智力——美丽新世界里所缺少的那些属于人的意志、素质和情感——是人类保持意识清醒和神志健全所必不可少的，也承载着人类拒绝走上美丽新世界之路的希望。

10 道德晦暗时代的价值选择
——乔治·奥威尔《政治与文学》

　　乔治·奥威尔（1903—1950）的《政治与文学》是一本散文体的评论文集。[1]奥威尔在《我为什么写作》中回忆道："在很小的时候（大约五六岁），我就知道，自己长大以后要当作家。在17岁到24岁期间，我曾经想放弃这个念头，不过，我那时也明白，放弃写作是违背我的本性的，我迟早会安定下来，专门写书。"1936—1937年间的西班牙内战和其他事件，对奥威尔的影响极大，成为他写作生涯的转折点，"1936年以后，我所写的每一行严肃的文字，都是直接或者间接地为反对极权制度，为实现我心目中的民主的社会主义而作。在我看来，身处我们这样的时代，如果还以为自己能避开这类话题，纯属无稽之谈。每个人都以这样或者那样的伪装在写它们。所不同的，只是你站在哪一边、采取哪种写作方式的问题。而你越是清醒地认识到自己的政治立场，你就越能够一方面积极地参加政治斗争、一方面保持自己

---

　　[1]　乔治·奥威尔：《文学与政治》，李存捧译，译林出版社，2011年。该文集根据 George Orwell, *Fifty Orwell Essays*（A Project Gutenberg of Australia eBook, produced by: Colin Choat, 2003）译出，比原文集的50篇，篇目有所减少。本文引文来自这个译本。本文为此书导读，括号中注明引文的篇目。

审美和思想方面的独立性不受损害"。奥威尔从事的是为政治的写作，他的作品最重要的意义在于其政治内涵。

奥威尔的写作之路并不平坦，他于 1903 年出生于英属印度彭加尔省一个政府下级官员的家庭，原名 Eric Arthur Blair。他父亲供职于印度总督府鸦片局，家境并不宽裕，1905 年，除了父亲仍任职于印度外，全家返回英国。由于无力就读更好的学校，1911 年，奥威尔进入一所二流的私立寄宿学校圣·塞浦瑞安预备学校。1917 年，他考取奖学金，进入英国著名的伊顿公学，但他的穷学生背景使他备受歧视。早年的经历影响他，使他同情社会的底层人民。1921 年，他从伊顿公学毕业后，为减轻家庭负担，他投考公务员，加入了英国在缅甸的殖民警察，服役五年。在缅甸的经历让他认识到了殖民主义罪恶的一面，"当时我已经确信殖民主义是邪恶的，并且决定尽快弃职脱身。从理论上讲，我是站在缅甸人这边反对其英国压迫者的，当然，我这也只能是深藏在内心里的想法。至于我做的工作，我仇恨至极，难以言表。干这份工作，我深切感受到殖民帝国的罪恶"。（《猎象记》）

1927 年，奥威尔离开公职回到英国，开始了长达四年的流浪生活，辗转于英国本岛和欧洲大陆，先后做过酒店洗碗工、教师、书店店员和码头工人。这一段时期的经历使他深切地感受到了社会整体对于个人的压力和普遍的社会不公。奥威尔自己曾经提到，"贫困的生活和失败的感觉增强了我天生对权威的憎恨，使我第一次意识到工人阶级的存在"。1933 和 1934 年，他以自己的经历为题材，写成并发表《巴黎伦敦落魄记》和《缅甸岁月》，开始用乔治·奥威尔这个笔名。1935 和 1936 年又分别发表两部小说《牧师的女儿》和《让叶兰飘扬》，1937 和 1938 年又分别发表报道矿工生活的《通往维根码头之路》和记叙他在西班牙内战经历的《向加泰罗西亚致敬》。

一、失职的知识分子

奥威尔是从民主社会主义，而不是保守主义或右翼立场来批评英国左派知识分子的。他在《政治对文学：对〈格列佛游记〉的考察》中这样评价斯威夫特的政治立场，"从政治上看，斯威夫特属于那种因为受不了当时的进步党的愚蠢，而被迫采取反常的保守党政策的人"。斯威夫特看不起进步党，不愿意同进步党一起反对保守党，但他又不真的是保守党。他只是为了不与进步党为伍，才成了保守党。而为了表示独立，他又把自己弄成一个标新立异的保守党，终于没有能跳出"敌人的敌人就是我的朋友"这个窠臼。

奥威尔自己与斯威夫特不同，他是一个有自己独立政治原则和信仰的人。许多左派知识分子和斯威夫特相似，他们奉行一种"敌人的敌人就是我的朋友"的伪原则。对此奥威尔评论道："不用再深究下去，也可以知道二十世纪三十年代年轻的作家为什么会投奔共产党了。原因很简单：他们需要信仰。这里有宗教、军队、正统和纪律。这里有祖国和元首——至少在 1935 年或者 1935 年以后是这样。知识分子曾经好像抛弃的忠诚和迷信，转眼之间，又披着薄薄的外衣回来了。爱国主义、宗教、帝国和军事荣耀——用一个词说，就是俄国。父亲、皇帝、领袖、英雄和救世主——用一个词说，就是斯大林。上帝－斯大林。恶魔－希特勒。天堂－莫斯科。地狱－柏林。一切鸿沟都被填满了。因此，英国知识分子为什么会信仰共产主义，原因还是很清楚的。那是背井离乡者的爱国主义。"（《在巨鲸肚子里》）

这些知识分子，就像他们不愿真实地想象工人阶级的失业和贫困一样，他们也不愿想象极权统治下会是一种怎样的生活，因为这两种想象都需要"一个人能够设想自己是一个受害者"。对于生活在英国的作家和知识分子来说，设想极权下的受害者生活确实是不容易的，他们把自己在英国享受的民主生活和自由言论当作一件像呼吸空气那样再自然不过的事情。奥威尔说，英国文学中从来"没有一个英国作家想到要从极权主义内部来看极权主义"，真是一件怪事。与欧洲作家相比，英国作家简直就是一群政治上的天真之徒，他们之所以如此满不在乎地说起像莫斯科审判这样的事件，因为那样可怕、那样匪夷所思的事情与他们的经验根本就是完全脱离的。诗人奥登在诗作《西班牙》(1937) 中表示谅解斯大林"必要的谋杀"，奥威尔认为，像奥登这样的左翼知识分子，他们自己生活在安全的英国民主制度中，却对别国的极权表示谅解，并为之辩解。他们为虎作伥，使得极权更合理，更不容批判，因此也就使得极权受害者的生活更加苦难。这样的知识分子事实上已经成为极权受害者的加害者。（《阿瑟·库斯勒》）

奥威尔抨击英国左派知识分子，还因为他们属于一个封闭的，与大众脱离的小圈子群体。他们相互扶持，相互依赖，以文明礼仪的名义小心翼翼地避免内部批评，根本无法诚实地说出自己真实的想法。奥威尔不喜欢知识分子的小圈子文化，他自己的文学评论几乎全都以受大众读者欢迎的作家和文学为讨论对象。他讨论的狄更斯、威尔士、吉卜林、马克·吐温都是愿意为广大普通读者写作的作家，更早一些的作家，莎士比亚、斯威夫特、托尔斯泰，也是这样。除了这些广为人知的作家，奥威尔还很关心大众文化的亚文化作品，如男孩子读的周刊、唐纳德·麦吉尔的漫画明信片、谋杀故事（《英国式谋杀的没落》）、儿童读物（《从班戈开始旅行》），等等。奥威尔的文论与其说是文学分析，不如说是一种以大众读者为关注点的社会分析，例如，在对狄更斯的评论中，他对狄更斯作品能够吸引非知识分子读者群感兴趣："就连鄙视狄更斯的人，也会不自觉地引用他的话。"（《查尔斯·狄更斯》）让作品不知不觉地成为大众读者社会文化意识的一部分，这是奥威尔对自己写作的期许，他关心的种种政治和社会制度、文化、人性问题，以及他特有的那种清晰、精练、诚恳的文字风格都是他与尽可能多的读者保持联系的方式。

与奥威尔关注的那些广有读者的文学相比，20世纪早期的一些文学，尤其是诗歌，就明显是小圈子写作，诗人与普通读者之间是搭不上话的，"诗的概念……只有少数人才明白，鼓励诗人深奥莫测，'耍聪明'"。（《诗与麦克风》）相比之下，他更欣赏那些"表达了农民对生活的悲观态度和临终智慧"的民间诗作。（《无意义的诗》）那种貌似深奥莫测，其实是耍聪明的文学或学院写作，任何一个时代的社会中都不少见。这种写作对社会的恶劣影响不仅危害文学，而且危害社会中的人本身。所谓的"高等文化"造成并强化人与人之间的差别和距离，比阶级和财产造成的人间隔阂更难以消除。奥威尔的民主社会主义不仅主张正义和自由，更主张一种知识、文学、文化的平等和民主。他反对小圈子文学，与他反对任何形式的精英特权是一致的，他不能容忍任何形式的自以为是和自视高人一等。

奥威尔20世纪40年代最重要的写作是对读者平易近人、平等对待的启蒙，他要像在《通往维根码头之路》中写矿工报道那样去写极权下的生活，让读者生动地看到极权下的人是过着怎样的一种生活，《动物庄园》和《1984》于是便成为这样的作品。在奥威尔的思想和著作中有一种强烈的向善论，但是，从30年代到40年代，他对人性善的信念却在不断减弱。在他主张社会主义的时候，他对改善工人生活状态和提升普通人政治觉悟还抱有充分的乐观。但是，他对极权思考越深入，这种乐观就越难以维持，越像是一种堂·吉诃德式的执著。他面临的敌人不只是愚昧、自私的中产阶级，而且是他自己内心的某

个声音，这个声音在不断提醒他，向善是多么地无助无望，他要做的
又是一件多么不可能的事情。

在 1941—1947 年间，奥威尔对人性的感受发生了重要的变化，
在《动物庄园》和《1984》中，他对普通人的看法与他在 1936—1939
年间已经截然不同。以前那种普通人英雄已经不复可寻，我们看到的
是无助、无奈、呆滞、迟钝，甚至低能的普通人。《动物庄园》中的普
通人是好心的、弱智的拉车马儿，一直到死都听从那帮猪猡的指使，
为它们卖力卖命。

二、文化、文学批评的政治寄托

1938—1942 年间，奥威尔写作了一些最优秀，也最轻松的作品。
在《地平线》(Horizon) 杂志上刊登的《唐纳德·麦吉尔的艺术》和
《男生周报》奠定了他的批评随笔声誉。美国的《党人评论》(Partisan
Review) 把他介绍给美国读者，他成为美国人心目中英国左派知识分子
的代表人物。美国的《争论》(Polemic) 杂志后来也刊登了他更为严肃
的政治－文学随笔，题材涉及语言的退化、政治和文学的关系、极权
主义统治下文学的黯淡前景。

他讨论《男生周报》和漫画明信片画家麦吉尔的批评随笔是讨论
大众文化研究的开创之作。奥威尔在香烟店和文具店里注意到的那些
文化产品，是一般知识分子不会注意，或者根本就是视而不见的。那
些神秘的"大众"或"群众"，他们在阅读什么？欣赏什么？奥威尔独
自发现了那些东西，带着同情、理解和热情去写这些东西，使它们蒙
上了一层诱人的光彩。他对壁画、人行道上的粉笔画、报纸广告措辞

和新闻用语都很感兴趣，对日常的公共语言更是具有敏锐的观察。在
《政治与英语》中，他对假大空的政治语言有独到的分析，涉及政党小
册子、报纸刊登的读者来信、各种常见的语言花招和欺骗手法。他关
注官方"电报语言"，在《1984》中就有这样的情节。温斯顿在他工作
的信息部门担任"一些细腻微妙的伪造工作，他打开他原先放在一边
的那份指示。上面是：'泰晤士3.12.83报道老大命令双加不好提到非
人全部重写存档前上交。'这种像黑帮切口一样的语言'用老话'（或者
标准英语）这可以译为：1983年12月3日《泰晤士报》报道老大哥命
令的消息极为不妥，因为它提到不存在的人。全部重写，在存档前将
你草稿送上级审查"。这样的情节，没有平时对实际语言的观察和思考
是想象不出来的。

　　奥威尔关注写作和语言的公共性，及其语言对普通人思维和行为
的影响。他讨论作家、作品的文章也都体现了这类的关心，不能只当
作是纯粹谈文学的文学批评来阅读。它们并不是一般意义上的"文学
批评"，就像他的《动物庄园》和《1984》不是一般意义上的"想象性
文学"（小说）一样。他的"文学批评"和"小说"都是他所见证的、
经历的事件和问题的真实呈现，带着一种很实用的目的。这种实用
目的是一种局限，但也是一种力量。他的文学随笔更不是那种学院式
空头论文，他追求的不是学究论述的四平八稳，而是畅所欲言，怎么
想，就怎么写。他的想法是从自己特定的政治立场出发的，读者要接
受他的看法，就得赞同或至少理解他的立场。奥威尔的一些文章已经
时过境迁，当年发表时相当应时、新鲜的题材，六七十年后的今天，
读者们也许只能从历史存证的角度去阅读它们，《萨尔瓦多·达利》和
《夜贼与谄媚小姐》就是这样。应该说，涉及大众文化或时新文学的评
论文章都很难逃脱这种窘境，这与报刊时论是差不多的。19世纪广有

读者的英国作家查尔斯·里德，到了 20 世纪初已经很少再有读者。奥威尔的《查尔斯·里德》对今天还知道里德的读者可能是一个惊喜，里德写作时经常挪用别人的作品，对"剽窃"在历史中如何演化的讨论，少不了会提上他一笔。

奥威尔讨论作家、艺术家，总是集中在对问题的分析上面，而不是就对象进行简单的褒贬，这形成了他的议事风格。萨尔瓦多·达利是一个极富争议的画家，对他的批评一直两极分化，奥威尔关心的不是应该赞赏还是讨厌达利这个人，而是应该如何看待达利身上表现出来的时代集体病症："问题不在于他是个什么人，而是他为什么会那样做。……达利是世界所患重病的征象。重要的不是去谴责他是个应受鞭笞的粗胚，也不是把他赞美为不受质疑的天才，而应该去找到他展示特定变态的原因是什么。"作家沃德豪斯被指控为纳粹德国做宣传来换取自己的自由，落下了一个法西斯分子的骂名，著作在英国成为禁书，但是，奥威尔认为，"1941 年发生的那些事情，最多只能使我们说沃德豪斯很愚蠢。真正有意思的问题是，他为何如此愚蠢？"（《为 P.G. 沃德豪斯辩护》）对像沃德豪斯这样背时的作家，当然还有像吉卜林这样不讨人喜欢的，奥威尔都能以一种就事论事的态度来为他们"辩护"，相反，对甘地这样似乎有口皆碑的"圣人"，他倒反而是"出言不逊"地表明了批评的立场。

奥威尔的批评风格是一贯的，始终影响他自己的写作取向，他总是受到一种写作之外的力量的左右，所以写作的形式、审美意趣对他来说都不是一种目的，他也从来不会为写作技巧本身而去追求其完美。哪怕在讨论其他作家的时候，即使有精致艺术的一面，他也会一掠而过，不再去理会。他讨论诗人叶芝，开篇谈到他的艺术特征时，说到"古词""矫揉造作"和"烂俗之词"，给人一种随便挑毛病的感觉。

但是，在谈到题材、思想，尤其是叶芝与法西斯和极权思想的关联时，他的批评马上集中到了叶芝对"民主的仇视"，"叶芝的倾向是法西斯式的。终其一生，而且早在法西斯还不为人知的时候，他就已经有了那些通过艺术道路通往法西斯的人的世界观。他极其仇恨民主，极其仇恨现代世界，仇恨科学、机器和关于进步的观念——最主要的是，他仇恨人类平等的观念"。（《W. B. 叶芝》）

奥威尔讨论狄更斯的评论同样是从时代意义着眼，这是所有评论中最长的一篇，显然是一个他喜爱的题材。今天看来，这个评论未必有什么深刻的新意，但读起来却很有意思，这是因为奥威尔和狄更斯之间有不少相似之处。例如，他们都痛恨压迫、欺凌，对普通人的日常生活细节感兴趣，提倡关爱、同情这样的习俗美德。他们都痛恨不道德的事情，同时也都知道，愤怒过了节度，看起来大义凛然，其实已经成了装腔作势，或者甚至伪善。他们进入生命晚期的时候，都变得越来越悲观失望。奥威尔说，狄更斯对人物的心理细节不太感兴趣，因为作家有的擅长描写性格，而有的则善于把握本质，狄更斯属于第二种作家。奥威尔自己的小说也是这样，尤其是《动物庄园》和《1984》。

奥威尔论作家的文章往往会旁及具有普遍意义的政治文化和思想观念价值，对吉卜林的分析就是一个例子，很能表现他的文化批评特色。吉卜林并不是一个复杂深奥的作家，奥威尔直接分析吉卜林的写作题材，写成一篇非常独特的"辩护"文章。奥威尔强调，即使吉卜林那些极端愚蠢的话，看上去也没有那么肤浅或令人生厌，他的作品中常常"表达了一种粗俗的想法。那种想法可能是不正确的，却是每个人都会有的"。奥威尔认为，在英国殖民文学（描写"19 世纪的英属印度和维持这一秩序的英国军队"的文学）中，吉卜林的作品仍然是最具可读性的，也是最值得阅读的。奥威尔承认吉卜林的庸俗、残忍、煽情（"吉卜林是个军国主义者、吉卜林有股残忍劲"），但却同时也批评那些只是因为这个，就攻击吉卜林的"左翼人士"们。

奥威尔的"文学评论"有特定的评判意图，奥威尔袒护吉卜林是虚的，而抨击"左翼人士"才是实的。奥威尔称赞吉卜林说，尽管他是一个保守派，但却是一个"跟任何政党都没有直接关系"的人，话锋一转，他又说，"如今，像他那样的保守党人已然不存在了。现在那些自称为保守党的人，要么是自由主义者，要么是法西斯分子或者法西斯的帮凶"。每个时代都有与统治阶级站在一边的知识分子。知识分子与统治阶级站在一边，有两种情况，一种是在感情上，另一种是纯粹为了分享利益，口是心非，第一种至少还有原则立场，第二种则完全是投机和利益分红。

奥威尔称赞吉卜林"是我们这个时代唯一给语言增加了新词汇的英国作家"。（《拉迪亚德·吉卜林》）这和他在《1984》中描述的极权统治阉割语言形成了对比，也正是因为如此，吉卜林可以说是一个"好的坏作家"，他的作品则是"好的坏书"。在《好的坏书》中，奥威尔肯定了"好的坏书"："好的坏书的存在——有些书，人们虽然在理智上不愿意认真对待它们，但仍会被它们所愉悦甚至感动——提醒我们注意：艺术跟思考不是一回事。"

世界上有不少"好的坏书"，无论奥威尔多么希望有好的好书，他知道，艺术的成功并不靠政治的正确，至少不全靠这一点。然而，这并不妨碍他特别关注作家创作的意识形态和政治内涵，这同样成为他在《李尔、托尔斯泰与弄人》和《关于甘地的思考》中观察作家和公众人物道德完美主义的方式。在前一篇里，他批评托尔斯泰"当圣人"的野心，在后一篇里，他批评了甘地禁欲主义的"非人化"。他对托尔斯泰的批评远比对甘地严厉，这并不奇怪，因为他讨论的是托尔斯泰对莎士比亚的恶意攻击，而他自己则是莎士比亚的热爱者。

奥威尔认为，托尔斯泰不喜欢莎士比亚的李尔这个人物，是因为他自己太像李尔了，莎士比亚把李尔写得那么逼真，那么"跟托尔斯泰自己的历史惊人地相似"。托尔斯泰不是圣人，但他非常努力地想使自己成为圣人，奥威尔对一切"圣人"都抱有本能的怀疑和不信任，包括对像甘地这样已经成为神话的圣人。奥威尔不同意甘地以忍耐的牺牲来换取正义的主张，因为事实上，忍耐的牺牲换不来极权暴力的怜悯和善心。甘地要用忍耐"唤醒世界"，但是，"要唤醒世界，必须满足一个条件，那就是世界有机会听到你所说的话。在一个反对政府的人都会在半夜里消失、从此再无音讯的国家，甘地的办法怕是不会管用。如果没有出版自由，没有集会的权利，不惟不可能对外部世界发出呼吁，也不可能发动起群众运动，甚至不可能将你的意见转达给对手。……假如（俄国）也有一个甘地，他能干成什么事？"

三、极权主义的阴霾

现在回顾 20 世纪 30—40 年代的欧洲思想文化和文学，我们会觉得奥威尔属于一个特殊类型的写作者，他们当中包括法国的马尔罗（André Malraux）、奥地利的弗兰茨·博尔克瑙（Franz Borkenau）、匈牙利的阿瑟·库斯勒（Authur Koestler）、意大利的依纳齐奥·西隆尼（Ignazio Silone），等等，正如奥威尔在《阿瑟·库斯勒》中所说的，这些作者代表了"一个自从法西斯主义崛起后，在欧洲政治斗争中涌现出来的文学阶级"。作为一位英国人，奥威尔是这类写作者中的一个特例。英国远离欧洲大陆，许多英国知识人士了解欧洲大陆发生的事情都是靠报道，因此隔着一层。他们推崇法西斯，抨击共产主义，或者赞扬共产主义，攻击法西斯，以一者之恶来想象另一者之善。奥威尔与他们不同，他有与这两种激进主义直接打交道的经验，无论是论述贫困、民族主义，还是政治迫害，他总是能从亲身经历出发，从不依靠道听途说的无稽之谈。

奥威尔是英国作家中唯一对极权主义投以持久关注的。从西班牙战场回来后不久，他就提出了极权主义的问题。他认为，极权国家用宣传和组织动员社会，像是在进行一场永远打不完的战争，发动一场没完没了的运动。奥威尔对极权的思考包括两个重要方面：极权统治下的普通人（群众）和公共语言（宣传谎言）。他在文化、文学批评中对此屡屡有所涉及。

奥威尔对极权统治下"普通人"（普通百姓）的认识，既与知识分子有关，又与知识分子有所区别。知识分子痴迷民族主义，无视客观真实，羡慕、巴结权势，追求乌托邦，奥威尔看到知识分子的这些弱点，想象一种与他们不同的"普通人"。"普通人"有朴实的美德，他们有传统的信仰，无须代之以"共产主义"或"马克思主义"，他们是爱国者，无须代之为"民族主义"。"普通人"扎根在自己的国家中，无须入党或脱党。他们以务实、现实的态度对待政治，有他们的道德原则，而不是像知识分子那样在意识形态的影响下左右摇摆。（《关于民族主义的札记》）

然而，奥威尔对"普通人"的信念又经常带有悲观色彩，尤其是在他去世前几年。在1946年的《对文学的阻碍》中，他对公众的觉悟能力似乎并不抱太大希望："危害个人自由的最凶恶的敌人，正是那些最需要自由的人。公众并不在意这个事情。他们不支持迫害异端，但他们也不会为异端辩护。他们既神志正常，又极其愚蠢，以至于不会认同极权主义的观念。对知识界尊严的直接而有意识的打击，来自于知识分子自己。"

奥威尔思考极权早在西班牙战场上就已经开始，在《西班牙内战的回顾》中，他回忆曾经对阿瑟·库斯勒说过，"历史在 1936 年停止了"，库斯勒"当时立刻表示理解。我们都在思考极权制度的问题，特别是西班牙内战"。奥威尔发现，扭曲历史，编造谎言是极权的开始，"我看到英勇作战的部队被报纸诬为胆小鬼和叛徒，而一枪未发的部队却被报纸欢呼为虚构大捷的英雄……我看到，历史不是根据实际发生的事件写就，而是根据按照各党派的'路线'应当发生的事件写就。但是，这尽管可怕，却还不是最要紧的。它所涉及的，还是次要的问题，即共产国际和西班牙左翼政党之间争夺权力的斗争，以及俄国政府扼杀西班牙革命的努力"。改写历史、消抹历史成为《1984》的一个重要主题。

在西班牙的时候，奥威尔就感觉到，党派利益是扭曲历史的主要力量，"它们使我感觉到，有关客观真实的观念，在这个世界上正在消失。不管怎么说，那些谎言最终会窜入历史"。内战史最终会写成一部党派斗争史，一部谎言的历史，"这部历史就会被人们普遍接受，因此，谎言最终就会成为真理"。奥威尔总结极权谎言与普通偏见的区别："人们经常说，绝大多数历史记载反正都是谎言。我愿意相信，绝大多数历史记载是不准确的、有偏见的，但我们这个时代特有的一点是，历史能够被真实地写就的观念，被彻底抛弃了。在过去，人们有意撒谎，或者不自觉地按照自己的主观好恶去写历史，或者明明知道自己会犯很多错误，仍然努力去追求客观真实；不论是哪种情况，他们都相信'客观事实'的存在，客观事实或多或少是可以被发现的。"

但是，现代极权的谎言则完全不同，它是由党的领袖来控制的，"领袖不仅控制着未来，也控制着过去。如果领袖说，这件或者那件事实从来没有发生过，那好，它就没有发生过。如果领袖说2加2等于5，那好，2加2就等于5。这样一种前景，比炸弹还让我害怕——在经历了过去几年之后，我这么说绝非危言耸听"。（《西班牙内战的回顾》）

奥威尔告诉读者，极权社会的图景不是用来吓唬人的，它已经成为一种现实，"如果你们认为极权世界是个不可能实现的噩梦，那就请记住，在1925年的时候，今天这个世界也曾经被人们认为是不可能实现的噩梦。在这个变化无常的世界里，今天是白的东西，到明天就可能被说成是黑的，而昨天的天气情况也可以通过法令进行修改"。（《西班牙内战的回顾》）《1984》所展现的是一个已经被极权征服了的世界，除了个别人出于人类残余本能的反抗，一切真实的自由保障都已经被摧毁，而这些保障中最重要的便是准确、真实的语言。语言成为《政治与英语》《对文学的阻碍》《作家与利维坦》讨论的主要问题。

奥威尔关注语言的退化，因为"语言的退化，必定有其政治和经济方面的原因，而不是因为这个或那个作家的不良影响"，而且"假若思想能败坏语言，那么语言也能败坏思想"。语言的退化，最大的始作俑者是不诚实的政治语言，它所使用的民主、爱国主义、人民这一类的字词早已不再有确切的含义，而成为空洞无物的语词把戏。它用"毫无生气的、鹦鹉学舌的风格来表达。各党派的小册子、头版头条文章、宣言、白皮书和领导讲话，自然是各式各样，但有一点却是共同的，那就是都缺少一种鲜活的、生动的、独创的语言风格"。（《对文学的阻碍》）这样的语言，它的目的不是表达真实的思想，而是"为了使谎言看上去更真实可信，使谋杀变得更值得尊敬，让空话显得更有分量"。（《政治与英语》）

极权控制和扭曲公共语言，使得一切自由思想、独立判断的写作都变得极其危险，政治正确的语言成为人们保护自己的假面语言，以至于公共生活中充满了虚伪和谎言，这是一种与传统说谎不同的谎言："极权国家中实行的有组织的撒谎，跟军事上常用的欺骗不是一个性质，不像某些人所说，仅仅是权宜之计。它是极权制度内在的组成部分；即便集中营和秘密警察都消亡了，有组织的欺骗也会继续存在下去。"（《对文学的阻碍》）至于政治侵入文学，它的直接后果便是，"作家在承担政治责任的同时，也就使自己屈从于正统和'党的路线'，并且因此变得胆小如鼠、极不诚实"，他们"在持续不断的害怕中生活与写作"，小心翼翼地不让自己在思想上犯错误。（《作家与利维坦》）用文字表述虚伪，用虚假编造历史，在书本里，在课堂上，谎言的毒素渗透在学校教育和一切社会知识领域之中。由于"极权制度对知识分子施加的压力最大"（《对文学的阻碍》），越来越多的知识分子为了保全自己，从统治利益中分一杯羹，或其他的目的，而加入到与极权统治的共谋之中。语言的模糊和模棱两可往往不是因为缺乏语言能力，而是因为对某些东西需要隐瞒和欺骗。对此奥威尔说，"语言清晰最大的敌人是不诚实。如果在你真正的目的跟你所宣示的目的之间存在着差距，你自然会选择长词和用滥的成语，就像乌贼鱼喷射出的墨汁。在我们这个时代，根本就不存在'远离政治'这样的事情。所有的事务都是政治事务，而政治本身则是谎言、遁词、愚蠢、仇恨和精神分裂的积聚。如果总的氛围恶化了，语言必受其害"。（《政治与英语》）

奥威尔是一个以诚实的政治信念来真实写作的作者。在《我为什么写作》中他说："在我缺乏政治目的的时候我所写的东西，无一例外地都毫无生气，都成了华丽的段落、没有意义的句子、华而不实的形容词，总之，都是废话。"虽然奥威尔所作的是政治写作，但他不信任任何意识形态，他的写作依靠的不是这样或那样的政治理论，而是他自己的经验和感觉，这种经验和感觉不是孤独的，而是与他人的生活现实联系在一起。他讨厌那些由精英知识分子所设计的社会改造计划和理论，因此，他在陈述自己的政治见解和社会认识时，运用的是普通人能够阅读和理解的文字形式。他憎恨一切政治欺骗，尤其是用文字来糊弄人民的伎俩，所以他自己用一种诚实、真诚的文字来写作。

奥威尔的种种写作努力未必都绝对成功，但是，他努力了，并以此为真实的写作作出了示范。奥威尔说，"好的散文，就如同好的窗户"（《我为什么写作》），与那些先意承旨、揣摩风向、首鼠两端的知识分子用貌似深奥的花言巧语讨好权力不同，他从不谄媚权力，他的文字清晰、准确、简洁，如同一扇明净的玻璃窗。透过他的文字，我们看到他所生活的那个真实世界和他的真诚思考。他所思考的那些重大问题——社会主义的正义和自由理想、知识分子的自我欺骗、文学与政治的联系、极权对人类的毒害和摧残——都仍然与我们今天的世界有关。奥威尔的写作让我们看到，对这些问题没有简单的、一劳永逸的答案和选择，他对这些问题的写作体会是，"写书是件可怕的、让人精疲力竭的战斗……如果不是受到某个既无法抗拒、也无法理解的魔鬼的驱使，谁也不会去干这事"。在不到 47 年的短短一生中，在这个令他精疲力竭的战斗中，他从来没有懈怠和退缩，更重要的是，他一直都很清楚，也很确定，自己到底是在为什么而战斗。

第三辑

暴 力

11　暴力古今谈中的政治变革史观
——詹姆斯·佩恩《暴力的历史》

詹姆斯·佩恩的《暴力的历史：探索世界范围内强迫、流血和残害的历史》（下称《暴力的历史》）^[1]虽然叫作"历史"，其实是一个"暴力古今谈"的随笔文集。这些纵古论今的历史回顾杂谈都归结为一个总的观点，那就是，今天世界上的暴力——在佩恩那里，武力是暴力的同义词——已经比历史上的暴力有了明显的下降。佩恩提出"暴力下降"论，有现实针对意义，因为许多人觉得，世界正在变得越来越暴力。

刚刚过去的20世纪里，有2亿人因为战争或集体性屠杀（genocide）而丧生。美国、以色列、印度、巴基斯坦、阿富汗和多个阿拉伯国家陷入历史学家查尔斯·彼尔德（Charles Beard）所说的"为永久和平而进行的永久战争"（"perpetual war for perpetual peace"）之中。各种各样的"恐怖主义"及其追随者正在以各种极端的手段残杀无辜平民。在美国和许多西方国家，监狱里罪犯年年都在增加，美国联邦政府扩大了不

---

[1]　James L. Payne, *A History of Force: Exploring the Worldwide Movement against Habits of Coercion, Bloodshed, and Mayhem*. Sandpoint ID: Lytton Publishing Company，2004. 出自此书的引文在括号中标明页码。

经审判就关押"恐怖分子"的权力。世界上几十个专制国家里，人民连基本的公民权都得不到保障，世界范围内几乎所有的政府都在强行逼迫百姓纳税。在这样一幅令人揪心的世界图景面前，佩恩提出暴力下降论，与其说是为了打消许多读者对暴力原先的想法，还不如说是在建议，不妨换一个角度来看问题：也许可以不必把现实看得那么黯淡，以至于太悲观失望，不妨以比较乐观的心情期待历史朝好的方向发展。

这是一种不以发现真理为目的，而坦言个人思考和建议的一家之言，正如佩恩所说，"我从事这项研究，是为了满足我自己的好奇心，想弄明白文明是从哪里来的，向哪里去。我把发现的结果与其他有此好奇心的人们分享。寻找暴力变化的踪迹是一件有益的事情，我因此对历史有了更深的理解，特别是对人类制度种种神秘莫测、意想不到的演变有了新的感受。我希望能把自己的一些喜悦与我的读者分享"。(6页)

随笔是与佩恩自设的有限目的相符的写作方式。随笔与学术论文不同，论文要求科学、客观的论断方式，追求能普遍说服的效果。随笔不讲究这个。如果用随笔来议论"年轻人越来越没有礼貌"或者"读者变得越来越懒"，随便一些自然无妨。但是，如果用写论文来证明这样的变化趋势，那可就真得大费周章了。《暴力的历史》的"历史"并不是按年代顺序的历史（chronological history），而是有话则长、无话则短、点到为止的"史话"，再加上一些从现今问题对历史往事的思考和随想比较，所以更为普通读者所喜闻乐见。

对这样的一家之言，读者一般会以姑妄听之的明达心态来阅读，其中的乐趣大半来自有趣的轶事和联想。相比之下，学术化的历史研究会包含更为严肃的"真理宣称"（truth claim），因此也就更需要符合学科规范的周全论述，务必论据确实、论证严密、方法可靠、认真对待不同的观点及其论证等等。佩恩的《暴力的历史》和平克的《人性中的善良天使》（见本书下一篇）都主张暴力下降论，但是，由于这二者有"随笔"和"学术著作"的区别，因此，对佩恩的一家之言几乎没有人专门提出异议，而对平克的论断则有许多学术的质疑。

其实，无论是用随笔还是学术论述，讨论暴力的意义并不在于证明某种实在的"历史趋势"（暴力已经下降或必然下降），而在于认识暴力的复杂性。暴力下降论的出发点是，暴力是一种恶，暴力下降意味着历史、文明、道德的进步。这种对暴力的看法是否充分和全面，是否符合历史现实，本身就是一个富有争议的问题。暴力的多样性在政府暴力中表现得最为突出，反抗暴政的革命暴力可视为对政府过度暴力的反作用和延展。政府对暴力的合法垄断有助于消除局部暴力，但也给政府暴力提供了意识形态的粉饰和合法性的掩护。佩恩对政府暴力有多方面论述，是他这部暴力史对我们最有启示的部分。

一、为什么要讨论暴力

佩恩对"暴力"的定义是，"蓄意对个人及其财产有所身体动作"。（20 页）所谓"身体动作"（physical action）也就是直接伤害的行为。这是一个对暴力相当狭隘的定义。针对这样的暴力，他得出的结论是，尽管现代人类社会仍然充斥着严重暴力，但与历史上的许多时期相比，今天的暴力程度已经下降了。他的主要依据是，人类历史上许多普遍的暴力形式在我们今天的社会里已经消失了，如用活人陪葬或祭祀、蓄奴、烧死或吊死女巫或异教徒、私刑处死，等等。同时，暴力暴动、谋杀、死刑处决也比以前大大减少。更重要的是，一些前人司空见惯、习以为常的暴力在今天大多数人眼里已经成为非常野蛮和恐怖的行为，如活埋、集体屠杀、斩首示众、凌迟处死，等等。

许多年前，佩恩在英国求学时访问了著名的伦敦塔（Tower of London），在那里亲眼看见并亲手触摸了割掉亨利八世皇后安·博林（Anne Boleyn）脑袋的刑具。今天，亨利八世在世人眼里是一个以凶狠、嗜杀而闻名的暴君，他杀掉自己好几位皇后和近臣。但是，当时的英国人却并不认为这位君王特别残暴。这是因为，"杀掉安·博林这件事，并不是某个坏蛋在小胡同里干下的谋杀，而是由一位在当时显然受到民众敬爱的君王，在大庭广众下，得到数百位公共官员的认可而做的事情。当时的民众并不像我们今天这样觉得恐怖。他们跟我们一样，有胳膊有腿，有嘴说话，但是，以今天的眼光来看，他们对苦难和流血的看法与我们不同。他们从暴力中得到乐趣，而我们则觉得惊骇恐怖"。(v-vi 页) 佩恩要说的是，人们对暴力的感觉和观念变了，暴力失去了昔日的合理性，这会使得今天的当事人在有暴力行为之前，更加三思而行。这会有助于减少暴力行为，也会是一种进步。

发生在英国的变化在不同历史时期也曾发生在世界的许多其他地方。对无辜者的肉体残害、凌辱、折磨，甚至杀害，今天已经被大多数人视为令人发指、骇然和恐怖的暴行。佩恩认为，无论是肉体暴力的消减在先，还是人们对暴力的厌恶和排斥在先，出现这样的变化，都让我们看到了一个普遍的趋向："在人类的所有群体中，暴力减少的趋势看上去正在发生作用。"(vi 页)

这当然只是一个大致的猜测，佩恩提出的问题比他能解决的要多，"暴力也许是正在下降，但是下降得多快呢？在不同的文化中以相同的速度下降吗？会影响某种暴力，而对其他暴力没有影响吗？对那些偏离下降趋势的，至少现在还在增加的暴力怎么解释呢？暴力的变化发生在哪里呢？是发生在文化和制度中，还是民众的想法或领导者的态度中呢？"还有种种如何求变的问题，例如，对促进减少暴力，我们能做些什么呢？这是人所不能控制的进程吗？要等待手握暴力之权的专制者大发慈悲、放下屠刀、立地成佛？还是有什么可以对他们加以限制的办法或途径？（vi 页）

佩恩强调，讨论暴力的重要意义，就是帮助人们仔细思考和剖析他们关心的暴力问题，将之彻底暴露到阳光底下，不让它隐藏在似是而非的"两可理由"或"合法性"辩护背后。人们不愿意彻底剖析暴力，第一个原因是暴力具有模棱两可的模糊性。虽然人们一般不喜欢暴力，但对于是否需要某种具体的暴力却总是意见不一，而且，事实上也不可能主张所有的暴力都应该废除。这是因为，"暴力是邪恶和野蛮的，但暴力也是明智和必要的"。（6 页）政府征税和管制都是制度性的暴力作为，反对私人住房征税的人，却会赞成用纳税人的钱来办学校和建图书馆。反对政府禁止在公共场所挖鼻孔的人，却会支持政府禁止在公共场所抽烟。第二个原因是，暴力的面目模糊经常是模糊的，这让政府总能为其暴力找到某种正当性和合法性，例如，政府会说，它使用的不是暴力，而是政府的正当权力，理应有权征税，理应审查出版物，理应订立禁令和法规，等等。辨别和讨论暴力让我们看到，政府的这些"自然正当"职能背后其实经常暗藏着暴力的可能。

因此，佩恩所讨论的暴力实际上并不局限于他对暴力的狭隘定义，而是广泛涉及政府权力与暴力的关系问题。其中包含两个主要的论点。第一，政府所运用的暴力都不是政府发明的，而是人类自然行为的一部分。在政府运用某种暴力之前，它早就存在于人类的行为中了。这并不是为政府暴力脱罪，正相反，是为了强调，如果暴力是人类自然行为的弊病，那么暴力也是政府行为的弊病。一种暴力并不因为是政府所为（往往以人民大众的名义），就变成了一件好事或获得了道德合理性。政府较隐蔽的制度化暴力行为——征税、管制社会、惩罚人民、发动战争——并不是像它自己所宣称的那样出于公义、道德，而是不折不扣的暴力行为。暴力得不到应有的诚实讨论和客观剖析，主要是因为，"人类社会普遍对讨论暴力的运用觉得尴尬和不自在，因为没有一个社会能够接受这样的想法，那就是，这个社会的制度是原始的，有道德污点，而不是暂时的。这也就是为什么从来没有关于暴力的历史"。(6 页)

第二，与政府有关的暴力形式（如政治谋杀、不经司法审判程序的定罪或死刑、内战、阶级斗争、明目张胆地迫害政治异己）减少了，这与暴力在人类历史过程中的减少似乎是一致的。但是，我们并不确切知道原因究竟是什么，只能猜测与两种历史发展有关：首先，人类物质生活逐渐富足，人的生命价值随之提高，不再是贱命一条。人越是没有权利和尊严，就越是只能任人残害和屠宰。其次，人类随着交际越来越频繁和发展（印刷、书籍、报刊、交通的发展是主要的条件），互相之间有了更多的同理心（empathy）、共同利益和共同价值，因此不再彼此非人化、视如仇寇、相互残害和杀戮。

然而，这两种可能都只是推测，它们只为我们了解历史提供了"或然性"（probability）而非"确定性"（certainty）的理解。佩恩的一个主要观点是，历史的发展主要发生在制度的变化中，而单凭观念并不能影响制度变化。当制度发生变化的时候，往往人们的行为先已经发生了变化。观念的变化总是发生在经验性的行为之后，这样看待观念与经验的关系，其普遍意义是，人们并不是先有一个与自己的现实无关的理想，然后面对一个与理想无关的现实。人们生活在非常具体的现实里，理想一开始就是在这个现实里呈现的，后来逐渐清晰明确，终于发展成为社会的目标。

二、政治谋杀的"神秘演化"

最明显的暴力是针对人的肉体的直接残害：监禁、酷刑、流血和杀戮。在现代社会里，就施行这类暴力而言，没有任何力量可以超过国家政府。佩恩强调，没有暴力或暴力威胁便没有政府，"政府最原始的形式，就是一支能在某个地方呼风唤雨的军队，通常是赖在被征服的土地上，盘剥那里百姓的军队。……暴力本来就已经够坏的了，政府这个统治整个疆土的永久的、组织化的暴力制度，又怎么能代表良性的改变呢？"（82 页）政府能起到限制和降低个人与个人、部落与部落、群体与群体间暴力的作用，这是因为国家政府垄断了合法行使暴力的权力，使它可以制止或限制由其他行为者所行使的暴力。平克在《人性中的善良天使》一书中称此为国家的"平靖"（pacification）作用。[1]

政府虽具有平靖作用，但却有一个严重的问题：谁在控制政府？政府拥有可怕的强制力，"政府成为一块肥肉，一个权力的巅峰，吸引那些野心勃勃、报复心和贪欲极强的人前来争夺。由于暴力深深植根于原始文化，对政府控制权的争斗特别暴力也就是很自然的了"。（82—83 页）那些想要掌权的人用杀戮来夺权，掌握着权力的则用杀戮来毁

---

[1]　斯蒂芬·平克：《人性中的善良天使：暴力为什么会减少》，安雯译，中信出版社，2015 年，第 2 章"平靖进程"。

灭对手，"杀戮和内战的循环与无政府时代的强梁匪徒同样糟糕"。(83页)
争夺政府权力成为大规模残害和杀戮的一个主要原因。但是，佩恩关
注的并不是内战对百姓造成的暴力灾祸，而是发生在统治者之间或与
争夺统治权力有关的残杀。这种残杀的暴力主要是"政治谋杀"，与古
代相比，已经大大降低了。然而，这只是暴力的极为有限的方面，很
难说具有普遍的历史意义。

佩恩所说的"政治谋杀"(political murder) 不同于今天现代国家里发
生的那种"行刺"事件 (如肯尼迪遇刺)。今天行刺总统 (或其他高级政治
领导人)，行刺者是总统不认识的陌生人。行刺者就算成功得手，也不
是想自己当总统。而且，不管成功与否，刺杀都是犯罪行为，刺客一
旦被捕获，定会受到法律制裁。政治谋杀与这种政治行刺不同，谋杀
者一定是身处高位的权力圈中人，一般与被谋杀者相熟，成功后会获
得政治利益，也会平安无事，不受法律追究。另一方面，当权者若粉
碎政治谋杀阴谋，定会将阴谋者 (不只是刺客) 以"造反""谋反""政变"
的罪名处死。一般民众会觉得理应如此，因此，杀来杀去，政治谋杀
都是一种"被认可的杀戮"。(83页)

政治谋杀自古以来便是政权更迭的主要方式，不仅祸及权力的争
夺者，而且还波及支持者和拥护者。罗马帝国就曾是一个频频发生政
治谋杀的屠宰场，从恺撒崛起到帝国分裂的 334 年间 (公元前 49 年至公
元 285 年) 一共有过 49 位皇帝，其中 34 位是被谋杀的，自然死亡的仅
11 位，另外两位死于与外国的战争，还有两位死因不明。相比之下，
反倒是早先的罗马共和国，比较少见这样的暴力。公元前 509 年 (塔克
文灭亡) 至公元前 49 年 (恺撒执政)，罗马共和存在期间，很少有执政
者被政治谋杀的。佩恩指出，"那不是因为罗马共和摒弃了杀戮，而是
因为宪政制度趋向于不需要政治谋杀"。(84、87页) 政治谋杀是高涨还

是下降，起决定作用的是制度，而非人性或文化。

在罗马共和制度中起关键作用的是公权力人物的严格任职期限，"那些拥有行政权力者——执政官和其他的行政官——是由人民议会选举产生的，任期为一年，且不可连任。这是为了造成自动的领导者改换。如果你不喜欢你的统治者，那么你只需等待一段时间，他们就会下台"。(87页) 这样的制度安排虽然减少了政治谋杀，但并未将之结束。虽然政治人物任期很短，但仍会有对手想要取他们的性命。他们被杀的共同原因之一就是破坏任职期限，对手因此有理由害怕他们会变成独裁者。

罗马帝国时期，阴谋、谋杀、战争成为常态，但是，在后来的某一个时刻，政治谋杀几乎是突然而然地停止了，佩恩称其为"神秘的演化"(mysterious evolution)。我们至今并不知道这一演化真正的确切原因。

有的历史学家认为，也许是政治"常识"(也就是平克所说的"理性")发生了作用：政治人物认识到，政治谋杀的血腥恶性循环最后对谁都没有好处。佩恩认为，这是现代人以今度古的看法，古人未必就是这么想的。他指出，"把暴力从更换领导者的程序中剔除出去，并不是一个知觉的、理性的步骤。并没有人站出来提出一个理论说，暴力对人的幸福其实是得不偿失，也从来没有什么议事会，通过法案或宪法条例，规定要以非暴力程序代替暴力"。(89页) 因此，不能把政治谋杀的暴力下降称为"学习过程所形成的转变"，"希伯来人和罗马人经历了许多世纪的政治暴力，但并未变得聪明一些，而是不断继续他们的谋杀"。不过，后来却出现对这种杀戮的禁忌，而且速度快得惊人，"几千年一直在延续的暴力模式，在没几代人的时间里，其政治谋杀就被人抛弃了"。(89页) 佩恩以英国为例指出，这个变化发生在伊丽莎白女王一世的时候，她的侄女玛丽谋反，女王开始只是将玛丽囚禁起来，并没有取她的性命。谋士们不断敦促女王下手，以绝后患。女王于1587年终于处决玛丽，"但却是经过了19年的迟疑"。到了1688年"光荣革命"时，英国完全告别了政治谋杀。（91页）

民主政治的发展与政治谋杀的消失之间存在着值得我们重视的共时关系，"人民趋向于把民主简单地视为一种由人民选择的政治制度，一旦民主被确立，政治的平静便有了保证。然而，因果关系似乎正好相反。一国中人必须先停止使用暴力，不用暴力来获取或维持权力，然后（也只能是然后）表述意见的自由才会受到尊重，也才会出现具有实质意义的选举。在英国，17世纪政治谋杀消失，这才使得选举制的民主成为可能——选举制的民主是在政治谋杀消失后一个世纪才出现的"。（92页）

先停止暴力，然后才有可能出现民主，而不是先民主，然后让民主停止暴力，这是一个重要的前因后果观念。佩恩指出，"在一个人民还习惯于政治暴力的国家里，选举并不足以建立民主。政治谋杀和暴力反叛会不断抬头，国家于是陷入内战或独裁"。（92页）俄国在20世纪初举行过好几次选举，德国魏玛时期也多次举行选举，但没有建立民主。许多新独立的非洲国家也是一样。虽然形似民主的秩序建立起来，但由于暴力残杀还在延续，终究还是难免陷入旷日持久的内战。佩恩的结论是："说到底，我们称为民主的那种政治宽容制度，必须在诸如政治谋杀这样的暴力行为被抛弃后，方能建立。"（92页）停止政治谋杀只是必要的条件，但不是充分条件，因为正如佩恩所看到的那样，俄国停止了政治谋杀，但民主制度并未建立起来。（94页）

三、专制统治"松手"的三种可能

暴力的降低或减少，其文明进步的意义在于增进自由的政治文明，是政治专制独裁向民主法治变化的重要标志，也是政治制度变革的主要内容。专制向民主转变，独裁向宪政法治变化，最重要的一个方面就是，专横的、非理性的暴力受到理性的制度约束和遏制。虽然宪政法治并不能消除政府的暴力，但却能在最大程度上将暴力关进制度的笼子里去。这样的历史变化是怎么发生的呢？在佩恩看来，这是一种无法归结为某些固定原因的变化，它充满偶然性和机遇性，推进变化的主要是无形的"历史发展"。然而，即使是"历史发展"，也不可能自动发生，因为在历史发展中起作用的毕竟是人，因此问题是，最能促使或推进历史变化的是哪些人呢？

佩恩对此的回答是清楚的：不是普通民众，也不是思想家，而是手握权力的统治者。这对于指望知识分子"启蒙"来拯救社会的梦想者而言，不啻是一剂清醒剂。当然，这并不等于说民众和知识分子在历史变化中就不发挥作用或无足轻重，而是说，如果忽略了统治者的关键作用，就会无法解释历史上那些最具深远意义的变化，尤其是政府暴力形式的下降。

国家统治者（和政治精英）手握垄断的暴力大权，为什么反倒会"松手"，成为暴力下降的始作俑者呢？佩恩认为，大致有三种原因。第一，权衡之下，觉得暴力弊大于利，不如改弦易辙；第二，厌倦了暴力，不想继续用暴力行事了；第三，一时不小心，开了头，无法再回头了。第一种是统治者的精细盘算，第二种是开明统治者的仁慈之心，第三种是他们的一时疏忽大意或失策。无论是出于哪种原因或哪些原因的结合，暴力下降都有利于民主的发展。相反，如果专制统治者决不手软，决不妥协，步步为营，对民众的自由要求严于防范，绝不让它有可乘之机，那么，暴力是可以维持下去的，要改变它的唯一办法就是以更强大的暴力摧毁它。这样的暴力虽被称为"革命"，但并不会革暴力本身的命，它所建立的必然是一个以暴力为秩序和以暴力来维持的政权。历史中反复发生的暴力恶性循环便是这样发生的。

佩恩为读者提供了历史上专制统治者三种"松手"的例子，不同的原因经常会结合在一起。例如，古代社会里，思想压制的主要领域是宗教，这是因为宗教对政治和社会都有巨大的影响。在欧洲，主要的宗教暴力是基督教对"异教"的迫害，到了 17 世纪，"欧洲宗教迫害的原则出现了松动。大多数统治者开始意识到，宗教的教派迫害只会加剧民间的动乱，危害政权统治。他们开始看到，宽容有政治上的好处"。（224 页）把宗教宽容当作政治上的权宜之计，这是权力的功利考量。另一方面，由于流血的残害和杀戮与基督教的仁爱原则不符，"许多基督教领袖也对用暴力推行教会原则越来越觉得难以心安理得"。例如，美国罗德岛的创奠者罗杰·威廉斯（Roger Williams）在《为良心的缘故而迫害的血腥理念》（*Bloudy Tenent of Persecution for Cause of Conscience,* 1644）中认识到，"几十万新教徒和天主教徒在过去和现在的战争中流血丧生"。宗教迫害（或与此类似的意识形态或政治迫害）都需要有群众的参与，形成乌合之众的暴力。一旦宗教迫害的暴力在统治精英那里发生了变化，普通人的仇恨和迷信便会成为法律约束而不是纵容的事情。

印刷品禁令和审查的松动可以说是一个专制者因疏忽大意而松手的例子，但其中也有精明的功利考量。15 世纪出现了印刷术，人类传播思想的能力有了飞跃。统治者马上察觉到印刷品出版物对权力的威胁，开始以极严厉的手段压制出版，其中一项措施就是全面禁止出版。例如，1535 年法国弗朗西斯一世禁止所有出版，违者处以绞刑。

许多欧洲国家，包括奥地利、德国、西班牙和英国，也都发生了处死出版人和作者的事件。1530—1533 年，有历史记录的处死书商和作者至少有 6 桩。在瑞士的苏黎世辖区，1500—1700 年间有 74 位作者被处以死刑，其罪名是"攻击权威""嘲笑婚姻"。今天，以这样的罪名已经不可能处死作者。这当然可以视为言论领域中暴力下降的标志。但是，这并不等于暴力已经退出了言论领域，意识形态和政治审查已经发展出远为精致、有效的新方式。仅以"处死作者"不足以全面比较古今暴力用于言论禁止的情况。

在欧洲历史上，统治者从严格禁止出版到对之实行管辖，开始是出于功利的考虑（精明盘算）。出版有其实用价值，控制比禁绝是更有效的管制方式，其关键的手段就是颁发出版许可。凡是统治者不喜欢的，便不予以出版许可，这就是出版审查。最早的出版审查制度之一是 1485 年在德国法兰克福市建立的，禁止的第一本书就是《圣经》的德文译本。18 世纪，法国审查制度所禁之书达 3000 种之多。到 1789 年法国革命前夕，法国政府有 178 名审查员对书籍是否允许出版拥有决定权。审查员并非人人相信自己从事的是利国利民的好事，他们只是在为权力当差。18 世纪中叶，一位负责法国书籍审查的官员在回忆录中写道："读者如果只阅读政府用法律许可的书籍，那他就落后于其他同时代人几乎一个世纪。"（229 页）

17 世纪，英国诗人弥尔顿在《论出版自由》(*Areopagitica*，1644) 中，从思想上有力地驳斥了审查制度，其主要论点是，如果政府不审查出版，那么，尽管有人会利用言论自由来发表谎言和诽谤，但也会有出现真理的自由。当谬误与真理同时出现的时候，真理会取得胜利，"因为真理要取胜并不需要什么特别的策略、谋略和手段"。佩恩认为，这样的自由之辩虽然记录在思想史里，但真正打垮审查的却并不是知识或道德的论辩。那些起先宣扬新闻或言论自由的人，一旦自己掌了权，有了禁止别人言论的政治需要和权力，照样会禁止别人的言论自由。弥尔顿自己就是这样。1649 年，他加入英国清教政权，也参与了对政府批评者的压制。

佩恩认为，英国历史上对出版物从禁止转向管制，审查由松动到放弃，有统治者的主观原因，也有他们实际上难以控制的客观原因。主观原因是，统治者"不愿意再用暴力手段压制'非法出版'了"。(229页) 他们不是不想压制非法出版，而是不想再诉诸极端暴力了。起因可能是，实际上禁而不绝，不如变禁止为管制。不管对某些出版物的禁止多么严厉，只要出版有利可图，就会有人做这个生意。政府要坚持禁绝，一定得诉诸非常血腥的暴力手段。只要统治者铁了心，坚决镇压，不惜流血，强行镇压总还是可能的，但这样会引起社会动荡，不符合"精细盘算"统治成本与效用的原则。

除了"仁慈之心"和"精明盘算"之外，"疏忽大意"也是英国出版审查最终被放弃的一个原因。1695 年英国政府放弃审查，在今天看来是一个重大的政策改变，但在当时却几乎没有人注意，因为这个条文是夹带在关于一些小事的动议中的。英国历史学家麦考莱 (Thomas Babington Macaulay) 指出，当时英国国会的辩论既不是关于出版自由，也不是关于人权或思想自由对文明发展的作用。当时国会关心的其实是一些"鸡毛蒜皮的不满"，尤其是对主政审查的平庸官员们拖拉和浪费的不满，其中一条是，进口的书籍堆放在伦敦码头上，未待审查官姗姗来迟，进行检查，就已经发霉，"正是这样的抱怨做成了弥尔顿的《论出版自由》没做成的事情"。[1] 审查官放松管制，可能是以为，不

---

[1]   Lord Macaulay, *History of England to the Death of William III*. London: Heron, 1967, vo.. 4, p. 125.

让书放在码头上发霉，不过是实用的理由，与争取自由的政治要求无关。以"发霉"争取到审查的松动，这也许是无心的擦边球效果。事实证明，许多抵抗行动中，打擦边球是有用的策略，它避开正面对抗压制，迂回曲折地达到或部分达到自己的目的。

专制统治的任何一种松动，都有特定的历史偶然性。由于历史的其他偶然性，这种松动也就有可能发生逆转。进步会倒退，但是倒退到进步之前的状态，好像进步什么效果都未发生一样，那也是不可能的。

1697 年，就在 1695 年 废除出版审查后两年，英国国会又试图恢复审查，然而自由口子既已打开，再关闭就没那么容易了。恢复审查的理由是，出版物有许多不实甚至欺骗性的信息，起着不法操控市场的作用。但是，英国人在两年之中已经尝到了出版自由的好处，不愿意再以自由交换对信息的全面"净化"。两年的经验已经足以让人们看到，宗教和道德并未因为新闻自由而被毁掉，相反，新闻自由加强了报人的责任感，出自这一渠道的消息比以前的匿名或小道消息要来得准确而可靠。而且，在自由化的这两年时间里，报纸的数量和读者都增加了，就连保守的立法者们（议员）自己也早已习惯了阅读自由的报纸。正如麦考莱所说，他们需要读早报就犹如需要喝咖啡，自然不愿意回到禁报的时代。[1]

结束审查是新闻自由的前奏，是审查实际放松或结束在前，新闻才自由化的，新闻自由化成为既成事实，新闻自由才有可能被当作"权利"确定下来。并不是用新闻自由的"权利"为理由，这才争取到新闻自由的。如果统治者不愿意让新闻自由化，跟他们讲权利是没用的。只是当他们因为某些原因实际上已不再实行对新闻的严厉钳制，

---

[1]　Lord Macaulay, *History of England to the Death of William III*, pp. 174-175, 300-301.

新闻自由才有可能成为一种"权利"。开头的时候都是这样，但是，一旦新闻自由在一国或数国内被承认为一种"权利"，其他国家的人们也就可以以此为理由，争取他们自己的新闻自由权利。

四、政府暴力"令人难堪的事实"

今天，人们提起古代的活人祭祀和陪葬、奴隶制度、迫害异端思想和言论、宗教战争和屠杀，都会认为那些是野蛮行为，庆幸自己出生在一个"文明"的时代。这样的时代优越感中也包含着一种道德上的自我优越感，好像我们自己如果生活在过去时代，就会谴责、抗议或抵制那些野蛮行为似的。佩恩说，他写作《暴力史》就是为了告诉人们，这样的时代优越感会使我们无视当今社会里那些以暴力为后盾的"文明制度"。他指出，"当一种强制手段呈上升趋势时，它并不受到谴责。相反，它会被视为正是文明健康发展所需要的。这样的强制手段受到那些最优秀公民的拥护，而它的批评者——如果还有批评者的话，则是社会异类或格格不入者"。(200 页) 这是因为，凡社会制度，必有某些根深蒂固的因素，这些因素使得人们把现有的制度视为天经地义、不容置疑，也根本不需要质疑。因此，佩恩建议，考察暴力，不仅要知道哪些暴力已经或正在消失，而且还要知道哪些暴力还在延续，并被许多民众视为理所当然的事情。征税就是这样一种被当作"本该如此"的隐性制度性暴力。

佩恩提出，我们应该把"税"(taxes) 与"征税"(taxation) 加以区分。人们对"税"多有抱怨，嫌税太高太多，但是，很少有人会追究"征税"的问题。征税被视为维持文明社会的必须之举，虽然令人不快，但不征税就不能建医院办学校，就养不起军队和警察，就没有公路和铁路，等等。征税已经被视为虽不如愿但绝对无法避免的事，如富兰克林所说，"世界上只有两件事情确定无疑，死亡和纳税"。佩恩提出征税的问题，不是建议将之废除，而是要我们看清这样一个现实，"征税是政府用暴力或暴力威胁来支持的常规取财方式"。(201页) 暴力和暴力威胁是征税制度存在的条件，如果暴力是一件坏事，支持征税制度的暴力也就同样是一件坏事。

与暴力有关的事情都想与暴力脱离干系，所以，总会尽量"巧妙"地去做，好不让人感觉到不快和厌恶，让事情被忽略，甚至被接受。有一种叫"拔鹅毛"的征税观念，便属于这种"巧妙"。"鹅叫论"的发明者是 17 世纪法国财政学家科尔伯（Jean-Baptist Colbert, 1619–1683），他于 1665—1683 年任路易十四的财政部长。他以勤勉、节俭闻名，对发展法国的制造业，把经济从濒临破产的边缘挽救回来出了大力。在他看来，财政是一种巧妙的手段（或所谓的"艺术"），要能"拔最多的鹅毛，听最少的鹅叫"（Plucking the goose with as little squealing as possible）。科尔伯服务于一位专制君王，他的工作就是为国王敛财，竭尽所能地拔百姓之毛。百姓就是鹅，国王和他的国家就是拥有鹅群的主人（sovereign）。不要说是拔鹅毛，就算是要杀鹅、吃鹅、卖鹅，也一切都取决于主人的意志和利益。历史学家大多认为，科尔伯确实是一位办税的能臣，但恰恰是他的才能却让国王越来越挥霍无度，百姓越来越贫穷。1789 年爆发法国大革命，就是因为税收制度的积弊难改，最后终于因税收拔毛不公，鹅群痛苦不堪，铤而走险，揭竿而起。

政府是一个垄断了使用暴力的合法组织，这是马克斯·韦伯的一句名言。按照这一说法，政府就是执行暴力的工具。在理想的状态下，暴力仅仅被作为一种威慑犯罪分子和入侵者的备用工具。但是，几千年以来，大多数政府都不具备这样的克制力，而是沉湎于滥用暴力。同样，在理性状态下，政府以对百姓的保护和服务交换他们自愿缴纳的税金，但是，大多数政府并不能恪守此道，只要没有或缺乏立法权力的制衡，便会巧立名目，以各种方式提高征税，甚至横征暴敛、竭泽而渔。斯蒂芬·平克在《人性中的善良天使》一书里说，"如果说专制就是'社会的首领有权任意地，而且不受惩罚地杀害自己的臣民'，在这个意义上，最初出现的国家组织，全部都是专制主义国家"[1]。同样，如果一国由于缺乏对权力的制衡，政府有权任意征税，而纳税人除了乖乖服从之外别无选择，那么，所有这样对待老百姓的国家组织，也都全部是现代意义上的专制国家。

在现今世界上，最接近于理性观念的政府是自由民主制度下的政府，尽管还有很大的距离。理性观念上的政府，用平克的话来说，"政府不再被视为一个社会的天然有机组成，或者是一个上帝用以统治其王国的地方分店，人们开始认为，政府就是一个小工具——一件人类的技术发明，目的是增加全体人民共同的福祉"[2]。政府从来都不是一件现代人的刻意发明，它早在有文字的人类历史之前就已经存在了，政府最核心的一项权力和职能——征税——也不是现代国家的发明，它也是早就存在了的。

专制的路易十四和民主的美国政府都征税，但是，他们所依据的理由是不同的。对于路易十四，"朕即国家"就已经是充足的理由，但是，美国政府必须提供纳税人能接受的理由。纳税人的钱是用来为纳税人服务的（取之于民，用之于民）。税收用于运作民众正常安全生活秩

---

[1]　斯蒂芬·平克：《人性中的善良天使》，第 191 页。

[2]　斯蒂芬·平克：《人性中的善良天使》，第 192 页。

序所必需的警察、军队、法院、政府，用于提供公共服务（公共品）：学校、图书馆、医院、道路、社会福利。而且，他们纳什么税，纳多少税是在透明、公正的民主程序中决定的。要是他们有理由不满政府的征税和支出，他们有力量也有机会更换政府。

在这样的制度里，尽管政府可以动用强制力，但它不能把征税当作一种以鹅不叫痛为限的"拔鹅毛"。拔毛没有不疼的，鹅之所以让人拔毛，不是因为不太疼，而是因为拔毛的人（也就是政府）拥有"不纳税可惩罚"的权力。佩恩指出，即使民主国家也会使用强制手段（暴力）来征税。这是一种历史性的暴力延续，"什么是为政府规划和社会改良提供资金的税收制度呢？税收制度不是思想崇高的社会改革家们为实现理性和道德原则，而在最近才发明的。这是一种从历史上的暴君那里继承来的压迫性制度。一个来源如此不光彩的制度现在成了现代福利社会的基础，真是一个讽刺。这就如同把幼儿园建立在中世纪酷刑室的废墟上一样"。（219页）

19世纪美国政治哲学家莱桑德·斯波纳（Lysander Spooner）曾提出一种有趣的国家—强盗类比，是关于人民用金钱交换政府保护的。他写道，"强盗只对他自己所冒的危险、所犯的罪行和所做的事情负责。他并不装作有权取走你的钱或是说'取之于你，用之于你'。强盗承认自己是一个劫匪。他还没有厚颜无耻到自称是为了当'保护人'才强取他人钱财的程度。……再说，强盗抢了你的钱财，便放你离去，你也希望他放你离去。他不会一路上死乞白赖地跟着你，说因为保护你，所以他便是你的'主子'（sovereign）。他不会一再坚持要保护你，命令你向他臣服，为他服务，也不会命令你做这事，不准做那事，为了他自己的利益，一而再、再而三地向你勒索。强盗不会因为你不同意他的权威，或违背他的命令，就把你称为'叛逆''卖国贼''国家之敌'，或因此将你无情处决"[1]。

斯波纳的讽刺调侃指向一个经常被政府权力刻意模糊的事实，国家征税是在行使一种霍布斯所说的"利维坦"的权力，那是以暴力威慑为后盾的。佩恩认为，国家强行征税只宜当作一种不得已而为之的制度，"它暂时有用，但是，敏感的现代价值与古老统治术的苛刻暴力之间最终会出现冲突。在税收问题上也是这样。强制征收资金，用暴力来加以威胁，已经不符合现代价值观。从伦理上说，以暴力相威胁不符合我们对暴力的厌恶。从文化上说，它不符合人应当选择自己的目标和向往的原则。从政治上说，它违背政府应变得更善意、温和的要求。由于税收在现代社会和经济秩序中扮演了一个中心角色，所以没有人愿意面对这个令人难堪的事实"。（219 页）

把国家征税的暴力视为一个"令人难堪的事实"，还是一种值得夸耀的"拔鹅毛艺术"，这二者之间有着天壤之别。不仅是不同的税收观，而且更是关于政治制度合法性的观念差别。看到征税是一种国家暴力，并不等于要求取消征税，这就像承认国家是暴力机器不等于要废除国家政府一样。民主政府权力的合理性来源于这样的观念：政府虽然垄断了合法的暴力，但是，因为民众普遍认可这一权力，他们会认为，个人对抗它是非理性的，也是不足取的。在这样的情况下，政府事实上无须行使暴力。国家权力确实是霍布斯所说的那种"让大家敬畏"的力量，但这并不意味着，那些掌控国家权力的人，就此有了为自己谋求私利，残害国家人民的许可证。国家权力不过是一项得自人民授权执行的协议，人民可以授权，也可以取消授权，这样的人民是不可以用被饲养、供拔毛的呆鹅来比拟的。

---

[1]   Lysander Spooner. *No Treason No. 6: The Constitution of No Authority*. Boston, 1870.

　　国家和政府要摆脱暴力之弊，不是只需把铁拳藏在丝绒手套里就可以了，而是更需要把权力与暴力区分开来。阿伦特非常强调这一区分，她指出，暴力是工具性的，永远只是一种手段。[1] 许多左翼和右翼的政治理论家在暴力和权力关系问题上都把暴力看成是权力最显见的展示，以为不用暴力，权力便无以显示它的影响力。韦伯将国家定义为"人对人的统治，这种统治的基础就是合法的，也就是据说是合法的暴力"。米尔斯（C. Wright Mills）说，"一切政治都是权力斗争，而最基本的权力就是暴力"。[2] 马克思主义把国家视为统治阶级手里的压迫工具，把权力当作暴力的组织化形式。但是，阿伦特认为，暴力不是权力的来源，"一个国家的制度之所以拥有权力，是因为有人民的支持，而这种支持只不过是法的共识的继续，法从一开始就是由这种公民共识所奠立的。在代议政体中，是人民在支配那些管理他们的人"。只有实现了民主政治，权力才不需用暴力来维持。这时候，"所有的政治机构都是权力的显现和体现；一旦活生生的人民权力不再支持这些政治机构，它们也就僵化、衰败"。人民的权力体现为舆论。暴政体制可以依赖少数运用暴力者维持，但共和体制则必须依靠"舆论的力量"，"也就是说，（共和）政府的权力是要依靠众人的，'维持的人越多，政府的权力越大'，因此，正如孟德斯鸠看到的那样，专制是一种最具暴力，但最不具权力的政体形式"。强制暴力的权力统治只是一种"与奴役相配的政体"。[3]

[1]　Hannah Arendt, *On Violence*. New York: Harcourt, Brace & World, 1970, p. 46.

[2]　Max Weber, "Politics as Vocation." In Hans H. Gerth and C. Wright Mills, eds., *From Max Weber: Essays in Sociology*. New York: Oxford University Press, 1946, p. 78. C. Wright Mills, *The Power Elite*. New York: Oxford University Press, 1956, p. 171.

[3]　Hannah Arendt, *On Violence*, pp. 41, 40.

今天，世界上仍然存在着专制，暴力是否真的下降，还有待更全面的评估。但是，尽管这个世界仍然充斥着赤裸裸的或伪装的暴力，报告暴力下降的消息未必是一件坏事，因为暴力下降的消息会让还在继续使用暴力的专制者有更多的顾虑，而不敢旁若无人地放手作恶。但是，暴力下降的消息也会让人们错误领会，以为那就是天下太平的消息，这是我们应该警觉的。不过话说回来，即使天下太平的报告，对专制者来说也未必就是好消息，因为天下太平可能使他们少了一些动用暴力的借口。专制者不肯放弃暴力的理由经常是，世界不太平，到处是敌对势力，很危险，所以必须用暴力来对付危险。少一些这样的借口，对减少专制暴力也有好处。以今天的世界来看，虽然也许不应当完全排除高尚动机的专制者有放弃暴力的可能，但也不能对这种可能的自动出现抱太大的期待。而且，就算他哪一天真的允诺将来会实行民主，也不能就此轻信，把这种允诺当成了真实的未来。

12　和平时代的暴力
——斯蒂芬·平克《人性中的善良天使》

斯蒂芬·平克（Steven Pinker）的《人性中的善良天使》（*The Better Angels of Our Nature: Why Violence Has Declined*，下称《善良天使》）中译本出版后已经引起了广泛的注意。[1] 这是一部议题内容和材料都非常丰富的巨著，也是一部十分值得我们思考和讨论的著作。这部著作的主题和结构并不复杂。

《善良天使》的主题相当明了：暴力在人类 5000 年的历史中一直呈现下降的趋势。平克引述颇多的詹姆斯·佩恩在《暴力的历史：探索世界范围内强迫、流血和残害的历史》（2004）一书中就已经提出了这样的观点。平克提供的论证远超过佩恩，他提出，今天的世界已经进入了一个各种暴力都已经降低的时代，尽管我们不知道暴力未来的发展是否会有逆转，但有理由相信，暴力下降的趋势可以维持下去。这个全面"下降论"是这部书最有争议的部分。

《善良天使》的结构也相当清晰，可以分为三个部分：一、（5000

---

[1]　斯托芬·平克：《人性中的善良天使：暴力为什么会减少》，安雯译，中信出版社，2015。出自此书的引文在括号中标明页数。

年前开始的）长历史；二、（20、21世纪的）短历史；三、心理分析。当
然，也可以把第一、二部分合起来视为"历史部分"，与后面的"分析
部分"成掎角之势。分为三个部分的好处是，我们可以由此看到，对
这部著作的诸多争议主要集中在第二部分，而这个部分，相比起第一
部分来，恰恰又是读者，尤其是中译本读者会投以更多关注的现当代
历史。

"下降论"对读者是否有说服力取决于他们如何阅读第二部分和
如何看待自己在当下环境中的现实生活经验。然而，即使不接受下
降论，读者仍然可以得益于平克对暴力的许多具体见解。与历史部分
相比，人性剖析，即心理分析部分要令人信服得多，也更具有现实意
义。心理分析部分包括两个部分：作恶心理（第8章）和同理心（第9章）。
应该说，这本书的价值并不在于它对暴力下降（主要是"和平进步"）所
持的乐观主义，而在于它所揭示的暴力邪恶与遏制这种邪恶的人性功
能与可能。它与其说确实证明了各种暴力都已下降，不如说是正确地
指出，人类对暴力的总体观念已经普遍有了实质性的改变。即使某些
暴力事实上并没有下降，这种观念的改变也是一个重要的历史进步。

一、长历史和短历史中的"暴力"

为了说明第一和第二部分的关系，不妨简述一下平克在"历史部分"
所说的暴力下降的六个进程。他也用"趋势"（trends）这个说法，但不
如"进程"来得准确。"进程"（processes）这个说法更符合平克对同时
发生事物关系的看法，他认为，历史同一阶段里发生的一些现象，它
们之间并不一定存在必然的因果关系。例如，在"平靖"和"文明"

的进程中，国家的兴起与暴力的下降同时发生，但国家的兴起并不就是暴力下降的必然原因，也并不必然导致暴力下降。

在六个进程中，前三个为长历史，后三个则是短历史。第一个是"平靖"的进程，起作用的是"国家"（霍布斯所说的"巨兽"，Leviathan）。一直到 5000 年前，人类生活在"无政府"的自然状态中。在这样的丛林法则秩序中，暴力是唯一有效的法则。国家成为凌驾于分裂小群体之上的大群体秩序权威，有效地降低了群体内部的互相残杀。从国家利益的角度来说，人民是兵源和税源，不能让他们在自相残杀中被损耗，国家实现的是强制统治下的和平。

第二个是"文明"进程，起作用的是国家权力和商贸。国家形成后发展成强化的中央权威、国家和王国。这种政治结构和权威是文明的产物，它以"王法"的名义垄断了惩罚犯罪的"正义权力"，只有它才能行杀戮之权（"国王的正义"）。与国家同时起作用的是商贸的力量，它的技术和知识基础是金钱、运输、计时和交易互利的观念（这之前的不文明掠夺乃是零和游戏）。

第三个是"人道革命"的进程，起作用的是人道的观念。人道的观念导致废除酷刑、减少或废除死刑、终止多种残害和迫害（宗教迫害、烧死女巫、械斗、血腥娱乐、暴力讨债、蓄奴，等等）。人道革命的主要原因包括，一、物质生活的改善和生命价值的提高（人不再是"贱命一条"）；二、读书识字的人多了，其教育影响是一种启蒙，为知识代替愚昧和盲信扫清道路。妖魔化是愚昧的产物，也是暴力正当性的来源，如伏尔泰所说，"那些能让你相信荒唐之事的，也能让你犯下滔天大罪"。启蒙的大敌是愚民洗脑，教育并不自动成为抵抗愚民洗脑的力量，因为愚民洗脑也可以借助"教育"的力量。在人道革命中，起积极作用的是"世界主义"（cosmopolitanism）。这是一种普世的力量，它包括能帮助人类遏制残忍和暴力的"同理心"（empathy，"将心比心"），以及能发挥人性教化，而非宣传洗脑作用的文学艺术、历史、新闻。它们提升的是人类共同的善良意愿和美好价值。

第四个是"长久和平"的进程，起作用的是非战。总体趋势是，大国之间的战争减少了、战争的时间长度缩短了、频繁和惨烈程度降低了（有争议）、死亡人数减少了（有争议）。1946 年之后，人类正经历最长的"和平"时期（看你怎么界定"和平"）。

第五个是"新和平"的进程，起作用的是人类对战争残酷有了更多的认识。它表现为，虽然内战增加，但国际战争减少了，内战中死人不如国际战争多（有争议）。有人提出，20 世纪是出现极权和其他"人类灭绝"罪行的世纪，平克用弗兰克·乔克（Frank Chalk）和库尔特·约纳松（Kurt Jonassohn）的观点反驳这种观点，认为古代宗教战争就是人类灭绝的战争（有争议），因此，20 世纪并不是"人类灭绝"罪行特别严重的历史时期（有争议）。"新和平"与"长期和平"一样，受三个基本力量推动，那就是康德在《永久和平论》中提出的民主、商贸和国际共同体。

第六个是"权利革命"的进程，起作用的是公民权利和人权意识。它的标志是 1948 年的《世界人权宣言》。它减少的暴力包括像美国白人对黑人的那种私刑，提升妇女权利（强奸、家暴的减少）、儿童权利得到保障、禁止儿童体罚、重视学校暴力、限制影视和游戏中的暴力表现、平等对待同性恋人群，动物保护（限制打猎、素食主义、影视作品中的动物伤害，等等）。

如果说"平靖""文明""人道革命"是《善良天使》的第一部分，那么"长久和平""新和平"和"权利革命"便是它的第二部分。"长期和平"，用平克自己的话概括，指的是"在大国和发达国家之间没有战争——正在向世界其他地区蔓延"。(357 页)"新和平"指的是，在当今世界仍然存在"三种有组织的暴力"——"低烈度"的新型战争、种族屠杀和政治清洗，以及恐怖主义——的情况下，仍然得到有效维持的那种和平。(349—350 页) 按照平克自己提供的解释，"长久和平"和"新和平"都是从 1946 年算起的，区别在于前者是"大国"和"发达国家"间的战争，而后者是"新独立国家"和"政府无能的国家"的内战和国内迫害。[1] 他提到中国的地方不多，主要是在新和平进程中提到。

《善良天使》可以说是我们当今悲观时代的一部乐观著作。今天，世界上无一国可以避免恐怖主义威胁，各种暴力袭击事件频频发生，战争动乱还在许多地方施虐，专制独裁的暴力统治依然强势。在这样一个令人不安、焦虑和沮丧的时代，《善良天使》向世人报告了一个似乎令人难以置信的好消息：21 世纪的人类比以往任何时代都远离暴力，我们今天正生活在人类历史上一个暴力最少的时代。近年来，美国出版了好几本挑战公众悲观失望情绪，并提供乐观理由的著作，如 Gregg Easterbrook 的《进步的吊诡》(*The Progress Paradox*, 2003)，Matt Ridley 的《理性乐观者》(*The Rational Optimist*, 2010)、Charles Kenny 的《变好起来》(*Getting Better*, 2011)。《善良天使》也是一部这样的著作，它用大量例证，从多个不同方面指向暴力下降这一整体趋势，旨在帮助人们在直接的局部生活经验之外看到积极的希望和未来。这是它受到重

---

[1] 平克后来为《善良天使》的要点提供 119 张投影说明，第 47 和 49 张明说"长期和平"和"新和平"都开始于二战后的 1946 年。平克在《善良天使》"前言"里说，"新和平"是"自 1989 年冷战结束"（5 页），这与书里实际涉及的历史时期并不符合。他为"新和平"时期暴力提供的例子，如 1980—1988 年的两伊战争，1954—1962 的阿尔及利亚战争，都发生在 1989 年之前（353 页）。

视的原因，但也是它引起学界人士诸多质疑和批评的原因。

《善良天使》一书的副题是"暴力为什么会减少"，但是，平克比较成功证明的只是战争的下降，而不是暴力的下降。战争是可以计数的，然而，暴力计数即使可能，也要复杂得多。《善良天使》一书依靠统计数字主张各种暴力全都下降，并把战争下降作为暴力下降的依据，这是它受到许多批评质疑的一个主要原因。批评者们对暴力下降论持保留态度，这不等于不承认人类进步，也不等于对"进步"持相对主义或虚无主义的态度，而是要更加审慎地对待被宣告的"历史进步"。我们有很多这方面的教训，不要忘记曾经也有过"东风压倒西风"这样的历史乐观主义。历史的变化和发展中有太多的偶然因素，既然如此，任何历史进步都有可能被我们所不能充分预测的偶然因素所逆转。而且，什么是暴力？如何认识暴力？是否所有的暴力都能量化？这些都是研究暴力不可回避的问题，而这些恰恰是《善良天使》所忽略了的。

《善良天使》的实际议题是"暴力为什么会减少"，"暴力"是这个议题的关键词，但整个书里却没有一处对"暴力"作一个明确的定义，甚至在索引中也没有"暴力"（violence）这一条，对于一本学术专著来说，不能不说是非常奇怪的。本·劳斯（Ben Laws）在他的评论中指出，这不是平克的简单疏忽，而是因为他对暴力的量化处理（所谓"科学对待"），使得他没有办法对暴力下一个明确的定义。有的暴力可以大致量化（如战争中死亡人数、处决了多少犯人、多少人遭受酷刑或劳改），有的暴力难以量化（如经常有隐瞒不报的强奸、自杀、校园欺凌），有的暴力根本无法量化（多少人饱受极权或警察统治的恐惧、多少人的言论和集会自由被政府强行剥夺，多少人在学校或社会里被强迫洗脑）。量化的证据是为先行一步的论点服务的，谁要是先决定论述暴力下降，就会把所有能支持这一论点的量化结果用作证据，并排除不合论点的证据。或者，在处理上厚薄有别，对可以量化的暴力浓墨渲染，而对无法量化的暴力则一笔带过。用类似方式同样也可以证明与下降论完全不同的观点。如果谁要论证暴力上升，量化和区别对待的办法也可同样奏效，同样显得很是"科学"。例如，20 世纪是人类历史上唯一出现世界强国相互交战的世纪，不是交战一次，而是两次。第一次世界大战中，有 7000 万人被武装起来，投进战场，战争的新科技杀人效率高于历史上任何一次战争。这还不算，二次大战规模和惨烈程度更超过一次大战，在 6 年之内就死了 6000 万人，密集死亡的年数之短，史无前例。[1]

《善良天使》的暴力下降论与詹姆斯·佩恩在《暴力的历史》中提出的暴力下降论非常相似。平克多次对佩恩的观点加以引述并表示赞同。所不同的是，佩恩讨论的是暴力中的一种——"武力"(或称"强制"，force)，而且进一步限制为三种相对具体的"暴力"：强制 (coercion)、流血 (bloodshed) 和身体残害 (mayhem)。佩恩一开始就对中心词"暴力"做了定义，"针对某人的身体或财产所蓄意采取的实质行为"。[2] 暴力包括的蓄奴、屠杀、酷刑等也是平克讨论的主要暴力形式。但是，暴力的范围显然要大于武力，因此，平克需要对暴力另行界定。他可以对暴力作出自己的定义，但不能没有定义。有了对暴力的明确定义，讨论的范围和对象才能清楚起来。其实，当今世界对什么是暴力已经有了相当共识，对暴力的学术讨论如果能考虑到这种共识，那就能更好地帮助人们增加对当今世界暴力的认识。这恐怕才是对暴力学术讨

[1]　Ben Laws, "Against Pinker's Violence." *Ctheory*, 21 March, 2012. http://journals.uvic.ca/index.php/ctheory/article/view/14949/5845.

[2]　Charles L. Payne, *A History of Force*, p. 20.

论的现实意义所在。

当今世界对暴力的共识不妨以"世界卫生组织"对暴力的定义为例。暴力被定义为"威胁的或实际发生的，针对自己、他人，或针对群体或社群的故意使用实际暴力（force）或权力（power），其结果是，或很可能是伤害、死亡、心理创伤、畸形发展、剥夺"[1]。这是一个很有用的定义，因为它在一般关于暴力的"暴力"之外还考虑到了"权力"（"支配力"），例如，限制言论自由不一定要用暴力，而是可以通过实际的"支配力"来做到。在这个定义中，暴力包括的两个方面（意愿和为达到意愿的行动）与结果并不一定有关。例如，一个人朝你开枪，虽然没有击中你，但仍然行使了暴力。但是，另一方面，暴力又经常是指实际的伤害后果，即使没有加害别人的意思，如果事实上造成伤害，也仍然还是暴力。例如，父母体罚子女，动机再好，造成实质伤害，也照样还是暴力。

暴力包括由于"权力关系"（power relationship）而造成的伤害，例如威胁、胁迫、恐吓、压制、歧视、压迫、剥夺。这种暴力虽没有造成流血，虽没有让人送命、开膛破肚、肢体残缺，虽没有拳打脚踢，但足以造成各种严重伤害，如剥夺人的自由、公民权利及人权、使人丧失尊严、心智残损、人格扭曲、道德堕落、饱受恐惧、绝望无助，等等。这样的暴力及其结果是无法量化的，但却是大面积地存在。这样的暴力与古罗马的血腥娱乐、中世纪的捕杀女巫或美国内战的士兵死亡是没有可比性的。今天的权力关系在过去也许并不被当作暴力（文明、人

---

[1]　Etienne G. Krug et al., "World Report on Violence and Health." World Health Organization, 2002. http://www.who.int/violence_injury_prevention/violence/world_report/en/introduction.pdf.

道革命和权利革命改变了这个），但是，今天它已经被人们认识到是严重的暴力，这就是历史的进步。

《善良天使》从人类迄今为止的整个历史着眼，通过揭示某些暴力的下降，强调人类的文明进步，并为这一进步的动力和原因作出解释。这给人们在与这些暴力的斗争中获得信心，也对他们提供可从哪些方面努力（启蒙、教育、改变价值观、改善政治和社会制度等）的启发。但是，今天一些国家里的暴力状况并没有因为历史的某些总体变化而变得令人乐观，而且，短历史中的暴力已经不只是长历史中的那种看得见的血腥战争、杀戮、酷刑、砍头、下毒，而且变得远为复杂、隐蔽，规模也更大。许多新的暴力形式与制度性的压迫、迫害、谎言欺骗、恐惧结合在一起，成为特定权力关系中的制度性暴力，它虽然看上去不那么血腥，但对人的残害却是同样严重，同样邪恶。

二、暴力能用数字来统计吗

平克指出，"新和平"进程中仍然有三种"有组织暴力"在施虐：带来饥荒和瘟疫的新型战争、种族屠杀和政治清洗、恐怖主义。平克在书的第二部分谈到了意识形态屠杀和暴力，但篇幅相当有限。这一部分内容在第 8 章，也就是心理分析部分的"心魔"讨论中有进一步的论述（这是全书最精彩的部分）。平克称此为"大屠杀的心理要素"。

即便如此，他对意识形态屠杀的一些结论仍然不能令人信服，例如，他认为，"比如本质主义、道德化和乌托邦思想对不同人群有不同的影响。领袖及其追随者满脑子都是这些意识形态，但是大众不需要太多，就足以让领袖的计划能够付诸实施。20 世纪种族屠杀的历史明白无误地证实了领袖的不可或缺，当他们被推翻或者死去之日，就是屠杀停止之时"。（390 页）我们知道，极权独裁领袖死去后，他的影响可以相当长久地存在，他的后继者会帮助掩盖他的暴行，禁止人们公开讨论他的暴行，这种言论钳制不用暴力是办不到的。这个领袖不只是一个血肉之躯，一个终结于某年某月的生命，而更是一个政治和文化的符号，一个执政合法性的有机部分，与他开创的制度和意识形态一起，将被强制性地维持下去，这样暴力统治（远远不只限于"屠杀"）也会以新的方式继续存在下去。

美国学者和记者威廉·道布森（William J. Dobson）在《独裁者的学习曲线》（*The Dictator's Learning Curve*）一书里令人信服地指出，今天的极权专制领导者与 20 世纪的独裁者不同。新兴的极权国家，看起来并不血腥，反而给人民许多表面与程序上的自由，并渗透这些自由。在经济上，新的独裁者更聪明，不再封闭守贫，切断与世界的联系。他懂得从全球体系获得资源，却不会失去自己的统治权。他当然也懂得如何掩饰或软化暴力，不让赤裸裸行凶作恶的暴力进入统计数字。[1]

新独裁统治为维持独裁统治而运用新式暴力，挖空心思、巨细无遗，然而，这并不就改变了暴力的性质。掩饰、美化得再巧妙的暴力也仍然还是暴力，其施虐和伤害已经不能用砍了多少人头、把多少人当作政治犯投入监狱、在饥荒中饿死多少人来计算，而是体现在强行压制人民的公民权和人权。在《善良天使》"权利革命"部分的论述里，暴力的对立面已经不只是"和平"，而且更是"没有权利"，如果家庭暴力、男女不平等、儿童教育中的体罚、不善待动物都是我们应该关心的暴力，那么，明目张胆地剥夺所有国民的基本公民权利和严重危

---

[1]　威廉·道布森：《独裁者的学习曲线》，谢惟敏译，左岸文化事业有限公司，2014 年。

害他们的人权，难道不是更大的暴力吗？

　　平克非常善于用数据和图表证明他的观点，让人目不暇接，但未必全都有说服力。例如，他用人口比例的死亡数字，而不是死亡的实际数字来证明古代暴力要远远超过我们今天。但这种证明方法可能是有问题的。美国神学家和哲学家哈特（David Bentley Hart）在评论中指出，"统计数字相对空洞乏力，这是众人皆知的……每一个生命都是一个不变数，取样基数越小，每个生命的价值就越大（人口基数越大，每个生命的价值就越渺小）。在一个只有 100 口人的偏远村落里，有一个人在殴斗中死去，一个 2 亿人口的国家处决 100 万公民，死 1 个人并不比杀 100万人是 2 倍的暴力。就算人口规模没有如此悬殊，在全球范围内的比较也是无用的，尤其是考虑到，在过去一个世纪里现代医学已经在几乎所有的地方都大大降低了婴儿死亡率和延长了人的寿命（也就是说，现在太年幼和太年迈而无力暴力殴斗的人远比以前要多）。因此，平克的说法，中世纪时人被谋杀的几率是今天的 35 倍，从经验上说，是没有意义的。[1]

　　在现实生活中，有时候比例数字不仅没有意义，甚至还会淡化灾难的严重程度。例如，在一个 10 亿人口的国家，死亡 3000 万人，比例是 3%。按照平克的计算，20 世纪的战斗死亡率"再加上种族屠杀、政治清洗和其他人为的灾难……所有可归咎于这些人为因素的死亡总数是 1.8 亿人，但这也仅仅将 20 世纪的暴力死亡提升到 3%"。他认为这是一个相当低的比例。我们能不能用"3% 相当低"来理解和评价死亡 3000 万人呢？肯定不能。平克自己也不是这么看的，据他估算，"在

---

　　[1]　David Bentley Hart, "The Back Page." *First Things: A Monthly Journal of Religion and Public Life* 219（2012）: 72-74.

人类相互之间做过的 21 件最残暴的事情中"，14 件发生在 20 世纪之前，7 件发生在 20 世纪，所有 21 件（也就是人类整个历史）中排名第一的是第二次世界大战，死亡人数 5500 万。

数字有"趣闻"的效果，《善良天使》的第一、二部分中有大量的"趣闻"数字，例如，他说，《圣经》记载，该隐谋杀亚伯，那时候的世界人口不多不少是 4 个人，一下子就等于 25% 的死亡率，相当于今天西方国家死亡率的 1000 倍。这样的数字也许有趣味知识性，但并不能帮助我们认识和体验暴力极为复杂的残酷性。马克·吐温嘲笑统计数字说，"有三种谎言：谎言、该死的谎言和统计数字"。这个讽刺挖苦在告诫一个道理：不要轻信数字！数字本身并不会说出"事实"，是解释数字的人用数字说他自己要说的"事实"。数字如何取得，取得的范围和方法是否可靠，都是会有争议的。如何统计战争中战斗死亡和平民的连带死亡（被枪杀、屠杀、轰炸而死，或因战乱的饥饿、疾病或缺医少药而死等）一直富有争议。平克自己也承认，这甚至会是不可能的。他写道，"我们是否应该将 1918 年大流感造成的 4000 万至 5000 万人的死亡加在第一次世界大战 1500 万人死亡的名单上，因为如果不是战争将如此密集的部队塞在战壕中，感冒病毒也许不会发生可怕的变异？估算间接死亡需要我们就成千上万的冲突，以统一的口径回答所有这一类的问题，这是完全不可能的"。(354 页)

和平时期的暴力统计会更加复杂，有暴力并不就有死亡。权利革命涉及的许多暴力都不直接致死，但有的可能比死更加残酷，如生活在恐惧之中。对许多人来说，这种暴力的结果是比结束生命更可怕的活罪难逃、生不如死，所以他们不得不选择自杀。

只用数字来证明暴力下降，对暴力实际受害者来说是没有意义的，也是残忍的。如果暴力观察和评价对实际受害者没有意义，那么，这种观察与评价的学术意义就会大打折扣，其学术伦理也会遭人诟病。2015 年 9 月 2 日，美国各大电视台报道了 3 岁叙利亚男童在偷渡中沉船身亡，在海滩上被一位土耳其警察抱起的画面，画面上一名穿红上衣、深色短裤的溺毙男童被冲到岸边，脸部朝下埋在沙中，身体不断被海浪拍打。第二天，又有后续报道，说这名男童是 3 岁的艾兰（Aylan），他 5 岁的哥哥加利普（Galip）和母亲蕾哈娜（Rihan）也同样溺毙，只有父亲阿卜杜拉（Abdullah Kurdi）生存下来，这一家人是为了躲避家乡的战乱逃出来的。这个消息在世界许多国家引起舆论的震动和对难民的同情。这三位死者都可以说是战争的连带死亡，如果你告诉阿卜杜拉或同情者们说，人类现在正处于战争死亡率最低的历史时期，会有意义吗？这会是一种抚慰还是一种伤害？

暴力的数字不能让人体验暴力，相反，太多这样的数字只会让人变得麻木。我提出"数字麻木"的问题，不只是不赞同证明暴力下降的某些量化方式（其实《善良天使》中的许多数字还是很有价值的，需要读者自己去思考鉴别），而且更是为了提醒，我们的政治和社会生活里有太多用数字和比例来掩饰严重灾难的事情。每次发生大规模的暴力运动迫害，无论受害者的实际人数如何庞大，只要放在人口基数里一算，立刻就显得微不足道。数字庞大的受害者们，他们永远是总人口"人民"的一个极小零头，永远都是"一小撮"。暴力迫害、残害的罪恶无论多么严重，永远与伟大成就相比是"一个指头与九个指头"的关系。

《善良天使》的核心论断是，在人类历史进程中各种暴力都减少了，我们生活在有史以来暴力程度最低的时刻，当然，他也不止一次地说，这一势头能否维持下去，谁都不能打包票。为了证明暴力下降论，平克需要数字，如果不用数字证据，他证明不了这个论断，然而，即使他用了数字证据，他的论断也还是不能像 2+2=4 那样令人信服。这既是《善良天使》论述方法的两难困境，也应该让我们对数字不尽可靠的论证作用有所思考和认识。

三、遏制暴力：文明与人道

其实，《善良天使》的真正成就并不在于用数字证明了暴力在今天确实已经下降到我们可以额手称庆的程度，而是在于指出，人们对暴力的观念已经发生了重大改变。暴力不再被视为勇武、勇敢、坚定、壮举、强大，而是与强制、压迫、伤害、压制、非正义联系在一起，暴力在大多数人心目中已经是一种邪恶。即使实际的暴力并没有减少，这样的观念转变也可以是一个大的历史进步。由于这一进步，今天，即使是暴力的事情，也必须用某种放得上台面的非暴力理由来加以辩解。这也是一个历史进步。

平克是看到这一点的，他指出，观念的改变开始只是"一种模模糊糊的情感转变"，但却是"精心设计的改革的先决条件"。他指出，"在争权夺利的集团放弃将谋杀作为分配权力的佳选之前，很难想象如何能实现一个稳定的民主政治。最近在非洲国家和伊斯兰国家发生的民主的失利，再次提醒我们，围绕暴力的观念必须首先发生变化，随后才是治理的具体细节的变化"。(202 页)

对于"治理"（governance）来说，立法是一个关键。平克写道，"在变化被落实为成文法律之前，情感的逐渐转变通常都不足以改变实际的操作。比如，有良知的废奴鼓动家们说服了当权者通过法律，并以枪炮军舰为后盾，最后才终结了奴隶贸易。 至于血腥的体育运动、公开绞刑、残忍刑罚和欠债人监狱，也都是有良知的鼓动家和从他们开

始的公众辩论影响到立法者，立法者通过法案，这些恶俗和暴行才被
废止"。好的立法可以使默契的规则变成明确的道德，这个人道主义革
命成就的条件是，人必须先有表达新观念的机会（言论自由），才有可
能既影响当权者，也影响普通人，使新观念成为常规，"当一种常规被
从上至下的改革宣布为非法之后，一方面，它从人们日常的生活中消
亡，同时，它也不再是人们心目中的现实选项。比如……奴隶制和公
开绞刑这些恶行早已是过去，活着的人中已经没有谁经历过它们。在
今天的人们眼里，它们是难以想象的丑陋，甚至没有人还会认真地对
它们进行辩论"。（203 页）

　　然而，即使自由民主制度中的法治也包含着暴力的因素（例如，
不缴纳收入税会受到惩罚），专制制度就更不用说了。平克赞同社会学家
马克斯·韦伯的论断：政府就是一个垄断了使用暴力的合法组织。平
克看到，政府最有可能进行大规模暴力残害，"政府就是执行暴力的工
具。在理想的状态下，暴力仅仅被作为一种威慑犯罪分子和入侵者的
备用工具，但是，几千年以来，大多数政府都不具备这样的克制力，
而是沉湎于滥用暴力"。（191 页）在今天的世界里，民主政府与专制政
府运用法治暴力的程度和方式是有很大差别的。威廉·道布森在《独
裁者的学习曲线》中指出，"民主的进程使得数十个专制政府不得不从
事新实验，使用有创意及狡诈的伎俩。现代独裁者练就了继续掌权的
新技巧、方法、模式，把独裁制度带入新世纪"。今日的独裁者知道，
在这个全球化的世界里，较为残暴的威吓方式——大规模逮捕、行刑
队、血腥镇压——最好以较柔性的强迫方式取代。今日最有效率的独
夫不再强行逮捕人权团体成员，而是派出税吏或者卫生局官员让反对
团体关门大吉。政府把法律写得很宽松，但遇上它们视为有威胁性的
团体时，运用起来却像手术刀一样精确。

用威胁、强制和恐吓进行的统治改用并越来越依赖"柔性化"的暴力，但那仍然是一种暴力，仍然是人类自由和尊严之敌，它不可能成为对和平的真正贡献。显而易见的暴力为不显而易见的暴力打下了基础和创造了条件。这层关系如果不被纳入对暴力的讨论，那就不能不说是一个遗憾。

平克对他所关注的暴力——战争、死刑、酷刑、猎杀女巫、决斗、私刑凌迟或凶杀、谋害、强奸、大规模的监禁、流放、处决——不仅要证明其下降，而且还要为其原因提供系统的解释，这是《善良天使》对一般读者具有启发意义的部分，其中涉及的不少问题也都值得我们继续思考和讨论。为什么暴力在历史的进程中会下降呢？他提供的两种主要解释，一是"文明"的进程降低了暴力，尤其是国与国之间的战争暴力；另一个是"人道革命"的进程不仅将个人权利和公民权利的观念扩大至不同的种族，而且还包括了妇女和儿童。这两个进程有相互交叠的部分，如果没有较早发生的去野蛮的文明变化，人道变化也就不可能发生。但这两个进程始终是有区别的。

文明这个去野蛮的进程受益于早期利维坦国家的形成，"国家，为了保护自己的国民免受相互伤害而垄断了使用暴力的权力，是始终如一的暴力减速器"。这就是"平靖"和"文明"过程中的利维坦效应。平克为利维坦提供了一个对读者有用的概述："当第一个国家出现，控制了史前人类的小团伙、部落、酋邦的时候，对劫掠和争斗的压制，让暴力死亡率下降至之前的 1/5（第 2 章）。而当欧洲的采邑合并为王国和主权国家之后，执法力量的统一，最终将凶杀率又压低至之前的 1/30（第 3 章）。在政府鞭长莫及的地带，比如欧洲的边远山区，美国南方和西部的新边疆都曾经长期处于无政府状态，这些地区保留了暴力的荣誉文化（第 3 章）。在社会经济层面上，也有一部分无政府的荒

漠，如得不到稳定的法律保护的下层人民，还有不敢暴露自己的走私
和犯罪团伙，这些阶层同样也保留了暴力的荣誉文化（第 3 章）。而当
政府执法发生倒退，比如速成的非殖民化时期、失败的国家、权贵倾
轧的伪民主国家、警察罢工期间、20 世纪 60 年代的美国，暴力可以疯
狂地杀回头来（第 3 章和第 6 章）。我们发现，政府治理无能是引致内战
的最大危险因素之一。是否拥有这笔资产，也许是受暴力蹂躏的发展
中国家和享有更多和平的发达国家之间真正的分野（第 6 章）。"（783 页）
也许可以更加强调的是，国家对暴力的垄断在特定政治制度下可以同
时具有平靖和加剧暴力这两种完全不同的后果，法西斯就是后一种可
能的典型例子，今天，法西斯被绝大多数人视为"野蛮"而不是"文明"
的标志。

从平克的论证来看，国家权威的发展与迅速下降的杀人数字是有
关联的，平克很小心地指出，同时发生的关联并不等于因果关系，但
是，从推理逻辑和先后关系上还是可以说，国家权力对减少暴力有重
要的影响。文明进程中起作用的因素不仅有国家，还有和平商贸（用共
利的交易代替零和游戏的掠夺）和宫廷礼仪。平克强调的这三个文明因素
都是从诺伯特·埃利亚斯于 1939 年提出的"文明化"理论借用而来。[1]
其中，宫廷礼仪的绅士教育似乎尤其应该令我们深思。绅士教育的核
心是"自我克制"（赞美痞子运动、大老粗的暴民教育正好与此相反）。文艺
复兴时期的宫廷礼仪，如餐桌礼仪（包括不要挥舞刀叉）、不随处吐痰、
大小便和性交要在无人处进行等，有助于强化自我控制，控制随心所
欲的冲动和即刻满足。绅士们变得文明起来，不是因为人性突变，而
是出于实用需要。急躁、冲动、不克制变得妨碍一个人提高地位、获

---

[1] Norbert Elias, *The Civilizing Process*. Oxford, UK: Blackwell, 1982[1939].

得安全感和财富，所以就改掉了。自我克制是后来才渐渐成为一种规范乃至第二天性的。

这样解释文明演变是否令人信服，或者在什么意义上令人信服，也是一个有趣的问题。《善良天使》提供的是一种用轶事叙述来支持的分析和推理，而不是真正为暴力下降找到了确定无疑的原因。它所说的三种文明因素是相互交织、相互支持的，这就像法庭证词的说理效果一样，得到的是一个或然性（probability）而不是确实性（certainty）的结论。这是情有可原的，也是我们可以从叙事性历史中所能得到的最好结果。你可以饶有兴致地阅读《善良天使》中平克的许多巧妙论辩（就如同一个好的律师），但却不必同意他所坚持的暴力下降论，就像当年美式橄榄球运动员辛普森（O.J. Simpson）杀妻一案，虽然律师成功为他作了无罪辩护，但美国人却并不相信这就是事实。

事实上，平克本人并没有把暴力下降当作一个稳定的、可预估的、确定无疑的未来趋势。他说，在特定的国家里，暴力是会突然上升的，例如，1960 和 1970 年代美国的犯罪率大增，原因是社会权威的丧失、失控的自我放纵、鄙视"资产阶级价值"等等。同样，发生在特定国家里的政治运动和大规模迫害也可视为暴力的突然飙升，也有其特定的原因。平克的暴力下降说不应该成为我们淡化这些暴力飙升及其严重后果的理由。暴力"下降论"不是没有它的积极意义，它可以帮助我们察觉和认识到，在世界暴力普遍下降的时候，却出现某些特殊暴力的飙升，一定是有特殊制度原因的，找到这些原因，那才是真正重要的。

对于降低和抑制暴力，人们今天会把"人道革命"进程看得与"文明进程"同样重要。平克总结了人道革命的几个主要原因：识字率、都市化、流动性、大众传媒，而最重要的则是"理性"（至于他是否过于赞赏理性的正面意义，而忽视了理性的负面作用，或者理性是否能用 IQ 来作标准，是另外一些可以讨论的问题）。他很中肯地解释了"理性滚梯"对于普世价值的开启作用，特别指出言论自由和理性对话的意义，"在那些与世界隔离的社会中，人们无法获得外来的思想，政府和神权压制出版自由，正是这些社会顽固地抗拒人文主义，死抱着部落、权威和宗教的意识形态。然而，随着电子文字共和国的兴起，即使是这些社会，恐怕也无法继续置身于浩浩荡荡的自由主义潮流之外"。（794 页）平克所说的"人道革命"重新塑造了人的行为观念和价值规范。许多以前曾是司空见惯、习以为常的行为（由于生物本能或历史传承），如酷刑、虐待妇女和儿童、残民以逞、将他人妖魔化和非人化，今天都令人厌恶并受到公众的排斥（当然并非所有的地方都是如此）。由于这样的变化，今天的世界不仅更安全了，而且也更人道了。即使还没有真的安全，人道也已经被接受为一种普世价值。

四、人性："心魔"与"善良天使"

墨菲（Gardner Murphy）和科瓦奇（Joseph K. Kovach）在《近代心理学历史导引》中指出，"有理由相信……一种从幼年到成年充满人性的'独特'发展途径。确实存在这样一种东西，可以称为人的智力和学习能力的成长过程，唯独人才具有的气质、情绪和本能属性的成长过程。而且，从当代未开化的人类社会——现在正迅速从地球上消失——确实可以得到广泛的证据说明，这些社会的人们在根本上是非常相似的，说明我们现代种族自身未开化的祖先同他们或同我们也并没有什么很大的差别"。他们认为，"人性的基本统一"表明，人类有相似的人性和心理，而心理学则握有解开人性之谜的钥匙。[1] 平克在《善良天使》中也是用心理学来探究人性，他关注的不是个体的心理特征，而是更具普遍性的人类心理特征和人们平时所说的"人性"。他强调，人性是个复杂的组成，暴力不过是人类祖先掌握的众多能力之一，人类确有暴力倾向，但人类同样也拥有同情、合作、自我控制等积极的意愿。

　　人性中同时包含着"恶"和"善"，人一半是魔鬼，一半是天使，这并不是平克的发现。英国诗人威廉·布莱克（William Blake）的名诗《老虎》中那个创造了极美又极可怕的老虎的造物主也创造了同样具有两面人性的人类。《善良天使》剖析人性，其特征是要从三个"科学"的层次来剖析"心魔"和"人性的善良天使"，一个是前面已经论及的数量化（科学量化），另一个是运用生物神经学对人脑的研究结果（专门科学知识），再一个则是借助社会心理学的多种实验成果（经验科学证实）。对于一般读者来说，社会心理学的结果最具思想启蒙价值，其中一些已经在中国得到介绍并广为人知，如米尔格伦的"权威服从"实验和津巴多的"斯坦福"实验（"好人是如何变成恶魔的"）。这样的社会心理学特别关心在特别情境中，普通人的行为会受到怎样的外力影响，会如何变成盲目冲动、受蛊惑、被指使，并极具破坏性的"群众"。

　　关注群众问题的社会心理学发端于 19 世纪后半叶的神经病学研究，西盖勒（Scipio Sighele）描绘了"犯罪的群众"（1891 年），勒庞（Gustave Le Bon）写下了关于群众心理学的不朽之作《乌合之众》（1895 年），开启了社会心理学研究群众暴力的先河。20 世纪初社会心理学的实验法

---

[1]　墨菲、科瓦奇：《近代心理学历史导引》，林方、王景和译，商务印书馆，2010 年，第 16—17 页。

兴起，经过 1930—1940 年代的发展，于 1960、1970 年代进入黄金时期，涌现了许多著名的社会心理学实验。平克在第 8 章里分析"心魔"，援用了许多这个时期的成果，虽然有的是读者们已经知道的，但将它们汇集在一起，展现了更为生动、多面的心魔全貌。

社会心理学研究重视"心魔"胜过"善良天使"，对"恶"（坏）投以比"善"（好）更为优先的关注。平克也是首先关注"暴力"的心魔动机，然后才是遏制和降低暴力的人性功能。那些被称为"人性中善良天使"的功能之所以是积极的，乃是因为它们有助于遏制暴力。然而，需要明确的是，遏制暴力是为了要实现什么？仅仅是和平呢？还是更为本质的人的自由和尊严？和平并不是一个终极价值，和平可以与暴力共处，和平并不是暴力的对立面，人的自由和尊严才是暴力的对立面。

人类对恶的关注优先于善，更强调遏制"坏"（负面的）而不是倡导"好"（正面的），前者是对恶的破坏，而后者才是对善的建立。有区别地对待恶和善，也许本身就是人性的心理特征。英国作家却斯特顿（G. K. Chesterton）在《负面的和正面的道德》（Negative and Positive Morality）一文中说，"想要建设一个事物，就是要破坏所有对建设这一事物造成障碍的东西。《圣经》十诫就是一个特别明白的例子。十诫似乎很唐突，其实并不是因为这一宗教意气消沉或视野狭窄，而是因为它倡导解放和人性。列举禁止之事比允许可做之事要来得简短，因为允许可做的事情很多，而禁止的事情只有几件。……与正面道德相比，十诫出色的简短正是它智慧的精髓"[1]。心理学中有一个"负面效应"（negative

[1] G. K. Chesterton, "Negative and Positive Morality." *lustrated London News* （*ILN*），January 3, 1920.

effect，也称"负面偏向"，negative bias）的概念，它说的是，人关注负面事物，在强烈程度和持久性上都超过正面事物。而且，人对负面事物所形成的看法也更为周全和复杂，人对负面事物的辨析程度要超过正面事物，托尔斯泰在《安娜·卡列尼娜》里说，"幸福的家庭是相似的，不幸的家庭各有各的不幸"，便是道出了这种普遍的心理经验。

以色列哲学家马格利特（Avishai Margalit）在《正派社会》（*The Decent Society*）一书里提出，正派社会的第一原则不是做什么，而是不做什么，不是不做哪一些事，而是不做哪一种事。从反面来表述正派社会的根本道德原则，乃是凸显某一些行为对社会道德秩序的严重破坏作用。哈维尔在极权统治下提出"不说谎"，也是这样的道德表述，它不仅是一种现实批判，而且还具有长远的社会规范意义。美国普林斯顿大学哲学教授乔纳森·埃伦（Jonathan Allen）指出，从反面来表述社会道德义务的好处是，"把规范的理论建立在日常生活概念之上"。这是一种非常务实的社会批评，"它既描绘出一个规范框架，又为社会和政治批判性提供了概念工具"。社会和政治理论关注人的负面道德心理和负面社会经验——遭暴力、受伤害、被羞辱、被排斥、被压迫——对于改变现实具有重要的正面规范意义。

《善良天使》对"心魔"的分析比对"善良天使"的分析更发人深省，也是因为欲善必先克恶的道德顺序。但是，"善良天使"并不只是对"心魔"的心理治疗，而且更是一种心灵保健，要在心魔尚未有机会造成不可逆转的侵害之前，就让善良天使能进驻我们的心灵。平克借用美国心理学教授鲍迈斯特（Roy Baumeister）的分类，区分并讨论了5种心魔：捕食（predation）、优势（dominance）、复仇（revenge）、施虐（sadism）、意识形态（ideology）。这是从进化心理学来归纳的。他又把人类暴力归纳为四种"动机"（motives）：利用、统治、复仇、意识形态——去除了

"捕食"和"施虐",并将"捕食"明确为"利用"（盘剥）。[1] 后一种分类比较接近于社会学对暴力的分析,但是,现有的社会学暴力分类仍要比平克的分类来得周全而清晰。[2] 这主要是因为,平克把战争当作暴力的主要形式,忽视了社会学和政治学所重视的一些暴力形式,如直接肉体和精神暴力之外的制度性暴力、文化暴力和隐蔽的极权专制暴力。

按照平克自己的说法,利用（exploitation,或称侵占或盘剥）指的是使用暴力作为达成目的之手段,也就是说,损害那些不幸阻碍了行为者实现其欲望之人。例子包括掠夺、强奸、征服、迁移或灭绝原住民、谋杀或监禁政治或经济上的对手。统治（dominance）指的是个体之间争夺优势,并成为地位最高的雄性冲动,而群体之间相应的冲动是争夺部落、民族、种族,民族或宗教的至高权力。复仇（revenge）指的是认为某人违犯了道德规则,所以应该受到惩罚。意识形态（ideology）指的是具有乌托邦前景的共享信仰体系,像病毒一样传播,或者依靠暴力或教化来扩散。例子包括民族主义、法西斯主义、纳粹主义和好战的宗教。既然乌托邦的世界永远无限美好,那就允许采取无限暴力来对付那些挡路的人,如俗话所说,"不打破几个鸡蛋,就做不成煎蛋卷"[3]。

这四种动机中特别值得我们重视的是"意识形态",因为它是发生"群体暴力"（group violence）的主要原因。长期研究暴力的著名社会学

---

[1]　平克:《人性中的善良天使》,第 587 页,Steven Pinker, "The Decline of War and Conceptions of Human Nature." *International Studies Review* 15（2013）, pp. 400-411, 402.

[2]　社会学对暴力的分析用于对"文革"暴力的分析,参见徐贲《文革政治文化中的恐惧与暴力》,收入《文化批评往何处去》,吉林出版集团有限责任公司,2011 年。

[3]　Steven Pinker, "The Decline of War and Conceptions of Human Nature." p. 402.

家斯陶伯（Ervin Staub，可惜他和其他一些研究暴力的社会学家并没有被平克提及[1]）指出，心理学家们很少关心大屠杀（genocide）和其他形式的群体屠杀，"他们的研究还有待于走出实验室"[2]。平克是一位走出实验室的心理学家，他是关注意识形态与群体暴力的，他讨论的战争和涉及的大屠杀、种族灭绝、阶级斗争都是最典型、危害最烈的群体暴力。他指出，自由民主的开放社会为防止意识形态暴行提供了保障，"虽然不能确保一个国家永远不受有害意识形态的感染，但开放社会算是一种防疫针；在开放社会中，人民和思想自由流动，没有人会因传播不同的观点而受到惩罚，即使这些观点是异端，不符合大多数人的共识。现代的普世民主社会对于种族屠杀和意识形态化的内战相对具有免疫力。相反，那些实行顽固的信息审查和对外封闭的政权往往陷入大规模的暴力"。（656 页）

平克认为，人类虽然不能完全摆脱心魔的心理动机，但却拥有抵制这些动机的四种更为友善和温和的功能（faculties）。这些也就是他从林肯那里借用来的说法"人性中的善良天使"：一、同理性（empathy）：感受他人痛苦的能力；二、自我控制：预见行为的长期后果，并相应地进行抑制；三、道德感：一种关于规范和禁忌的知觉意识，集中体现于个人对公平的直觉、对团体的忠诚、捍卫合法权威、保护纯洁与神圣。道德感可以激励实施公平的标准，但也可能导致暴力，因为它可以使基于部落主义、禁欲主义和权威主义的好战意识形态合理化；

---

[1]　有的已经翻译成中文，如埃利亚斯·卡内提：《群众与权力》，中央编译出版社，2003 年；约翰·麦克莱兰：《群众与暴民》，复旦大学出版社，2014 年。.

[2]　Ervin Staub, "Good and Evil and Psychological Science." *Observer* Vol. 14. No. 5 May/June, 2001. 可参见 Ervin Staub, *The Roots of Evil: The Origins of Genocide and Other Group Violence*. New York: Cambridge University Press，1989。

四、理性：一种进行客观思考、独立分析的认知过程。平克强调，人们是否实际实施暴力行为，这依赖于这些官能之间的相互作用；人性之存在，其本身并不注定人类的暴力将保持恒定不变。

平克称这四种有助于善的心理动机为"功能"（faculties），这具有特别的意义，也是我们理解他的人类进步乐观主义的一个关键。平克认为，人性的许多部分是"功能性"（facultative）的，随着环境的变化而与之适应，并有所改变，并相对固定下来，甚至成为第二天性。这样理解人性不同于那种把人类心理元素视为稳态（homeostatic）的人性观。稳态的人性观也叫"液压理论"（hydraulic theory），它认为，人的心理情绪不表现出来不等于已经改变了，而是在积聚压力，到了顶点就一定会爆发出来。所以，暴力冲动一时消减不等于暴力真的下降，而是还没有达到爆发的强度。战争的间隙只不过是间隙，不等于下降，它的破坏力可能被转移或导向其他方向，但不可能被永远压制住，暴力也是一样。平克坚决反对这种暴力"液压理论"，而是坚持暴力的"功能性"观念。他认为，人的很多心理反应是机会性、回应性或功能性的，由环境诱因与认知和情感的状态相结合所引发。人类天生的心理情绪会随着环境而演进变化，例如，人天生恐高处、恐惧狭小的空间（监禁）、害怕蜘蛛和蛇，但是，就算一个人天生怕蛇，只要他从不曾遇见一条蛇，他的一生中也不会体验到这种恐惧。在文明和人道环境下长大的孩子会比在战乱、残忍、斗争环境下长大的孩子较少暴力倾向。[1]

因此，功能性暴力观比稳定性暴力观更强调环境改变暴力的可能和必要，也对这种改变更抱乐观态度。一个国家里如果一次又一次发动残酷的政治运动，在这个环境中成长起来的人就在功能上适应暴

---

[1]　Steve Pinker, "The Decline of War and Conceptions of Human Nature." p. 403.

力的环境，并趋向于暴力。相反，如果一个国家的人民普遍把暴力视为一种邪恶，社会制度对暴力具有较高程度的遏制作用，那么，这个国家就能营造成一种长期让暴力处于休眠状态的环境，即使那里人们的暴力心魔没有彻底根除，也会较少有暴力的冲动。平克认为，如果人们过着有序且优越的生活，未遇到严重的威胁或侮辱，他们的任何暴力反应的倾向都可能处于休眠状态。如果情况适宜，未出现突发事件，那么，适应了非暴力环境的政治领导人也较少体会到动员其国家进行战争的冲动。专制暴力国家的领导人比自由民主国家的领导人好战，那里的人民也倾向于暴力，是同一环境使然。

五、心理学和人的"第二天性"

历史中变化的暴力，尤其是群体暴力，一直是社会学关心的问题，平克的《善良天使》将这个问题纳入了心理学的视野，这是他作为心理学家具有开创意义的学术进取。平克试图从心理学的视角把许多原本在历史、社会、政治领域中讨论的问题综合为对 5000 年来暴力变化的整体表述，这是一项巨大的工程，能否胜任这一工程，考验的不只是心理学家平克，而且更是心理学这门学科本身。

一直到今天，对心理学的整体评价经常是，心理学是"软"科学。科学哲学家托马斯·库恩（Thomas Kuhn）暗示心理学仍处在前范式形态，缺乏化学、物理学那样成熟的支撑性理论。[1] 心理学有三种可以

---

[1]   T.S. Kuhn, *The Structure of Scientific Revolutions*. 1st. ed., Chicago: University of Chicago Press., 1962.

用来弥补它与生俱来就"软"的方法，但这三个方法都面临一些难以解决的问题，因而使得"科学的心理学"陷于尴尬的处境。

第一是借助神经科学对大脑的研究或病理学、生理学、生物学等学科的研究成果。这也是《善良天使》的一个特色。例如，平克说，大脑是令人难以置信的复杂器官，有许多可在解剖学上和化学上区分的回路。大多数心理学家认为，人性不是单一之物，而包括多元的智能、模块、官能、器官、驱动力，或其他的子系统。其中一些子系统驱使我们使用暴力，但别的子系统又抑制我们的暴力倾向。但是，一般读者并不具备专门学科关于"白质髓鞘""中脑导水管""下视丘""眶额皮层"等知识，他们无从判断到底哪些科学证据才有相关性或实证价值。这样的证据只是起到加深"知识权威"的印象，对心理学议题的实际说明并无实质的帮助。

第二是借助统计提供数据。心理学的一些领域依赖于问卷调查之类的研究方式，批评者们有的认为心理学不够客观，有的认为心理学家所研究的人格、思维、情绪是不可能被直接测量的，其结果不过是对调查对象的主观报道罢了。另一些批评者则认为统计假说容易被误用。一些研究记录表明心理学家常常混淆统计的显著差异与现实之间的关系；前者在实践上常常无关紧要。平克运用了许多心理学科之外的数据，使得《善良天使》成为一部别具特色的心理学著作。但是，正如许多批评者指出的那样，他所使用的一些数据并不可靠，而如何解读另外一些数据也很有争议。

第三是借助科学化的"实验"。虽然心理学，尤其是社会心理学的实验研究成果有目共睹，但实验心理学经常必须面对社会伦理的挑战，例如，斯坦利·米尔格伦的权威服从实验使得参与者饱受折磨，触碰了科学实验的道德底线。即使对动物的实验也是这样，例如 20 世纪 70 年代，哈里·哈洛（Harry Harlow）在威斯康星大学麦迪逊分校利用猕猴进行了"绝望"实验，遭到谴责。利用动物来模拟抑郁症，哈洛设计出了一种"强暴架"，用对母猕猴行为的干扰进行研究。[1] 1974年，美国文学评论家韦恩·布斯写道："哈里·哈洛跟他同事几十年折磨着非人类灵长实验品，只是证明了我们都早已知道的事情——社交生物会因社交纽带的损害而被损害。"[2] 批评者认为，心理学证明的不过是常识，是人们在社会经验中通过常理思考就可以知道的东西。即便那些确实很有价值和创意的心理实验结果，如斯陶伯所说，也还有一个如何走出实验室的问题，因为社会中的同类问题总是比在实验室控制环境中得出的结果要复杂得多。

由于心理学的"软科学"性质，它的意义也许并不在于有些心理学家所追求的实证能力——包括实证历史中的某种宏大叙事或大趋势（如暴力下降），而在于它对公众所能进行的人性和心智启蒙，以及提升人性的人文教育作用。正如美国伟大的教育家、心理学家斯坦利·霍尔（Granville Stanley Hall, 1844—1924）所说，对心理学的教育信念中有某种吸引人的民主的东西。美国历史学家丹尼尔·布尔斯廷（Daniel J. Boorstin）对此解释道，"基督教依靠的是一批福音牧师和神圣、权威的经文，它以上帝的权威和仁爱来取代人的信仰。但是在霍尔看来，心理学不是要使人求助于最高的权威（也许除了心理学家），它的圣经是经验，它使人成为自身的主宰。你要知道人应该成为什么样的人

---

[1]　Deborah Blum, *Love at Goon Park: Harry Harlow and the Science of Affection*. New York: Perseus Publishing, 2002.

[2]　Wayne C. Booth, *Modern Dogma and the Rhetoric of Assent*, Volume 5, University of Notre Dame, Ward-Phillips lectures in English language and literature. University of Chicago Press, 1974, p. 114.

吗？那么首先就去发现什么是人。心理学将用容许争论的问题来代替基督教十诫中的'不许'。心理学是把'是'和'应该'结合起来的科学。它是最民主的科学。因为它不是把所有关于人类行为的问题交给任何最高权威去处理，也不是从某个传统的经文去寻找问题的答案，而是把这些问题看作是人的正常行为"。[1]

　　无论是暴力的行为或非暴力的行为都是特定环境中"人的正常行为"。在自由民主环境中暴力降低，不是因为那里的人们天性发生了突变，而是因为在历史进程的多个进程中，人类自己取得的许多成就——政治制度、社会组织、文明商贸、印刷术、人道和权利的观念等——相互作用和影响，形成了一种对遏制暴力有利的环境，是人自己创造了新的环境，并在新的环境中培养一种可以被称为"第二天性"的行为本能。

　　平克同样也强调人文主义的人类自我教育和自我优化作用。他说，人文主义承认的价值是人的自我实现，"如果这些话你听起来已是老生常谈、平淡无奇，那么，你是启蒙时代的孩子，已经受过人文主义哲学的浸润。但是，作为一个历史的事实，这绝不是一件平庸和乏味的事情。尽管不一定是无神论的（无神论和自然神论是兼容的，在自然神论中，上帝等同于宇宙的本质），启蒙人文主义完全不涉及经文、耶稣、仪式、宗教法、神圣意志、不朽灵魂、来世、福音时代，或者一个对个人直接回应的上帝。任何无助于人的实现的世俗价值，启蒙人文主义同样不予理会，这些无用的东西包括国家的威望、民族或阶级的声誉；受崇拜的各种美德，比如男子汉气概、尊严、英雄主义、光

────────────

[1]　丹尼尔·布尔斯廷：《美国人：南北战争以来的经历》，谢廷光译，上海译文出版社，1988年，第337—338页。

荣和荣誉；以及其他一些神秘的力量：使命、命运、辩证法和斗争"。
（219—220 页）

人自我教育、自我优化而成的第二天性是一个"内化"过程，而
非一下子"道德改造"的结果。例如，遏制暴力并不能像道德理想主
义者想象的那样，一开始就遵循某种道德原则。它必须从行为规范和
自我克制（最初是勉强的，也是实用主义的）开始，通过相当数量的人们
在一段长时间里实行，逐渐稳固并被普遍认可，变成集体习惯，然后
才有可能内化为第二天性的道德。

平克非常赞赏德国社会学家埃利亚斯（Norbert Elias）对文明行为和
习惯遏制暴力（经常是从一小部分人先开始）的观点，自我克制是这一习
惯的重要部分。他解释道，"正如埃利亚斯所指出的，优雅的举止、自
我克制和深思熟虑这些看似第二天性一样的品质，对我们来说其实是
习得性的，这也是为什么称其为'第二天性'。这些品质是随着欧洲的
现代化而逐渐被人们所接受的"。（90 页）他还指出，"在这几个世纪的
时间内，欧洲人越来越克制自己的冲动，关注自己行为的长期后果，
顾忌其他人的想法和感情。随时准备进行复仇的荣誉文化让位给时刻
讲究自我克制的尊严文化。皇亲贵族在文化仲裁的压力下，严格遵守
种种清规戒律，以此将他们自己与乡巴佬和庄稼汉拉开距离。接着，
这些规诫被社会吸收，灌输给一代又一代的稚龄儿童，直到成为他们
的第二天性。中产阶级总是迫不及待地效仿贵族，他们渐渐地接过这
些贵族自律的标准；这些标准又从中产阶级向下层社会传递，最终成
为整个社会文化的组成部分"。（92 页）"美国的建国之父们不仅是启蒙
运动之子，也是英国文明进程的产物，自制和合作已经是他们的第二
天性。"（222 页）

17 世纪伟大的思想家帕斯卡（Blaise Pascal，1623—1662）说，"习惯

是摧毁第一天性的第二天性。但是，什么是天性呢？为什么习惯不是天生的呢？我想，天性本身就是一种第一习惯，就像习惯是第二天性一样"。虽然人类的天性中有暴力的成分（平克所说的"心魔"），但实际影响人们行为的是习惯而非天性。这也是我们可以从《善良天使》得到的一个重要的结论，不仅是关于第一和第二天性的，而且是关于"第三天性"（对"天性"和"人性"的批判思考）的。平克对此写道："如果我们的第一天性是主导自然状态下的生命的进化动机，第二天性是文明社会中教化而成的习性，那么，第三天性就是对这些习性的有意识的反思，从中，我们评价文化规范中哪些方面值得坚守，哪些已经失去生命力了。几个世纪之前，我们的祖先为了让自己文明起来，必须将所有的自发性和个性都消灭在萌芽状态，而今天，非暴力原则已经生根开花，我们可以放弃某些已经变得陈腐的清规戒律了。"（155 页）好的习惯（如非暴力）刚建立的时候，需要有意识地摧毁第一天性，这样才能把习惯真正变成第二天性。但是，一旦好的习惯成为某些地区人民普遍的第二天性，我们就需要把它当作一种值得坚守的普遍价值，推广到它还没有能被普遍承认的其他地方。

　　在那些还在实行暴力统治的地方，暴力不仅造成大面积的肉体、精神、财产伤害，而且还在被统治者人群中普遍养成一种"当顺民""当奴民""当犬儒"的习惯——逆来顺受、吃亏是福、趋炎附势、首鼠两端、背叛出卖、落井下石。他们生活在一个末劫败世、业障滚滚的世界里，美国心理学家塞利格曼（Martin Seligman）所揭示的"习得性无助"成为他们的第二天性。这是他 1967 年在研究动物时偶然发现的，后来为此设计了专门的实验。研究人员把狗关在笼子里，在响起蜂音器时，给狗做非常痛苦的电击。笼子里的狗逃避不了电击，一遭电击，开始会在笼子里狂奔，屎滚尿流，惊恐哀叫。多次实验后，蜂音器一响，狗就趴在地上，惊恐哀叫，但不再狂奔。后来实验者在电击前，把笼门打开，此时狗并不逃跑，而是不等电击出现，就倒地呻吟和颤抖。它本来可以主动逃避，但却绝望地等待痛苦的来临，这就是习得性无助。这样的实验当然不能在人身上进行，但却对认识生活在暴力恐惧下人们的行为方式富有启示，暴力培养了他们对暴力的灵敏嗅觉，只要发出一个暴力的信号，使一个暴力的眼色就够了，不需要真的动用暴力，他们就会乖乖识相，条件反射地放弃抵抗。这种条件反射便是暴力造就的第二天性。如果它在一个国家里普遍存在，那就意味着，暴力还在那里施虐。

对许多还生活在这种暴力状态下的人们，心理学能提供许多类似于"习得性无助"的人性揭示——对权威的盲目服从、作恶环境下好人变成恶魔、平庸的恶、沉默的螺旋、沃比根湖效应（高估自己）、团体迷思、囚徒困境、前行性恐慌（恐惧转化为暴力）、羊群效应、虚假共识效应、道德标杆偏差、非人化和妖魔化，等等。心理学的种种揭示都可以对普通人起到人性认知和心智开启的启蒙作用，帮助他们发现自己是什么样的人，自己的真正行为是怎样的，可以如何改变自己的第二天性。就像路德和基督教新教牧师曾经努力把人从僧侣的支配和高高在上的教皇权威中解放出来一样，心理学的成果可以帮助人从独裁统治的恐惧、禁忌、洗脑、教条和清规戒律中解放出来。他们将用新的认识代替灌输在他们头脑里的思维习惯，对自己人性中的心魔和善良天使都有清醒的认知。《善良天使》的一个重要价值也许正在于把许多这样的心理学认知介绍给尚有待心智开启的读者。

13　国家罪孽的重负

——伊安·布鲁玛《罪孽的报应》

伊安·布鲁玛（Ian Buruma）的《罪孽的报应：德国和日本的战争记忆》（*Wages of Guilt: Memories of War in Germany and Japan*）是一部政治性的游历思考记录。[1] 就像梁启超的《欧游心影录》和《新大陆游记》或英国移民作家奈保尔（V. S. Naipaul）的一些游历作品一样，此书可称为"政治游记"（political travelogue）。梁启超是第一次到他不熟悉的欧美去进行考察，他带着中国问题去寻找对强国智民有用的经验，这个目的从一开始就是很明确的。然而，布鲁玛却不是这样，无论是在日本或周边国家学习、工作，还是在德国游历，他起初并没有"研究战争"这个目的，这个目的是后来才渐渐形成的。《罪孽的报应》便是他的研究结果。然而，这并不是一本关于二次大战本身的书，而是关于战后德国和日本如何"应对"各自战时罪孽的不同方式：一个是以悔罪的方式承受罪孽的重负，悔罪是德国人与罪孽相伴而生的方式；另一个则是以不悔罪和抵赖来躲避罪孽的报应，但抵赖同样也是一种随时感

[1]　伊安·布鲁玛：《罪孽的报应》，倪韬译，广西师范大学出版社，2015 年。本文为该书导读。

受到罪孽重负，抵赖成为日本人与罪孽相伴而生的方式。

一、战争与国家罪孽

对孩提时的布鲁玛来说，头号敌人是德国人。他是在二次大战结束了六年之后出生在荷兰的，他对德国人的"敌人"意识是他那个国家的成年人传递给他的。尽管荷兰与德国有着文化上的相似性，也许正是因为如此，战后的荷兰人在地理和心理上都努力与德国人划清界限。一直到四十岁出头，布鲁玛才开始思考德国人如何记忆二战的问题。这时候，他作为学生和编辑 [他是《远东经济评论》(Far Eastern Economic Review) 的美术编辑] 已经在日本和周边国家待了许多年。他对一些"令欧洲人十分惊异"的所见所闻引发的问题产生了兴趣，"很好奇日本人是如何看待和记忆战争的，他们又如何想象战争；在了解过去后，又如何审视自我"。他对德国人的相同问题后来也随之产生。也许正因如此，《罪孽的报应》对日本的观察和思考显得更加深入、透彻，是特别能引起作为日本侵略战争受害者后代的中国读者兴趣的部分。

布鲁玛注意到，直到今天，日本人的民族主义和浪漫主义言谈中经常"掺杂着大量德国人名：斯宾格勒 (Spengler)、赫尔德 (Herder)、费希特 (Fichte)，甚至还有瓦格纳 (Wagner)。日本的浪漫主义者越是强调日本性的精髓，他们的口吻就越像德国的形而上学者"。特别耐人寻味的是，"战前德国吸引日本人的那些元素——普鲁士威权主义、浪漫民族主义和伪科学种族主义——在日本留存了下来，反观在德国却十分不受欢迎"。为什么会这样？正是带着这个问题，他决定拓宽原先的认识，写一本关于日本和德国战争记忆的书。

这是一部由个人游历观察、见闻、对话、访谈，以及对文学、电影、大众文化作品和知识分子争论等感想和思考合成的"游记"。书可以一段段分开来阅读，随处都有亮点。但是，书中那些似乎独自成章的部分之间有着多重议题联系，贯穿着对战争、记忆、国家罪行和悔罪等问题的思考。从二次大战结束至今，这些问题一直在世界多个国家（包括中国）的政治、历史研究中和在思想界以多种方式被讨论着。因此，虽然这不是一部专门的学术研究著作，但却以其翔实的具体材料和敏锐的思考在专门研究的学者中引起了不同寻常的回应。

布鲁玛通过他的政治游记要表明的是，决定一个国家命运的不是种族的或文化的固有本质特征，而是政治结构。他在分析日本不能像德国那样悔罪的根本理由时一针见血地指出，"没有对政治责任——准确地说，是对战争与和平的责任——的承担，日本就不可能产生一种面对过去的成熟态度。必须先有政治变革，接着才会有心态变化。修宪只是一部分努力；更换政府起码同样重要。因为只有一个新政府才能与战后秩序一刀两断，而这一秩序至今仍然受到战时政权的玷污"。裕仁天皇代表着日本秩序的延续和无法一刀两断。

布鲁玛对美国著名人类学家鲁思·本尼迪克特（Ruth Benedict）对日本"国民性"的人类学解释提出质疑，他并不认为德国与日本战后表现不同的原因全在于日本人有亚洲人的"耻文化"，而德国人则属于基督教的"罪文化"。他也不同意有些人关于"德国人和日本人是危险民族，民族性格中存在某种劣根性"的观点。

他认为，问题的关键是"政治因素"，而不是"文化因素"。他要告诉那些抱怨民族弱点或以民族文化特色为借口的人们，文化决定论和命定论都不是历史发生的解释，无论一个国家曾经在罪孽和灾难中陷得多深，出路还是有的，而出路就在于自由民主的价值和制度。即使在悔罪成为共识的德国，在自由民主价值和制度建立起来之后，仍然会有新纳粹分子从事政治的而非文化的颠覆。布鲁玛警告道，"当领袖掌握的权力不受限制，追随者又获准可以欺凌弱者时，世界各地的人都是危险分子。脱缰的权力会勾起个体和暴民心中的野蛮。尽管程度和形式并不相同，但奥斯维辛和南京大屠杀永远都是其例证。可是，在联邦德国，或者说在日本，今天的形势并不是这样。人性并未改变，政治格局却已今非昔比。这两个国家的人可以用选票把坏蛋恶棍赶下台。那些选择无视这点、寻找民族性'该隐的记号'的人，并未从过去当中吸取教训"。

可以从四个不同程度上都与政治有关的方面来比较战后德国与日本在悔罪问题上的巨大差异，这四个方面都涉及战后对战争性质的思考和国家认同。它们分别是：一、政体的改变和国民的政治成熟；二、民族主义的影响；三、确认加害者和受害者；四、天皇制度不同于希特勒的纳粹极权。这四个方面都特别与日本人不愿悔罪或根本觉得无罪可悔有关，也都归结为布鲁玛的基本论点：应该在日本不悔罪这个事实中看到的，不是文化特殊性的限制，而是政治上的不成熟，限制了国家对过去罪孽的悔悟。

二、差别的宪政与政治成熟

国家政治制度的改变可以成为转变国民价值观和行为准则的条件和推动力量。然而，国家政治制度的改变主要是通过内部的力量发生，还是由外部力量逼迫着强制发生，这二者间有着极大的不同。战后德国和日本便是这样两种不同的情形。布鲁玛指出，德国战后的政体重建在很大程度上是由德国人自己主导的，"1949 年，德国法学家起草了《德国基本法》。1954 年，西德正式成为主权国家，尽管国内仍然留有西方大国的驻军。德国通过了一部紧急状态法，授权自己掌管本国防务。除柏林以外，占领已正式宣告结束。但在日本，从某些方面看，军事占领至今仍未完结"。

战后日本的宪法是由美国人出于自身利益主导的，布鲁玛评述道，这部"读起来就像是直接从英语翻译过来的宪法，剥夺了日本的自卫权。多数日本人已对战争无比厌倦，且高度不信任军事领袖，于是欣然接受"。这里主要涉及日本宪法第九条："日本人民永远放弃以国权发动的战争"，此外"不保留陆、海、空三军和其他战争力量"。但是，冷战的爆发又促使美国人做出一个自相矛盾的政治决定，逼迫日本人推翻自己的宪法，建立一支本不应该存在的军队——自卫队。

这就造成了德国与日本在战后政治发展和国民政治成熟上的差异。德国战后有明显的文化断层，德国人通过广泛而积极的宪政讨论，在政治上迅速成熟起来，相比之下，日本人则一直处于政治幼童阶段，迟迟没有成熟起来。布鲁玛介绍了哲学家雅斯贝尔斯 (Karl Jaspers)、哈贝马斯 (Jürgen Habermas)（他们提供了讨论问题的具有普遍意义的价值参考和新语言）、文学家君特·格拉斯 (Günter Grass) 等人的思想贡献，以及发生在德国的种种思想争论，包括对纽伦堡审判的不同立场与观点。是民主制度保障了战后德国思想活力，德国人是在不同意见的存在、交锋和争论中成熟起来的。布鲁玛提供了这样一个细节，生动地展现了德国人政治讨论的热情，"德国电视里，唇枪舌剑的讨论节目比比皆是，人们围坐在圆桌旁，就时下热点问题展开辩论。听众坐在小桌边，边小口呷饮料，边听嘉宾们滔滔不绝的发言。气氛一般很严肃，有时争论会趋于激烈。人们很容易嘲笑这类节目的一本正经，但是其中自有值得称道之处。部分得益于这类谈话节目，大批德国人才对政治辩论熟悉起来"。

相比之下，德国的那种思想断层和活力激荡在日本没有发生，"没有流亡作家和艺术家返回故乡，拷问那些留下来的人的良知。日本没有自己的托马斯·曼（Thomas Mann）或阿尔弗雷德·德布林（Alfred Döblin）。在日本，所有人都留了下来。不少原左派人士在1930年代正式放弃他们的政治立场，过程颇为正规，被称为 Tenko，直译是改宗的意思，但战争一结束他们就重新捡起马克思主义。有的作家，比如永井荷风（Nagai Kafu），曾在私底下表达过对战时日本状态的震惊，并在日记里嘲讽军国主义的粗鄙拙劣。然而，'内心移民'差不多算是任何日本作家——少数共产党人除外——所能做出的最大程度的抗议了"。

德国人能从宪政和自由民主的立场反思过去，而日本人则做不到。大多数上了年纪的日本人承认，确实发生了罪恶的事情，然而，就算是那些非常厌恶战争的人士，他们也缺乏合适的道德参照和政治哲学语言，无法像雅斯贝尔斯或哈贝马斯那样对过去进行深入反思和讨论。布鲁玛用一个具体的对比说明日本人缺乏德国人的那种"公共发声"。在1990年为期一周的法兰克福书展上，德国的君特·格拉斯和日本小说家大江健三郎（Oe Kenzaburo）之间进行了一场公开讨论，"两人都在战争期间长大成人，也就是说，都在学校里被灌输了军国主义宣传。他们也因此成了反法西斯事业的文学倡导者，尽管大江不同于格拉斯，迄今还没怎么就政治发过声"。格拉斯身体力行地积极投入了德国的民主政治，这是大江健三郎没有的政治行为。

美国人对日本人政治上不能成熟负有责任，布鲁玛指出，"日本被置于一份慷慨的《凡尔赛条约》之下：虽丧失主权，财政却未遭压榨。美国鼓励日本人致富，但他们危险的双手不得再触碰战争。此时的国家管理者，和当初管理日本帝国的几乎是同一批官僚。选举体制被人操纵，使得一个腐朽的保守派政党在几乎长达四十年的时间里一直大权在握。这一安排既合乎美国的心意，也很对日本官僚、自民党政客、大集团的胃口，因为其确保日本一直会是一个富强、稳定的反共盟友。但除此之外，这种安排还扼杀了政治辩论，阻碍了日本人走向政治成熟"。

正是由于在政治上缺乏成熟，日本社会在对待国家之罪的问题上严重滞后于德国。与善于积极独立思考的德国公众相比，日本社会里却有许多沉默的大多数和糊涂的大多数。在日本始终难以形成对战争罪责、人道灾难、记忆伦理、新型国家认同等重大问题的深入反思和公共讨论，也使得日本难以摆脱在国际政治中的被动局面。作为一个强大的、非西方的现代国家，日本需要有更大的国际尊敬和影响，但是，由于日本与曾经被它侵略的亚洲国家之间的宿怨无法肃清，日本难以真正赢得他们的信任和尊敬。日本由于不能彻底地清算过去，所以总是困扰于一些被忽略或不能认真对待的问题，处在道义和政治双重被动的窘境之中。

三、浪漫民族主义和宪法爱国主义

战后德国和日本不同的第二个方面是日本没有办法像德国那样摆脱战前和战时起过关键作用的浪漫民族主义。日本无法像德国那样从文化的自我认同转变为对自由宪政共同体的认同。日本人的浪漫民族主义原本受德国影响，自认为在"民族性格"上与德国人相似，但战后的德国人则反而摒弃了这种浪漫民族主义。相比之下，日本人没有做到，不仅做不到，甚至都不能清醒地意识到浪漫民族主义的虚妄和危害。这标志着日本在政治上的不成熟，同时也是政治上不能成熟的必然后果。

布鲁玛从政治而非文化的角度提出德、日两国的浪漫民族主义问题："日本人和德国人之间在对战争的看法上存在一道鸿沟——我们这里姑且暂时抛开联邦德国和民主德国之间的区别。问题在于，为什么会这样呢，为什么德国人的集体记忆看似和日本人如此不同。是因为文化原因？还是政治因素？答案是不是在战后历史，或战时历史当中才找得到？或许德国人更有理由哀悼过去？"德国人更有理由对浪漫民族主义恋旧，但德国人并没有这样，而日本的情况则正好相反。

布鲁玛在与许多德国人和日本人的接触过程中发觉："我经常从德国人那里听到'典型德国做派'这句话，而且口气几乎清一色都是贬义。相反，日本人说'典型日本做派'时，通常都带着一丝自我辩护和自豪。"日本在 19—20 世纪师从德国，获益良多，但学到的东西和德意志联邦共和国的自由气氛已经格格不入了。战前的日本同德国一样，以知识分子和政客为首的精英人士往往感到有必要借助浪漫民族主义，来抵消某种民族自卑感。他们引进费希特的有机民族主义（organic nationalism）理论是为了振奋日本人的自尊心。

战后的日本继续表现出强烈的民族主义恋旧。布鲁玛在观察中发现，"时至今日，在经过日本人因地制宜的改造后，这些（民族主义）理论中的大多数依然广泛出现在电视上、大学院校里和流行期刊中。犹太人主宰世界这一凭空想象出来的阴谋论在日本民间神话外围沉淀了下来，而在战前受到舶来德国思潮大力提倡的单一种族意识形态在日本远未绝迹"。

有意思的是，日本人愿意觉得自己像德国人，但德国人却不愿意觉得自己像日本人，这是因为两个国家有了不同性质的国族自我认同。正如布鲁玛所看到的，"这两个民族在彼此身上都看到了自己吹嘘的品质：尚武精神、种族纯洁、自我牺牲、严于律己等等。战后，西德人竭力想要摆脱这种形象，日本人则不同。这意味着，在日本，任何对昔日日德联盟抱有眷恋之情的想法在德国很可能让人感到难堪"。布鲁玛提供了一个有趣的例子——他的书里穿插着许多这样例子——1987 年，位于柏林的日德中心正式对外开放。为了庆贺其诞生，"日本人提议举办研讨会，探讨神道教天皇崇拜和日耳曼民族神话之间的相似性。这么做并无批评或嘲讽之意：出主意的是东京一座神道教寺庙的僧侣。德国人礼貌地回绝了"。

战后，德国人以认同德国宪法来构建自己的国族认同，而日本人更多的是用抵抗"他者"——主要是"反美"——来构建国族身份的自我认同。在这一点上，日本的左翼和右翼人士找到了共同点。布鲁玛写道，"日本的左翼和平主义通常和右翼有联系的浪漫民族主义存在共通之处：左右两派都对被美国人夺去集体记忆一事心怀怨恨。浪漫民族主义者认为，战后的美国占领者有意瓦解了神圣传统，比如说天皇崇拜，失去它日本人就会丧失身份认同"。许多左翼和平主义者实际上是浪漫型的反战主义者，他们相信，"美国为了掩盖自身罪行，且为日本军国主义招魂以利冷战，便试图抹去有关广岛的记忆"。"广岛记忆"成为日本人受害者心态的悲情国族认同的一个主要元素。

德国人战后之所以能够摆脱浪漫民族主义，一个重要原因是开始建立起新的宪法爱国主义观念。哈贝马斯说："宪法爱国主义是唯一能让我们不与西方疏离的爱国主义。令人悲哀的是，基于信仰而生的对普世宪政原则的忠诚，只有在奥斯维辛之后——也因为奥斯维辛——

才在德意志这支文化民族（Kulturnation）中树立起来。"这是一种自由的爱国主义，它"意味着要斩断与过去、与'文化民族'的联系"。

只有运用新观念，才能更有效地终结旧观念，政治启蒙和教育下一代成为关键。布鲁玛对比了德国和日本教科书对下一代国族认同的不同影响。德国教育法明确规定，教学材料"不应阻碍学生形成自己的主见"。以巴伐利亚州高中历史教材为例，这个规定得到了严肃的对待，"课本每一章节的提问用意不在考验政治正确性，而是鼓励学生独立思考"。教材摘录了一段纳粹桂冠法学家卡尔·施密特（Carl Schmitt）写于1933年的为纳粹党合法性辩护的话。施密特说，纳粹既非私人组织，也不是国家，其独树一帜，不应受法庭的盘查。紧随这段引言之后的是党卫队军校某校长于1937年所作的一篇演讲词，告诉军校学员说，他们将要成为新型希腊城邦国家里的贵族，只对希特勒唯命是从。巴伐利亚州高中的学生们在读完语录后，被要求围绕"在一个建立于错误规范之上的国家，个体应如何行事"这一问题展开讨论。这便是学生们学习在政治上成熟起来的基本教育。

相比之下，日本教科书在文部省的监管下，被要求淡化和隐瞒日军的野蛮罪行。布鲁玛详细介绍了日本历史学教授家永三郎因1952年编写了一本高中历史教材的遭遇。1956年，文部省认为，家永对日本亚洲战争的描写太过"一边倒"——换言之，太负面了。常有人令他重写。1964年，家永终于忍无可忍，并于翌年起诉政府违宪。他在1967和1984年分别和政府又打了两场官司。1980年代，他被要求删除有关南京大屠杀、日军奸淫妇女和日本在"伪满"的医学实验等段落。家永称，审查教科书有违战后宪法对言论自由的保障。直到1992年，已经七十九岁的家永仍然在东京高等法院打官司，期间经历了不断的上诉和被驳回。家永感慨万分地说，"纳粹德国及其轴心国伙伴日本之间的最大区别是，不少德国人抵抗过，并为之献身。在日本，几乎没人抵抗过。我们是个唯命是从的民族。因此，如今最重要的，不是我们打赢还是输掉这场官司，而是应该毫不动摇地斗争下去"。像家永这样的人在日本是绝对的少数。

四、"战争受害者"的神话

在政治不成熟和浪漫主义民族主义之外，日本不悔罪的另一个重要原因是"受害者"心态。不仅是受害者，而且还是英勇抵抗的受害者。从战前到战后的日本一直存在着"日本人领导亚洲对抗西方"的神话。"反西方"是日本人国家认同的一个元素。在战后的日本，"反美"成为一个从"反西方"翻新而来的国族认同元素，焦点是美国加于日本的《和平宪法》。对此，布鲁玛写道，"鹰派愤怒于美国人把日本变得一蹶不振……鸽派则恨美国人阉割了《和平宪法》（指冷战时美国让日本拥有军队）。双方都很反感被人当成帮凶，且都感到自己是受害者，这也从一个角度解释了要日本人承认战争历史为什么比德国人更难"。

记忆是有选择性的，就在日本人选择了"受害者"记忆的同时——也因为他们选择这一记忆——他们消除了自己作为对亚洲其他国家人民"加害者"的记忆。这是日本人历史短视和拒绝承认战争罪行的主要原因。

日本的"历史失忆"与德国对悔罪的念念不忘形成了鲜明的对比，其中特别有典型意义的便是"广岛记忆"，日本人每年有两个纪念日：一个是8月6日的广岛原子弹爆炸纪念日，另一个是8月15日的日本战败投降纪念日。广岛成为美国"战争罪行"的证明，也成为"和平"

反对一切战争的"民众抵抗"旗帜。广岛记忆把广岛用作日本是二战受害者和牺牲者的象征。布鲁玛指出："日本人就算要讨论战争，通常是指和美国的战争。许多对侵华战争持强烈保留态度的日本人在1941年听到日本进攻美国后，心中都洋溢着爱国主义自豪感。对南京大屠杀心怀愧疚绝不意味对偷袭珍珠港也抱有同样的罪恶感。德国人一遍遍地被提醒要牢记纳粹和屠犹历史；反观日本青年，他们想到的只有广岛和长崎——兴许还有南京，不过仅仅是因为得到了自由派学校老师和新闻记者的提醒。"

在许多日本人看来，现在的广岛，特别是广岛的和平博物馆，是"世界和平的麦加"，一个具有宗教色彩的纪念中心，络绎不绝的来访者来此见证战争的罪恶和对日本平民犯下的巨大罪行。广岛的一位教授称美国投掷原子弹是"20世纪最大的犯罪"。正如一位日本批评者所说，"在广岛博物馆，人很容易产生受害者情绪，但我们必须认识到自己还是侵略者。我们被教育要为国而战，我们给国家造毒气，我们活着是为了战斗。打赢这场战争是我们唯一的目标"。

在广岛，日本是受害者的看法被小心翼翼地守护着，人们坚称广岛死者是无辜的，这种"无辜受害者"的记忆排斥了日本是侵略者的记忆。布鲁玛指出，"和平广岛"其实是一个神话。他写道，"广岛根本谈不上无辜。1894年，日本同中国打响'甲午战争'时，部队正是从广岛出发、开赴前线的，明治天皇也把指挥部搬到了广岛。这座城市因此变得富有，十一年后的日俄战争则让它更加富有。广岛一度还成为军事行动的中枢。……在遭到核打击时，广岛是帝国军队第二大本营（第一在东京）。简言之，这里遍地都是军人"。布鲁玛进一步指出，"广岛市民的确是受害者，但害他们的基本上是他们自己的军事领导人。然而，1987年，当广岛当地一伙和平活动人士向市政府请愿，要求把日本侵略历史纳入和平纪念馆展览内容时，这个要求被拒绝了"。

"日本是战争受害者"，这个神话能被日本不同意识形态的阵营接受并各自做出解释，他们之间虽然有分歧和对立，但却又能在这个神话周围结成某种同盟的关系。日本的保守派把由美国主导的日本宪法视为对日本主权和尊严的侵犯，日本的左派虽然反对日本军国主义，但与日本保守派一样对美国抱有敌意，他们反美，是因为认为冷战期间华盛顿干预了日本宪法第九款，迫使日本成为冷战冲突的帮凶。即使政治自由派也经常声称，美国在广岛和长崎投掷的两颗原子弹清洗了日本的战争罪孽，使日本人获得道德权利，可以"审判其他国家，特别是美国"。布鲁玛指出，这种态度成为日本一些"和平教育"的基调（当然在日本国内也是有争议的），在相当程度上，美国介入日本政治的方式应该为此负责。但是，日本的"和平主义"将国家罪孽变成了美德，在与他国相比较时，几乎成了优越感的记号。这种和平主义也会造成历史短视。

当日本人把目光从广岛转向南京时，这种历史短视尤为明显。许多日本人否认有南京大屠杀，这与德国形成了强烈的对比。在德国，只有极少数人才会否认大屠杀，但在日本，相当大的保守势力人士都坚持认为，对日军大规模屠杀中国平民的报道是夸大其词，平民伤亡是战争必然会造成的结果。日本年轻一代对日军罪行的认识是模糊而不完整的，日本的教科书回避历史事实是一个主要原因。日本保守的教育部（文部省）和左派教师的争论对峙陷入僵局。德国教科书把对纳粹的抵抗提升到政治德性的高度，相比之下，在日本，当年支持战争的信仰价值观（神道教）和天皇制度仍然没有受到实质性的批判和否定。

五、从天皇脱罪到日本人赦免

阻碍日本充分认识侵略战争和人道灾难罪行的再一个政治因素便是日本的天皇制度。布鲁玛敏锐地看到，日本国内对南京大屠杀的看法和立场就涉及天皇制度。这是他从对南京大屠杀的多种说法中一点一点仔细剥离出来的——像这样的分析例子在《罪孽的报应》中还有许多，细心的读者不妨根据自己的问题意识细细体会。

布鲁玛汇集了多种关于南京屠城的观点。有一种观点是，因为经过精心策划，广岛原子弹爆炸的罪行要比南京屠杀严重得多，"纵观日本历史，不论是在欧洲还是在中国，你都找不到一起和广岛一样有预谋、系统性杀戮的事件"。布鲁玛认为这种观点并不是简单地否定南京大屠杀，是值得关注的，因为，"既然作为暴行符号的南京屠城被一些人视为日本实施的'屠犹'，对二者加以区分就显得很重要"。就连反对否定南京大屠杀的日本人士也认为这场屠杀并不具有系统性。其中一位写道，他不否认南京大屠杀的规模之大和惨绝人寰，"但这或许是对淞沪抗战中守军激烈抵抗的一种报复"。另一位则认为，"在战场上，人面临生存的终极选择，要么生，要么死。尽管一些极端行径为天理所不容，但心理上可能无法避免。然而，在远离战场的危险和无奈后，若仍按照一项理性计划实施暴行，那么便是邪恶的凶残行为。我们的德国'盟友'设立的奥斯维辛毒气室，以及我们的敌人美国投下的原子弹，是理性暴行的经典案例"。还有一种说法同样把南京屠城与希特勒灭犹加以区别："南京屠城的（军事力量）并不是某种足以毁灭世界的超自然力量，它也不能算是灭亡整个民族计划的一个步骤。"

面对这些"理解"南京屠城的说法，布鲁玛敏锐地指出，南京屠城是"在意识形态的教唆下"发生的，"侵略者杀死'劣等民族'是符合神圣天皇旨意的"。他写道,"这正是右翼民族主义者最耻于承认的一点……对于左派和不少自由派而言,南京大屠杀是由天皇崇拜(以及帝国主义崇拜)所支撑的日本军国主义的主要象征,这也就是它为何成了战后反战主义基石的原因。要避免另一场南京大屠杀,就有必要坚持《和平宪法》第九条。民族主义右派的看法恰恰相反。他们认为,要重塑日本人的真正认同,必须恢复天皇作为国家宗教领袖的地位,并且修改第九条,以使日本重新成为一个具有合法性的军事强国。鉴于这一原因,南京大屠杀或任何日本极端侵略行为的范例都必须被忽视、淡化和否认"。也就是说,否认南京大屠杀不是一个简单的历史认识问题,而是涉及维护天皇制度的合法性和权威。这是一个非常重要的看法。

认识纳粹德国与天皇日本的不同是认识战后德国和日本在悔罪问题上出现巨大差异的关键之一。纳粹德国是现代极权的一党统治,它的宣传和组织对人民所进行的洗脑是与德国人的自由精神相违背的,德国人是被纳粹意识形态改造了的。日本人是被一种古老的宗教(神道教,它也是天皇制度的核心)改造,但日本人并不是在裕仁天皇时期才被神道教改造,一直到今天,这种国家宗教仍在延续,仍然是许多日本人的信仰。战后德国与希特勒的纳粹极权制度完全切割,战后日本则无法与天皇制度完全切割。二战期间,德国犯下的是"反人类罪",而日本犯下的则是战争罪行,厘清这一罪行的最大障碍是天皇在战后日本政治制度中的位置。日本的浪漫民族主义核心是天皇,由于天皇的存在,日本的浪漫民族主义一直延续至今。德国放弃了这种浪漫民族主义,代之以"宪法民族主义",甚至比许多其他西方国家更加坚持和强调宪政和自由民主政治的普适价值:自由、平等、人权和人的尊严。

日本之所以难以与过去断绝,一个主要的原因是暧昧不明的政治体制——日本并不是一个真正的"法西斯"国家。布鲁玛指出，"比较容易做的是改变政治体制，继而希冀人们的习惯和偏见会随之变化。这点在德国比在日本更容易做到。整整十二年，德国被控制在一个罪恶的政权手中，掌握政权的是一群发起运动的政治流氓。铲除这一政权算是完成了一半的工作。而在日本，这个国家的法西斯主政前后并没有明确界限。事实上，日本从来就不是一个真正意义上的法西斯国家，它既没有法西斯或国家社会主义执政党派，也没有希特勒式的元首。最接近这一角色的是天皇，但不管他有过哪些头衔，他算不上是法西斯独裁者"。

日本也没有德国那种明确的责任制度，在日本起作用的是一种被称为"不负责任的体制"（构成它的是"神轿""官吏""浪人"三种角色），日本的指挥系统"根本就是一笔糊涂账。因此，尽管战后德国的纳粹领导层被一锅端，但反观日本，不过是少了几位海、陆军将领罢了"。天皇是这个不负责任的体制中最大的"神轿"，"1945年后，麦克阿瑟将军选择保留的恰恰就是这种权威象征，这一最神圣的'神轿'……利用帝制象征巩固自己的权力。结果，他扼杀了日本民主制度运转的希望，并严重扭曲了历史"。既然要保留天皇的权威，"天皇裕仁的过去就不能沾上任何污点；可以说，象征物必须和以其名义犯下的罪行撇清干系"。所以，东京审判时，裕仁天皇不仅逃脱了制裁，法庭甚至都不能传唤他出庭作证。日美两国达成协议，最高"神轿"不得受一丝牵连。这是一笔政治交易，牺牲了战争受害者的正义，其非正义的后果一直延续至今。只要天皇还摆在这个位置上，"日本人就会在坦白过去一事上扭扭捏捏。因为天皇对发生的一切均负有正式责任，而通过免除他的罪责，所有人都得到了赦免"。

天皇不是希特勒，但是，布鲁玛指出，这不是为天皇免罪的理由，"日本人的意识形态虽然并不包含'最终解决方案'，但在种族主义的程度上和希特勒的国家社会主义难分高低。它即便没有驱使日军大开杀戒，也为其野蛮行径提供了合法性。日本人可是亚洲的'主宰者民族'。……一位参加过侵华战争的老兵在电视访谈节目上说，他之所以杀起中国人来能丝毫没有良心不安，只因为他根本不把他们当人看。杀人甚至还有一层宗教意味，因为这是'圣战'的构成要素"。裕仁天皇和希特勒并不具备可比性，但发挥的心理作用却有着惊人的相似，而这种心理作用所驱使的行为——以活生生的无辜者为对象的杀戮和残暴——也是同样罪恶的。

任何简单、粗糙的对比都无法解释为什么战后会出现德国悔罪和日本不悔罪的差别。布鲁玛的《罪孽的报应》为我们深入细致地理解这一差别提供了帮助。他对这个差别的解释不是"历史化"的，而是有着明确的记忆伦理和人道价值取向，那就是，德国的悔罪是一种日本至今未能取得的政治成熟和道德进步。

历史化可能成为逃避历史责任的借口，它的目标是"拉开与过去的距离，冷眼看待历史"，其结果往往是以常规历史来看待并非常规的、非常邪恶的事情。这样的历史态度会让"冷眼看待"变成"冷漠旁观"，甚至让旁观者因为"理解"加害者而对他们产生认同感，认同加害者是不道德的，也非正义的。

日本的保守势力就是这样对日本二战侵略战争进行历史化处理，进而为之辩护的。他们说，战争是为民族存亡而进行的斗争，日本军人并不比其他国家的军人更坏，就荣誉心和牺牲精神而言，他们甚至更加优秀。这种历史化使得南京大屠杀这样惨绝人寰的杀戮正常化了。

然而，拒绝对过去罪恶的历史化并不等于已经替受害者说话，事实上，今天的后人是无法代替当年的受害者说出真相的。我们今天所能做的也许正是像布鲁玛那样，不只是从个人道德良心，而是从国家政治制度的优化（宪政和自由民主）来期待绝大多数人有意识地改变他们旧的思考习惯和偏见，也就是布鲁玛所说的在政治上成熟起来。

这不仅是对日本的二战罪恶而言，而且也是对其他国家的严重政府过失或罪过而言的。德国战后的悔罪在世界范围内获得了普遍被承认和赞许的意义，也成为政府改正错误的道德决心和行动勇气的象征。尤其是在政府仍在拒绝对过去罪行悔罪的国家里，人们不断用德国的悔罪为正面榜样，要求政府悔罪并要求政治制度相应有所改变。这是 20 世纪以来世界范围内人们在政治上已经变得更加成熟的一种表现。

政治上的成熟包括道德上的成长，表现为——用历史学家巴坎（Elazar Barkan）在《国家的罪过》中的话来说——"以越来越强的政治意愿，甚至急迫心，来承认自己的历史罪过，承认罪过可以让加害者的良心更干净，也直接有助于他的政治效益。无论是其一还是其二，道歉都表达了一种因造成他人伤害而背负罪孽重负的痛苦，以及对受害人的同理心（empathy，即换位思考）"[1]。了解日本战后在道歉和悔罪道路上所遭遇的障碍，不是为了单纯的道德谴责，而是为了对国家之罪和历史非正义有一个更好的认识，也是为了看到，在新的国际人权道德环境下，加害者对受害者所作的正式道歉已经是一种必须的道德义务，也是一种对未来仇恨化解和道德秩序重建的真诚政治承诺，在国家间是如此，在国家内部也是如此；对日本是如此，对所有其他国家也都是如此。

---

[1]　Elazar Barkan, *The Guilt of Nations*. The Johns Hopkins University Press, 2000, p. xxviii.

14　极权体制下的纳粹腐败和反腐
——弗兰克·巴约尔《纳粹德国的腐败与反腐》

英国历史学家理查德·格伦伯格（Richard Grunberger）在《十二年帝国：纳粹德国的社会史 1933—1945》一书中写道："腐败实际上是第三帝国的组织原则。但是大多数德国公民们却不仅忽视了这个事实，而且还确实把新政权的人物当作是在严格地奉行道德廉洁。"纳粹是以严厉抨击和反对魏玛共和国的腐败来获得道德号召力的，它"把民主即腐败的信念植入了德国人的集体意识之中"，但是，与纳粹自己的腐败相比，"魏玛时期的那些丑闻不过是政体的小小污点而已"。[1] 德国历史学家弗兰克·巴约尔（Frank Bajohr）的《纳粹德国的腐败与反腐》（*Parvenüs und Profiteure. Korruption in der NS-Zeit*，2001. 2001 年 2 月在德国被评为最佳图书）为我们充分了解纳粹的腐败提供了翔实的历史资料和深中肯綮的政治分析。[2]

巴约尔在《纳粹德国的腐败与反腐》一书中通过揭示"政治上的

[1]　Richard Grunberger, *The 12-Year Reich: A Social History of Nazi Germany 1933-1945*. New York: Holt, Rinehart and Winston, 1971, p. 90.

[2]　弗兰克·巴约尔：《纳粹德国的腐败与反腐》，陆大鹏译，译林出版社，2015 年。本文为该书导读。

恩主—门客结构"——"希特勒体制"——来透视纳粹党国多样化的
腐败。这个结构的顶端就是希特勒,它"将身边的人的道德败坏作为
犬儒主义统治手段的基础"。巴约尔强调,"'希特勒体制'并非凌驾
于数量众多的恩主—门客结构之上,而是与其在同一个层面上共存,
这些结构在纳粹体制中是横向发展的。在这方面最突出的是各省的
'诸侯'们,他们一般都控制着完善的小金库和基金会的系统,这系统
既不受纳粹党总财务官的监管,也不受国家的中央权力的控制。虽然
希特勒的权力足够强大,地位足够巩固,能够约束住腐败的封疆大吏
们,但是元首在面对腐败问题时却非常冷漠(这很能说明问题),甚至是
罪孽深重的封臣也能保住自己的位子"。不经自由民主选举的专制提拔
制度必然产生这样的恩主—门客政治权力结构。这是一个复杂的权力
与利益结合的网络,使得它的任何反腐努力只能取得暂时的效果。腐
败越藏越深,就连反腐办案人员有的也涉入腐败,如格伦伯伯格所说,
第三帝国腐败的特征是越埋越深的腐败和越反越腐。[1]

纳粹的"恩主—门客结构"是当代政治性腐败和反腐研究所重视
的"主管—代理困境"(principal-agent dilemma)的一个特例。"主管—代
理困境"解释模式被用来解释不同形态的腐败,用它来分析极权体制
下的腐败和反腐是同样有效的。

"主管—代理困境"是美国政治学家爱德华·班菲尔德(Edward C.
Banfield)在《政府组织中的腐败特征》一文中首先提出来的,后经其他
研究者的调整或扩充,成为分析腐败和反腐的一个常用模式。[2] 这个

---

[1]   Richard Grunberger, *The 12-Year Reich*, p. 94.

[2]   Edward C. Banfield, "Corruption as a Feature of Governmental Organization." *Journal of Law and Economics* 18 (December 1975) : 587-605.

分析模式被用于多种不同的主管—代理关系，如公司经理（代理）与股份持有人（主管）、非民主制度中的任命官员（代理）与高层统治者（主管）、民主制度中的当选官员（代理）与选民（主管）等等。相比起分析民主制度中的腐败来，"主管—代理困境"更有助于揭示极权腐败（包括它"腐败的反腐"）的实质。这是因为，在极权体制中，谁是"主管"，谁是"代理"，以及一级一级以任命和一党内任人唯亲来形成的主管—代理关系，要比在民主制度中清楚得多。它也起着在民主制度中不可能的党国全方位统治制度的构建作用。

　　"主管—代理困境"是一种从利益和功利关系来分析腐败和反腐的方式。美国经济学家和政治学者罗伯特·克里加德（Robert Klitgaard）在《遏制腐败》一书中指出，主管—代理模式并不是严格意义上的"理论"，而"只是一种启发式的分析……它的目的不是结合历史、文化和宗教的因素，得出为什么有的社会比其他社会更腐败的结论。不过它确实提出了一些有用的假设，用以说明造成腐败行为的条件。更重要的是……它还能提示有哪些方式可以用来遏制腐败"。[1] 遏制腐败的方式包括民主政治、公平竞争、公正选举、信息透明、分权监督等等。纳粹统治的极权专制是不可能采用这些方式来反腐的。因此，正如查德·格伦伯格和弗兰克·巴约尔都指出的那样，虽然纳粹经常反腐，它的反腐既打老虎又打苍蝇，有的还相当严厉，但注定要归于无效。

　　用主管—代理困境来分析腐败，是基于这样一个基本的人性考量："代理如果觉得腐败对自己利大于弊，他就会腐败。"[2] 腐败是一

---

[1]　Robert Klitgaard, *Controlling Corruption*. Berkeley, CA: University of California Press, 1988, p. x.

[2]　Ibid., p. 69.

种个人对利害权衡的结果。一个官员有腐败（受贿）或不腐败的选择。如果不腐败，他能得到一份回报（工资收入和待遇），他还能享有清廉的道德满足。如果腐败，他可以从受贿和贪污捞到油水（油水当然有大有小），但也冒着因贪腐败露而受惩处或丢官的风险。而且，他还得为贪腐付出道德恶名的代价。

克里加德指出，贪腐者愿意冒什么风险或付出什么道德代价，取决于他的道德和良心标准，也取决于"他的同伴或同事是怎么做的……他如果身处于腐败文化之中，又不择手段，那么，腐败的道德代价对他来说可以接近于零"。[1] 也就是说，他根本不会在乎什么恶名不恶名。腐败的官员往往把贪腐败露和被惩处当作最大的危险和代价，惩处可能包括丢掉薪俸或工作、名誉扫地等等。决定一个官员不贪腐的经常不是道德觉悟，而是"得不偿失"的利益考量，这是"代理"对腐败问题的基本思考方式。

然而，"主管"一方对待腐败则另有其他考量因素。首先，主管必须尽可能真实地了解代理究竟是在尽力为自己办事，还是在暗中谋取私利。代理谋取私利有时会给主管带来"负外部效应"（negative externalities），使主管的利益"受损"。严重的受损会令主管威信扫地、损失进项、无法进行优胜劣汰的选拔，乃至丧失政权（亡党亡国）等等。克里加德指出："如果在现实生活里存在腐败，那么主管便无法断定代理所做的事情有多少是为他在尽力。要更好地弄清楚代理到底在干什么，主管需要付出相当的代价。"[2]

这就有了主管—代理困境的第二个问题：他们双方所掌握的情

---

[1]   Robert Klitgaard, *Controlling Corruption*, p. 69.

[2]   Ibid., p. 70.

况信息是不对等的。主管不能相信代理所说的话，因为代理会谋取私利而误导或欺骗主管。越是能力强的代理就越是有可能这么做，巨贪的官员经常是一些能吏。主管很清楚这一点，所以他在任用代理时必须不断在要求"诚实"一些和要求"能干"一些之间进行权衡。主管有自己的权力利益，为了稳固权力，他需要反腐。但是，他真正在意的并不是官员的道德纯洁，而是保证他自己的统治利益。克里加德指出，只要官员腐败不直接有损于主管的统治权力利益，主管所做的无非只是根据具体形势需要，调整"最佳代理办事行为和最合适程度腐败行为"之间的孰轻孰重。[1]　在腐败问题上，希特勒和他的"封臣"们之间的主管—代理困境是很明显的。希特勒需要那些封臣们，因此可以容忍他们的"适度"腐败，这是他在最佳代理办事行为和最合适程度腐败行为之间所做的政治利益选择。

　　纳粹德国的最高主管是希特勒和他代表的"党国"，这在民主国家里是不可想象的。纳粹国家的各级干部，上自政要，下至一般的官员都是"党国"一层一层的代理，形成一个党员优先甚至党员独占的任人唯亲、利益均沾的官僚体系。巴约尔指出，"这种人治的统治关系特别能够滋生裙带关系和腐败现象。在党内，谁忠于自己所在的小集体，就能得到资助和救济，从而对主子感恩戴德，于是纳粹党的政治领导人们不得不向下属分配工作岗位和职位"。希特勒就利用特别基金来建立自己广泛的私人圈子，给亲信们提供馈赠、资助和赠礼，"这位独裁者如此行事，经费来源五花八门。……就像他的律师吕迪格·冯·德·戈尔茨伯爵向财政部门解释的那样，'众所周知，元首、党和国家是一回事'"。

---

[1]　Robert Klitgaard, *Controlling Corruption*, p. 73.

希特勒馈赠礼物的对象包括高层的党政军人士、还有科学家、作家和艺术家，既是赤裸裸的政治算计，也是笼络和控制各种对他有用之人的贿赂手段。希特勒不仅明白人的贪欲本能，而且善于利用这种本能，"主义""理想"不过是他掩人耳目的幌子。巴约尔对此写道："社会学家特奥多尔·盖格尔早在 1932 年就指出，在纳粹党人的'理想主义'宣传的光辉外表背后，藏匿着一种没有理想的理想主义，并没有把物质上的贪婪掩饰好。纳粹党人的基本态度是'绝非理想主义的'，而是'极端的经济和物质主义的'：'他们没有克服经济的、物质主义的心态，而是凑合着遮蔽着自己的物质主义。'"

《纳粹德国的腐败与反腐》关注的不是一般的腐败，而是特殊的极权制度性腐败。腐败有多种表现形式，"如以权谋私、行贿受贿、结党营私、任人唯亲、挪用公款和公私不分等，在民主国家也同样泛滥，只是程度多寡不同"。但是，在民主国家里，媒体可以揭露这些腐败，政治竞争对手之间可以用腐败来攻击对方，民众可以公开、自由地批评官员或政府的腐败。这些在极权制度下是不可能的。

巴约尔指出，在纳粹德国，"甚至当时的人们就已经深切地认识到了腐败的问题，尽管（或者说，恰恰因为）在第三帝国受到政府宣传引导的公众中，腐败是个禁忌话题"。谁要是触犯了这个禁忌，谁就是恶意造谣和抹黑污蔑。纳粹不允许公众在媒体上自由议论腐败，是因为这种议论被视为有损于党和政府威信，破坏稳定，因此必须严加控制。纳粹德国的腐败之所以特殊，不仅在于它的种种以权谋私、行贿受贿、结党营私、任人唯亲，而且还在于它实质上是受到专制制度保护的。在这样的制度中反腐，除了统治集团自上而下的限制政策，不存在任何来自其他政党、组织、媒体或民众的监督。大大小小的以权谋私、行贿受贿、结党营私、任人唯亲、挪用公款和公私不分都不只是经济腐败，而且也是政治腐败。

早在纳粹取得政权之前，它就利用魏玛时期的一些腐败案件来攻击民主制度。纳粹把腐败描绘成与民主自由化共生的痼疾。巴约尔指出，"这些丑闻能够爆发出来并被公众广泛讨论，恰恰说明当时有一个积极参与政治的健全的公众团体——这与帝国时期和纳粹统治时期迥然不同——能够不受阻挠地针砭时弊"。纳粹的一个惯用伎俩就是混淆各种不同的腐败，把经济性腐败和文化、道德的自由化倾向或腐败混为一谈，然后又统统归咎于政治民主。魏玛是德国政治比较民主的时期，也是一个各种新思潮、文艺流派和时尚、道德新观念十分兴盛的时期，泥沙俱下在所难免。例如，当时的柏林文化就以颓废而著称，娼妓和犯罪活动随之增加，柏林更成为欧洲的毒品交易中心。传统的德国公众对此深恶痛绝，纳粹利用了公众的这种情绪，把反对魏玛腐败用作为自己在政治上得分的道德号召手段。

纳粹取得政权之后也一直想要保持正派、高效、反腐的清新面目和道德形象。然而，正如格伦伯格所指出的，纳粹的反腐是有上下层区分的，"越小的腐败反而处罚越重。小官僚们那些暴露在公众眼前的失职行为频频受到惩罚，用以杀鸡儆猴，而大区或国家级官员的犯罪行为却基本上都没有受到惩罚"。[1] 巴约尔以翔实的例子说明了纳粹德国反腐的这一特征，他进一步指出，"是否要遵循现存的正常法规，首先取决于一些机缘的因素，比如：涉案贪官的权力地位如何，他背后是否有一个纳粹党的小圈子作为靠山，他对体制是否'有用'，或者假如造成了公开的丑闻，对党群关系会造成怎样的影响"。反腐是有条件的，必须以不损害主管（靠山、党国）的利益为前提。主管经常很清楚

---

[1] Richard Grunberger, *The 12-Year Reich*, p. 91.

代理的腐败行为，但是，他需要不断在代理的"清廉"和"有用"之间进行权衡。主管为了稳固自己权力，需要有靠得住的、能干的"自己人"。他不会一味姑息代理的腐败，但是，他真正在意的并不是下属的道德操守，而是自己的权力利益。

造成纳粹德国"主管—代理困境"的另一个重要原因是，"党内各个派系互相依存又互相竞争，再加上专制的'元首政党'内的同志情谊，给纳粹党造就了一种隐蔽的次级结构，它往往比正式的等级制或者组织从属关系更能够决定'显贵'们之间的私交和关系"。纳粹"运动"从一开始就是在"党内各个派系相互依存又相互竞争"中发展壮大起来的。革命成功后形成了一个"利益均沾"的总体政治分红"供养"体制，而这个体制则又需要在不同利益集团之间进行划分、平衡和协调。

利益均沾的供养制度主要体现为不同级别不同待遇。什么级别可以享受何种"待遇"是不容违反的权力等级制度规则。它有助于刺激官僚们的"进取心"和提升他们的效忠热忱。巴约尔指出，"那些并非通过选举获得合法权力的人的地位在 1933 年之后主要取决于他支配物质资源的权力，以及对追随者们的物质上的供养"。纳粹高级干部所享受的待遇——高级住所、特别服务和供应、高经济收入和免费待遇——都是他们的正当"工作需要"，因此不仅需要"保密"，而且，就算再过分也不能算作腐败。巴约尔用大量的具体材料表明，比起下层官员"侵吞党费和捐款"，纳粹的高层官员和精英阶层"滥用职权和各种特权，维持着骄奢淫逸的生活"，不仅拥有特殊享受，而且更是以此"突出自己在纳粹统治集团中的地位"，这才是更大的腐败。这是极权制度下典型的政治腐败，"它不是若干个人的滥用职权，而是一种有组织的滥用权力；它并非促进个人私利，而是有助于体制的功能稳定"。纳粹统治本身为官僚体制提供种种额外的好处和油水，这是一种由制度来合法化了的腐败。

纳粹意识形态（雅利安化）和假借意识形态正当性之名所进行的抢劫和掠夺（以犹太人和占领区为主要对象）使纳粹的腐败扩展为普通德国人的腐败。纳粹利用对国民的反犹仇恨宣传，把雅利安人说成是被犹太人盘剥压榨的"苦大仇深"的受害人，因此，大规模抢夺犹太人的"不义之财"便成了正义的事业。仇恨宣传"让人没了道德上的顾虑，再加上政治权力给了人自信，于是很多纳粹活跃分子早在 1933 年 2 月就开始'寻找战利品'。在汉堡，冲锋队员们借助伪造的搜查令劫掠犹太人房屋内的首饰和金钱，殴打犹太社区的代表人，专横跋扈地要求这些代表人交出保险箱钥匙"。这种打劫越演越烈，直至将犹太人送进死亡集中营。奥斯维辛集中营的犹太囚犯流传这样一个黑色笑话："他们拿回家许多黄金和值钱的物品，从来都不清点数目——反正是飞来的横财（bonanza）。"德国人从正义打劫直接或间接得到好处，这本身就是一种腐败。这种腐败"鼓动更多人加入到'雅利安化'、大屠杀和剥削占领区的活动中。虽然德国群众对腐败发出了大规模的口诛笔伐，但德国社会的确是通过腐败获得了很多好处"。因此，纳粹统治不仅是自上而下的独裁政权，而且是"一种有着德国社会以各种方式广泛参与的社会行为……腐败将纳粹统治和德国社会紧密交织起来，很多'正常的德国人'也通过中饱私囊参与到了纳粹的压迫和灭绝政策中来"。

巴约尔指出，德国民众在纳粹政治腐败问题上的认识不仅鼠目寸光、自我欺骗，而且根本就是犬儒主义的。这都是因为纳粹宣传的成功洗脑和极权统治在社会中造成的普遍恐惧心理。群众喜欢谈论腐败，他们对贪腐的人、事、内情充满好奇，腐败经常牵扯出色情丑闻，更是普通人极有兴趣的八卦新闻。然而，官员的贪腐消息属于"禁闻"，即使在官方媒体小心翼翼地有限报道中也一直是"敏感话题"，官方对这个话题规定了统一的口径和调门。

被压制的腐败消息只能在小道或谣言中悄悄传播，这样的消息不确实，民众也知道不确实，但传播者私下里还是乐此不疲。这种传播本身有娱乐、消遣的作用，腐败消息的娱乐化和消遣化削弱了它严肃的政治意义，成为一种释放民众不满情绪的安全阀，把他们的注意力从腐败的根本制度原因上转移开了。他们"对腐败的其他评论和批评在原则上也都是顺从政府的……人们指责党的干部的行为'不符合团结群众的精神'的时候，绝不是在批评纳粹意识形态本身，而只是批评干部们在实践中没有好好遵从这个意识形态"。

极权统治对国民的良心道德有极大的腐蚀和破坏作用。格伦伯格在《十二年帝国》中写道，"国家权力的压迫和对党的霸道（Party bullies）的恐惧给（德国人的）集体良心造成禁忌，迫使他们不敢违背这些禁忌"。由于严酷禁忌的存在和对禁忌的无可奈何。人会不仅感到恐惧，而且还感到绝望。因此，许多恐惧而又绝望的德国人对纳粹的各种恶行采取犬儒主义、漠然处之的态度。更为病态的是，许多德国人由于"本来就不喜欢第三帝国的一些敌人（如犹太人）"，所以，当纳粹加害于这些"敌人"的时候，他们在感情和情绪上反倒是站在加害者的一边。尽管纳粹迫害犹太人使用了民众看不惯的手段，但许多人看到自己不喜欢的犹太人倒霉受罪，还是觉得暗暗高兴、幸灾乐祸。[1]巴约尔更进一步指出，由于德国人的集体道德沦丧，许多德国人对官员腐败不满本是出于嫉妒心而不是道义原则，他们"批评的并不是提携施恩这种体制本身，而仅仅是抱怨为什么自己没受到照顾"。

---

[1] Richard Grunberger, *The 12-Year Reich*, p. 91.

与其他国家的反腐一样，纳粹也为反腐提出了两种不同的理由，一个是功利的（腐败有损于党国的利益），另一个是精神的和道德的（腐败使人丧失信仰）。纳粹反腐，是因为腐败会从三个方面损害它的政权：第一是使官员举拔陷入优汰劣胜的反淘汰怪圈，产生大量贪婪而平庸无能的官僚；第二是使国家财政受到损失；第三是降低了经济体系的效率。

纳粹的反腐带有明显的政治考量，被调查者如果有"结党营私"或"非组织关系联系"，罪名会比经济上的贪腐更为严重，希姆莱曾批评党卫军和警察法庭对一些腐败犯案人员的判决"过于宽大"。巴约尔指出，"事实上，现存的带有判决结果的案件概览资料表明，与集中营囚犯、波兰人和犹太人建立私人关系而受到的处罚要比侵吞这些人的财产而受到的处罚严重得多"。

纳粹德国的反腐是在本身不受权力制衡和监督的"主管—代理"关系中进行的。这种关系是纳粹政权的恩主—门客体制的必然产物。它以稳固专制统治权力为最高和最终利益，它的反腐是有条件的——必须在反腐对统治者的利益有帮助和有效用的情况下，才会有一定限度的反腐，不管它嘴上怎么说，它永远都不可能是"零容忍"的。

15　集中营：一个牲人和兽人的世界
——劳伦斯·里斯《奥斯维辛：一部历史》

　　英国历史学家和纪录片导演劳伦斯·里斯（Laurence Rees）的《奥斯维辛：纳粹与"最终解决"》（*Auschwitz: The Nazis and the "Final Solution"*）是为英国广播公司 BBC 录制的一部六集纪录片，以对奥斯维辛集中营前囚犯和看管的访谈来呈现和还原相关的历史真相。这部为纪念战胜德国纳粹 60 周年而制作的系列纪录片于 2005 年 1 月在 BBC 一台首次在英国播出，同年年初又在美国播出，题目改为《奥斯维辛：纳粹国家内幕》（*Auschwitz: Inside the Nazi State*）。《奥斯维辛：纳粹与"最终解决"》（中译本《奥斯维辛：一部历史》，下简称《奥斯维辛》）这本书就是基于那个纪录片的。[1]对史实求证，里斯采取的是"孤证不引"的方法，他说，这部纪录片"没有剧本作家（screenwriter），每一个说出来的字都出自两个——有的地方是三个——历史记录"[2]。纪录片里的奥斯维辛建筑图属电脑生成，所用的建筑图样来自 1990 年代苏联档案解密的材料。

---

　　[1]　本文是中文译本《奥斯维辛：一部历史》（广西师范大学出版社，2016 年）的导读，来自这个译本的引文皆在括号中注明页码。

　　[2]　"Hearts of Darkness"．http://www.smh.com.au/news/tv--radio/hearts-of-darkness/2005/09/24/1126982268912.html.

这些建筑图纸在 BBC Horizon 1994 年的纪录片《奥斯维辛：大屠杀的蓝图》中作了介绍。

历史的回顾必须以揭示和再现真相为宗旨，但不能仅仅停留在历史事实上，我们回顾历史，是要从历史中得到对我们今天有用的经验和教训。里斯在与美国公共广播公司（PBS）的访谈中说，纳粹对犹太人的大屠杀是一桩"罪恶"，"历史学应该致力于引导人们懂得为什么会发生这样的罪恶，还有什么比这个目的更为重要呢？倘若不能懂得为什么发生这样的罪恶，你就不能环视这个世界，思考为什么它还会再次发生"。里斯还特别强调，这部纪录片不只是关于奥斯维辛的，"我们用奥斯维辛来讲一个更大的故事，用奥斯维辛为棱镜来认识灭绝屠杀的全过程，并对犯下这一罪恶的人们的心态有一些了解"。[1]

里斯要揭示的犯罪者心态不是少数虐待狂或变态者的心智失常，而是无数心智正常者的心灵黑暗之地。他们是社会中普通的"好人"，他们当中不乏受过良好教育、拥有博士学位的社会精英。20 世纪 60 年代之后的许多社会心理学研究，如斯坦利·米尔格伦的"对权威的服从"实验和菲利普·津巴多的"斯坦福监狱"实验揭示的正是"好人"为何会在特定的环境下变成恶魔。津巴多称之为人性中的"恶"，他对此写道："我们曾目睹透露人性残酷面的各色症状，惊讶于善人如何轻易被环境改变，成为十分残酷的人，而且改变程度可以多么剧烈。……虽然邪恶存在于任何环境中，但我们更近距离地检视了邪恶的繁殖地——监牢及战场。它们总是成为人性的严峻考验，在这两个地方，权威、权力及支配彼此混杂，受到秘密的掩饰时，这股力量会让我们搁置自己的人性，并从身上夺走人类最珍视的品质：关爱、仁慈、合

---

[1] Interview with Laurence Rees. http://www.pbs.org/auschwitz/about/.

作与爱"[1]。奥斯维辛是一个被纳粹既当作监狱又当作战场的地方（当然还是一个供应奴工的地方），但事实上那既不是监狱也不是战场，而是纳粹统治下经由"累积式激进"形成，并作为永久"例外状态"而存在的"集中营"。

一、集中营的"累积式激进"

《奥斯维辛》史学贡献最著的部分是它所还原的关于奥斯维辛集中营的真相——让人们了解奥斯维辛是什么和不是什么，在那里到底发生了什么，又是怎么一步一步演变、发展而成。这个规模庞大的集中营从 1940 年开始正式运作，1945 年被苏联红军解放，期间被杀害的遇难者有 100 万以上，90% 是犹太人。然而，建立这个集中营的最初目的却并不是要在那里屠杀犹太人。关押进奥斯维辛的第一批囚犯并非犹太人，"而是德国人——准确地说，是 30 名从萨克森豪森集中营转来的刑事犯"。奥斯维辛后来成为关押纳粹认为有危险的波兰人和苏联战俘的地方。纳粹用它来"威吓当地人"，囤积奴工，"按照最初的设想，奥斯维辛只是在犯人被送往帝国其他集中营之前暂时关押他们的场所，用纳粹的术语来说，一座'隔离'营。但随着时间的推移，奥斯维辛的功能明显发生了变化，这里将成为有进无出的人间炼狱"。（33 页）

通过揭示奥斯维辛的演变过程，里斯要告诉读者的是，纳粹并不

---

[1] 菲利普·津巴多：《路西法效应：好人是如何变成恶魔的》，孙佩妏、陈雅馨译，三联书店，2010 年，第 499 页。

是从一开始就精心设计，并按部就班地要把奥斯维辛建成一个杀人魔窟的。这个现在恶名昭著的集中营乃是纳粹为了在不断出现新问题的过程中，一次次临时调适和改变所累积的结果。它的演变成为纳粹极权统治"累积式激进"（cumulative radicalization）的一个缩影。累积式激进指的是，灭绝屠杀犹太人并不是希特勒一个人下达的命令，而是"许多纳粹分子都为此尽心尽力。下层的主动性和推波助澜，是灭绝朝着越来越激进的方向发展的重要原因"。战争结束之后，那些以各种方式参与灭犹的纳粹"试图让这个世界相信做出决定的只有一个人，那就是阿道夫·希特勒"，不少历史学家作出的也是这样的解释。(68 页)

《奥斯维辛》的目的和重要意义就在于，它用揭示累积激进的过程来纠正一个历史解释的常见错误。里斯指出，"战争让一切都朝着激进化的方向发展，集中营也不例外"。犹太人隔离区也是一样，它后来成为纳粹迫害波兰犹太人的一个显著特点，也成为把犹太人送进集中营的先导，但是，里斯同样也指出，"它建立之初的用意并非如此。与奥斯维辛和纳粹'最终解决'发展历史上的很多事情一样，它们都朝着最初没有预料到的方向演变"。(29、30 页)

里斯详细叙述奥斯维辛集中营和波兰犹太人隔离区，都是为了说明，纳粹一开始并没有屠杀犹太人的计划，更不用说消灭所有犹太人的"最终解决"了，大屠杀本身也是一个"累积式激进"的结果。里斯指出，即使是纳粹的首脑人物——如希姆莱和海德里希——一开始也没有大屠杀的计划。他们甚至不同意"从肉体上消灭整个民族的做法——因为那从根本上很不德国（un-German），也不可能实现"。但是，纳粹面临的许多具体问题——从解决因德意志人迁移而造成的住房短缺，到战时的粮食短缺——使得他们在制定应对政策时越来越极端，越来越残酷，也越来越邪恶。这种"累积式激进"是纳粹极权制度的

暴力统治逻辑所无法避免的，也只有在这个制度中才会如此迅速地加剧和恶化，奥斯维辛就是纳粹制度的一个产物。(31 页)

奥斯维辛是纳粹集中营的缩影，那么什么是"集中营"呢？意大利政治哲学家阿甘本 (Giorgio Agamben) 在《无目的的手段：政治学笔记》一书里对集中营（他称为"收容所"）的存在做了本质的分析。他指出，收容所中所发生的事件超出了关于犯罪的司法概念，收容所是一个例外的空间，它被置于监狱法以及刑法的权限范围之外，是被置于正常法律秩序之外的一片领地。收容所与这些法律无关，"达豪以及后来很快增设的其他收容所（萨克森豪森、布痕瓦尔德、利希滕贝格）实际上一直在运作。……这类收容所已经在德国成为了永久现实"。[1] 在这样的地方，合法的居民"已经被剥夺了所有政治身份，并被完全还原为赤裸生命"，他们也因此成为"牲人"，"人类被完全剥夺他们的权利和特征，以至于达到对他们做任何行为都不算是犯罪的程度"。[2]

集中营并不是纳粹的发明，但是集中营在"累积式激进"过程中变成死亡营和灭绝营，却是史无前例的纳粹邪恶罪行。阿甘本指出，历史学家一直在争论，到底是 1896 古巴的西班牙人为镇压殖民地人民反抗而创设的 campos de concentraciones，还是 20 世纪英国人用于集中管理布尔人的 concentration camps，才应该被确认为最初出现的集中营。但是，关键问题是，这两个事实都是"与殖民战争相联系的例外状态向平民人口的扩展"。换言之，"收容所既非诞生于普通法律，也非……监狱法的某种改造和发展产物；毋宁说，它们诞生于例外状

---

[1]　古奥乔·阿甘本：《无目的的手段：政治学笔记》，赵文译，河南大学出版社，2015 年，第 50—51 页。

[2]　古奥乔·阿甘本：《无目的的手段：政治学笔记》，第 52、53 页。

态和军事管制。这在纳粹集中营（Lager）的例子中表现得甚至更为明显。……法律制度能出于使国家安全免于威胁的目的，对个人进行'拘留'，所以纳粹法学家常常视此法律制度为预防性的管制制度"。[1]

纳粹统治时期，最早的达豪集中营建于 1933 年 3 月（即阿道夫·希特勒成为德国元首后不到两个月），从概念上便与特雷布林卡这种在战争期间才建成的灭绝营不同。被关进达豪集中营的第一批囚犯大部分是纳粹的政敌，他们被视为对纳粹国家安全的威胁，而犹太人则还不是。当时的德国民众也为此而支持建立集中营。里斯指出，"在所有接受我们拍摄的德国人当中，没有一个（包括当年狂热的纳粹分子）公开表示他们对灭绝营的存在'满怀热情'，但很多人在 20 世纪 30 年代对于集中营的存在感到相当满意"。他们将集中营视为一种防卫性的、正当的例外措施。正如里斯指出的那样，他们所不清楚的是这样的集中营可能多么暴力和残酷，"达豪集中营的管理制度不仅残酷无情，更能摧毁囚犯的意志"。尽管肉体虐待已经十分残酷和恐怖，"但更可怕的是精神折磨"，这是为了彻底摧毁反对纳粹人士的抵抗意志。（20 页）

当犹太人被关入集中营的时候，也是以犹太人威胁德国国家安全为借口的，这使得例外状态成为纳粹残害犹太人的常态。对此阿甘本说，"阿伦特曾经指出，收容所暴露出来的是支撑着极权主义统治，而常识又顽固地拒绝承认的一条原则，也就是说，是那条使一切都成可能的原则……仅此一条原因，就使得在收容所里一切都能真的成为可能。如果不理解收容所（的本质）……那么收容所中发生的那些难以置信的事情就永远是难以理解的了"。[2]《奥斯维辛》中党卫军看守和"卡

---

[1]　古奥乔·阿甘本：《无目的的手段：政治学笔记》，赵文译，河南大学出版社，2015 年，第 48—49 页。

[2]　古奥乔·阿甘本：《无目的的手段：政治学笔记》，第 52 页。

波"对犹太人的酷刑残害会让读者毛骨悚然，难以置信——人怎么能这样残害他人。如果不是因为里斯为我们提供了详细的证据，读者一定难以想象，怎么短短的几个月间奥斯维辛就能从一个集中营累积激进为一个死亡营，而在那里执行杀戮任务的看守们又是如何在心理上迅速适应这一剧烈转变的。《奥斯维辛》一书中讲述得最多的鲁道夫·霍斯（Rudolf Höss）——那位党卫队中的模范和奥斯维辛的指挥官——本来是一个农民的儿子，他在家里是一个慈爱的父亲，在集中营里却如魔鬼般地冷酷和残忍。这样的人格分裂也会让人觉得难以置信。里斯指出，"最重要的或许是，奥斯维辛和纳粹的'最终解决'证实了一个事实：人的处境（situation）对个人行为的影响远远超出我们的想象"。集中营正是这样一个可以发生难以置信的变化的非人化境地。

在集中营这个特殊的非人境地里，囚犯变成了阿甘本所说的"牲人"，而看守则变成了"兽人"。极权统治把人要么变成牲口，要么变成野兽，或者既是牲口又是野兽。这就是制度性的去人性，它逼着人变成动物，而集中营更是一个浓缩的牲人和兽人世界。这个地方浓缩了阿伦特所说的"恶"——那种人不再是人，人不被当人的"恶"。阿伦特在致哲学家雅斯贝尔斯的一封信里，把恶简洁地定义为"把人变为多余"。[1] 1945 年，随着纳粹集中营被解放，大量发生在那里的恐怖事件开始被披露，阿伦特的强烈反应是，"恶的问题将是战后欧洲知识分子生活的基本问题"[2]。当有人问她对灭绝营的看法时（她第一次

---

[1] Hannah Arendt and Karl Jaspers, *Hannah Arendt/Karl Jaspers: Correspondence 1926-1969*, eds. Lotte Kohler and Hans Saner, trans. Robert and Rita Kimber. New York: Harcourt Brace Jovanovich. 1992, p. 166.

[2] Hannah Arendt, "Nightmare and Flight." In *Hannah Arendt: Essays in Understanding, 1930-1954*. Ed. Jerome Kohn. New York: Harcourt, Brace & Co, 1994, p. 134.

听说是在 1942 年），她说，就像打开了一道深渊，"对过去发生的某些事件，我们不可能与之达成和解。任何人都不能"[1]。

对此，美国政治学家理查德·伯恩斯坦（Richard J. Bernstein）写道："阿伦特感到，集中营所发生的事件是最极端的、最根本的恶的形式。'奥斯维辛'变成了集中体现这场浩劫的名词，并变成了 20 世纪爆发的其他恶的象征。我们还可以谈到柬埔寨、乌干达、波斯尼亚——这些名称和地点是如此不同，但所呈现的都是可怕的事件，我们将尽全力去理解这些事件，但我们不可能与之达成和解。"[2] 也就是说，无论这样的事件如何被某些人说成具有"正当""合理"的原因，我们都永远不能原谅和宽恕这样的事件。对这样的事件，我们必须在道义上永远关闭所谓的"历史合理性"和"历史正当性"的大门。

20 世纪之后，恶已经不再只是一个神学的概念，也不只是撒旦的别名，而是现实生活中一种至今尚未被充分认识的残害性暴力。我们所遭遇到的恶和我们对恶的认识之间存在着很大的距离。美国哥伦比亚大学教授安德鲁·戴尔班科（Andrew Delbanco）在《撒旦之死》一书里就此写道："我们的文化在恶的可见性与可以获得的对付它的知识资源之间已经裂开了一道鸿沟。恐怖的景象从来不曾如此广泛地散播，也从来不曾如此骇人听闻——从组织化的死亡集中营，到儿童在饥荒中饿死，而这些本来是可以避免的。"[3] 20 世纪，这个世界上发生了许多本来可以避免的大规模人道灾难，成千上百万的无辜者死于非命，恶造成的罪孽从未如此之多，但我们对恶的反应和认知却长期停滞

---

[1]   Hannah Arendt, "'What Remains? The Language Remains': A Conversation with Gunter Gaus." In *Essays in Understanding*, p. 14.

[2]   理查德·伯恩斯坦：《根本恶》，王钦、朱康译，译林出版社，2002 年，第 1 页。

[3]   Andrew Delbanco, *The Death of Satan*. New York: Farrar, Straus, and Giroux, 1995, p. 3.

不前。

恶普遍存在于20世纪的专制和极权制度中，大屠杀只不过是极权之恶的一个显例而已。极权之恶不只是少数虐待狂和疯子的事，而且更与众多以各种方式参与其中的普通人都有关联，对此里斯警告道，不要忽视了纳粹统治环境对千千万万普通德国人的人性改变效应，正是这种环境效应生产了无数心甘情愿跟随希特勒作恶的普通纳粹，他们有的甚至一辈子都无悔意。

二、对大屠杀的历史学解释

里斯是一位历史学家，他的《奥斯维辛》是一部历史研究著作，从学术的角度来说，历史研究有两个着重点，一个是发掘"史实"材料，一个提出"论述"观点，前一个着重于历史局部和细节，后一个着重于对整体特征和格局的把握。《奥斯维辛》提供许多档案资料和第一手访谈材料，它的"史实"价值自不待言。它用这些历史细节对大屠杀所做的历史整体阐述也许更值得我们重视。尤其是，当今我国学界尚缺乏对纳粹德国史研究新发展和新成果的翻译和整体介绍，《奥斯维辛》正好可以成为一个切入点，以期引发学界和读者对纳粹德国更大的兴趣和更周全的认识，并思考这些新方法和新观点对研究我们自己的历史可能有怎样的借鉴意义。

史学界有不少关于犹太人大屠杀肇端的辩论，并由此涉及纳粹德国（第三帝国）的统治制度、政策、权力运作等相关问题，历史学家们不同的整体论述观点形成了"功能主义"（functionalism，又称"结构主义"）和"蓄意主义"的分歧。分歧集中在两个基本问题上：第一， 究竟希特勒有没有大举屠杀犹太人的整体蓝图？蓄意主义认为他有计划，功能主义则认为没有。第二，犹太人大屠杀是基于希特勒的命令，还是德国的纳粹官僚的创造发明？蓄意主义认为是基于希特勒的命令，功能主义认为，这主要是因为许多具体负责的纳粹先是领会上意，然后为了效忠输诚、邀功争宠而不择手段、走火入魔。里斯的观点是功能主义的，但同时又有所修正。这清楚地反映在他对"累积式激进"观点的运用上，在书"序"的结尾处他只是提到了这个观点，而没有加以强调和引申（在与 PBS 的访谈中也是这样），是有原因的。

"累积式激进"是由德国历史学家汉斯·蒙森（Hans Mommsen）首先提出的，标志着纳粹德国研究一个新视野。在这之前，对纳粹德国和希特勒的研究基本上都是从思想和文化因素来分析纳粹的极权统治和对犹太人的大屠杀，如德国特定的历史文化、传统的激进民族主义、反犹传统，并将纳粹的政策归因于希特勒的世界观和对德国人有吸引力的纳粹意识形态（我国学界的这方面研究至今仍然是这个路数）。新的历史研究视野更关注的是纳粹制度中社会的力量、因素和条件的作用，以及普通民众的参与所给予纳粹统治的多种多样的支持——沉默、顺从、妥协，合作、积极配合、出谋划策。从新的历史研究角度来看，纳粹体制并非一部一丝不苟地贯彻元首的精密有效机器，而是一个政出多门、相互掣肘、自我内耗的政权。纳粹政权依靠国家的一些支柱部门（武装部队、党、公务员、党卫军、工业界）的随机应变和自我运作能力。因此，社会中普通民众的自洽和自我调节也就成为纳粹政权存在的重要条件。纳粹统治所依靠的远远只是负面的恐惧、暴力、威胁，而且更是正面的普通人的配合和协助机制。蒙森的"累积式激进"观点还有另一个部分——希特勒是一个"弱独裁者"（Weak Dictator）。蒙森认为大屠杀和"最终解决"是"累积式激进"的结果，而不是希特勒一人的长期规划。希特勒确实狂热反犹，但大屠杀并不能用希特勒本人的决定和命令来解释。事实上，从 1939 年开战之后，希特勒就是一个高高在上的独处者，他不愿意也没有能力详细过问具体的要务，他是一个统帅，但统帅的却是一个组织分散、内争激烈的统治集团。这也是导致纳粹自我毁灭和失败的一个主要原因。[1]

在大屠杀问题上，新的历史研究发现，最终解决方案的产生原因难以证明是来自希特勒的最高命令，因为即使在私密小圈子里，希特勒本人也从未提过"最终解决"这个说法，至今也没有发现这方面的文字或口头命令记录。希特勒确实于 1941 年发布过"政委法令"（Kommissarbefehl），命令枪毙俘虏中所有"彻底布尔什维克化或积极代表布尔什维克意识形态的人员"。这个命令可以说是最后导致了大屠杀，但它毕竟不是大屠杀的一部分。希特勒只是大屠杀的"意识形态和政治起源"，为实现他的"乌托邦"而竞相效力的是纳粹党徒。正是这些普通的纳粹分子计划和实行了一系列的屠杀行动，他们揣摩上意，邀功争宠，自作主张，对犹太人宁可错杀、不可放过，越来越激进和极端，这才有了全面屠杀犹太人的"最终解决"方案。这时候的德国实际上已经是一个"元首缺席的元首国"。[2]

---

[1]　Hans Mommsen, "Cumulative Radicalization and Self-Destruction of the Nazi Regime." In Neil Gregor, ed., *Nazism*. Oxford: Oxford University Press, 2000. Hans Mommsen, "Cumulative Radicalization and Progressive Self-destruction as Structural Determinants of the Nazi Dictatorship." In Ian Kershaw and Moshe Lewin, eds., *Stalinism and Nazism: Dictatorships in Comparison*. Cambridge: Cambridge University Press, 1977. See also, "Functionalism and the 'Weak Dictator' Thesis" http://www.liquisearch.com/hans_mommsen/biography/functionalism_and_the_weak_dictator_thesis.

[2]　Ian Kershaw, *Hitler, 1889-1936: Hubris*. New York, W.W. Norton & Company, 1998, p. 420.

里斯在《奥斯维辛》中清楚地展现了大屠杀的"累积式激进"过程，他强调的是普通纳粹在大屠杀中积极发挥的"创造力"和"自主主张"。但是，里斯并没有接受蒙森关于希特勒是"弱独裁者"的观点。在这一点上，《奥斯维辛》与英国历史学家伊恩·克肖（Ian Kershaw）享誉学界的《希特勒传》是颇为一致的。

1941 年，希特勒下达"政委法令"，这在普通德国人看来是合理的事情，因为他们把共产党和犹太人看成是同一回事，正如一位被采访的前纳粹分子所说，"马克思不就是犹太人吗？""政委"也就是苏联"党内或政府内的犹太人"。也许当时谁也无法预料，"政委法令"后来成为大屠杀"累积式激进"的开端。一开始，处死的对象是犹太成年男子。但是，在纳粹国家里，命令都是最低限度必须执行的任务。所以有的执行单位就这样看待这道命令，"好吧……不管看到什么犹太男子，全都杀掉，这样就不必操心他是不是共产党了"。这种宁可错杀，不可放过的心态是"人之常情"，许多别的国家里发生的屠杀事件也都曾经如此。里斯指出，纳粹累积激进的大屠杀就是从开始有章程、有命令，发展到后来没章程、没命令，但却照样能自我激化和自我发明的。由于处死成年犹太男子，纳粹碰到了一个新问题，杀了一家生活的来源，那女人和孩子怎么办？1941 年夏，他们作出了一个重大的改变决定：把女人和儿童也都杀掉。里斯认为，"希姆莱做了这个决定，我想是得到希特勒首肯的，通过特别行动队向下扩散"。[1]

然而，事情并没有到此为止，而是继续变得更加邪恶，因为纳粹有了一个更大的问题。近距离用枪射杀妇女和儿童，这种残酷行径对大约 2% 的纳粹杀手造成了严重的心理创伤。《奥斯维辛》中对此有生

---

[1]　Interview with Laurence Rees.

动的描述，"目睹屠杀过程的党卫队全国副总指挥，巴赫－泽勒维斯基
对希姆莱说：'这还只是区区一百人……看看这个分队士兵的眼睛，有
多惊恐！这些人下半辈子都完了。我们在这里培养的是什么样的追随
者？要么就是疯子，要么就是野蛮人！'后来，巴赫－泽勒维斯基自己
也深受精神疾病的困扰，眼前一再出现他所参与的行刑场景'幻象'。"
因为"受到这些抗议以及自己亲身经历的影响，希姆莱下令开辟一种
新的屠杀方法，以减少部下的心理问题"。（63 页）于是，几个星期后，
一些下层的纳粹分子，他们是学科学的知识分子，便出来献计献策，
提出了富有创意的杀人主意——用毒气进行工业化的大规模屠杀，这
就把种族灭绝的杀戮之恶推到了一个史无前例的程度。

里斯对知识分子参与纳粹邪恶表示了极度的愤怒和鄙视，因为他
们本是"绝顶聪明的人"，这些坐在（1942 年 1 月 20 日于柏林郊外举行的）
"万湖会议"（Wannsee Conference，讨论解决犹太人的"最终方案"）会议桌
前的许多人都拥有博士学位，不少还是法学博士，"许多负责特别行动
队的都不是没有头脑的恶棍，有一位拥有两个博士头衔，非要别人称
呼他'博士－博士'（Reinhard Heydrich）……这些是很有文化的人士，
他们以异乎寻常的平静和冷静来做杀人的决定。……简直太容易把他
们当作神智失常者或疯子，但是，令人恐惧的是，他们并不是疯子。
当时，他们认为自己是在做一件正确的事情。倘若我们不知道为什么
这样的人在当时会把（屠杀无辜）视为正确的事情，我们就没有办法防
止未来还会发生这样的事情"[1]。

里斯在大屠杀研究中把目光更多地放在普通纳粹的创造性和尽心
尽力的作恶行为上。在这个问题上他同意蒙森的"累积式激进"论，

---

[1] Interview with Laurence Rees.

但是，在希特勒是否为"弱独裁者"的问题上，他持与蒙森不同的看法。里斯对希特勒和纳粹领导层该承担怎样的罪责提出了更明确的政治定罪和道德谴责，他为此提供了多种新发现的档案证据，包括希姆莱完整的工作日志。他的结论是，"希特勒一连串环环相扣的决定最终导致犹太人的灭绝"，"尽管目前尚未发现任何希特勒写下的文字，可以证明'最终解决'是他直接下令执行的，但上述证据让人们不仅有理由怀疑，甚至确定，(1941) 年 12 月，希特勒正积极煽动和引导更激进的反犹行动。他亲自下令将帝国犹太人遭送东部，就算没有美国参战所产生的催化作用，这次驱逐最终仍可能通向死亡。12 月 5 日，苏联红军在莫斯科城下向德军发起反攻，希特勒的愤怒和沮丧可能已经预示了拿犹太人发泄的倾向。珍珠港事件的爆发则将他明确引向谋杀。纳粹领导层不再假装他们仅仅是要把犹太人遭送到东部关进集中营。无论采用哪种方式，他们现在要做的是'灭绝'"。(82、84 页) 对希特勒的归罪具有重要的先例意义，因为无论在世界上哪个地方，只要发生了人道灾难，以"不知情""不直接过问""下面的人办坏了事"这类借口来为最高领导人开脱责任，都是不能接受的。

三、制度、人性、罪责

许多现有的大屠杀研究都广泛引述幸存者和受害人的证词，相比之下，加害者的证词要少得多，主要的原因就是很难取得这类证词。《奥斯维辛》的一个重要特点和成功之处即在于收集了相当数量的第一手加害者证词。是什么原因使得加害者愿意提供证词的呢？这首先需要研究者付出极大努力去说服他们，"我们通常要花上几个月甚至长达数年的时间，说服他们接受采访并同意录像"。(3页) 而且，还需要被说服者正好有想说的意愿，这往往是可遇不可求的，书中的那位前党卫军奥斯卡·格伦宁就是因为与一位否认大屠杀的集邮爱好者的争论才打破沉默的。

里斯承认，"促使他们最终说出一切的决定性因素究竟为何，我们永远无法确切知道。但在许多案例中，受访者明显感觉到自己的生命已走到尽头，因此想把自己在那些重大历史时刻的经历毫无保留地记录下来。此外，他们相信 BBC 不会歪曲他们的观点"。(3页) 但是，里斯在访谈中说，还有一个"可怕"的原因，那就是这些加害者"希望人们了解他们当初为何做这样（残害别人）的事情，他们并不是疯子。他们当中有的要别人知道，他们并不一定认为自己所做的是坏事"。[1] 这就让对加害者的采访人处于一种道德困境之中，"我们提问的方式和我们所用的材料都清楚表明，我们在善与恶之间并不持中立的立场。另一方面，如果你采访某个人，他承认枪决过犹太人，而且表示并不为此感到后悔，你问他，'你为什么不后悔?'他说，'因为我确实憎恨犹太人'，那么，你就会让观众看到一种完全是不同寻常的有深度的东西。他们可以从中吸取深刻的教训。五十年、一百年以后，有人看这个纪录片，这个有深度的东西还是在那里"。[2] 这个有深度的东西就是人性的黑暗和复杂，以及生存情境如何对人性能产生长期难以改变的定型作用。

加害者的证词和有些加害者对自己所作所为的"无怨无悔"或"有限认错"（如奥斯卡·格伦宁）之所以非常重要，是因为关乎大屠杀的两

---

[1]　Interview with Laurence Rees.

[2]　Ibid..

个关键问题——它们同样是《奥斯维辛》要回答的关键问题。第一个问题是，人怎么可以做出这样邪恶的事情，心安理得地残害或杀戮与自己无冤无仇的无辜者？第二个问题是，杀害的决定是由谁做出的？第一个是人性的问题，涉及人自身的善和恶。第二个则是政治责任和法律罪责的问题，涉及应该如何为受害者伸张正义。

如果说，屠杀的决定是由极少数人——希特勒和他的核心人物——所做出，而大多数人只不过是"执行命令"的话，那么，我们可以把这些极少数人视为"没有人性"的恶魔和虐待狂。但是，如果杀人是许许多多普通人自己所决定的行为（虽然是因为处于某种外力的情景之中），而且事后并不后悔，那么，我们便不能轻易将这些数量众多的人全都排除在人类群体之外，他们的问题便不是"非人性"的，而正是"人性"的了。里斯关注的显然是后一种情形，"所有认为只有纳粹分子甚至只有希特勒才持有极其恶毒的反犹主义观念的人，也应当认真反思。最危险的想法之一，就是认为欧洲人是在少数疯子的强迫下心不甘情不愿地犯下了灭绝犹太人的罪行"。（4 页）

参与作恶的普通人，对他们的道德审视需要我们超越对人性恶或人性善的简单信念或认知习惯，需要我们思考人性中的那些普遍的局限和阴暗面。200 多年前，人性局限和阴暗已经使不少启蒙时代的思想者们忧心忡忡，也让他们把政府与人性结合在了一起。"政府本身又是什么，"麦迪逊问，"不正是人性的集大成者？"[1] 在美国之父们的远见中，民主，就是要设计成对人性弱点的制约，特别是对领导滥用权力的制约。对人性的认知，可能是美国革命与法国革命之间最大的不

---

[1]　James Madison, "Government and Human Nature: Federalist Papers No. 51." In C. Rossiter, ed. *The Federalist Papers*. New York: New American Library, 1961, p. 322.

同，后者有着浪漫的情怀，坚信自己即将摆脱人性的局限，把人变成
"新人"。1794 年，马克西米连·罗伯斯庇尔（Maximilien Robespierre），"恐
怖统治"的总设计师，这样写道："法国人民似乎已经超越世界上其他
人类 2000 年；身居其间，你很想将他们看作另外一个物种。"[1]

对人性的理解存在着两种极端看法："悲剧观"（导致对人性的缺陷
逆来顺受和无条件接受）和"乌托邦观"（拒绝承认人性自身中存在恒久的弱点，
否认对待人性弱点只能靠遏制而不能靠改造）。社会心理学家斯蒂芬·平克
认为，"根据现代科学，对人性更深刻的理解表明，处理政治问题中
的人性远比上述两种极端的观点更复杂和深奥。人的头脑不是白板，
没有一种人道的政治制度应该允许蔑视领导人或者重塑公民。即使有
这样或那样的局限性，人性中还有一个具有递归、开放性和组合能力
的系统进行推理，因此人能认识到自身的局限性。启蒙人道主义的引
擎——理性主义，永远也不会被特定时代下人们推理中出现的缺陷和
错误所击败。理性总是能够退后一步，记录缺陷，修正规则，避免下
一次再犯错误"[2]。

这恰恰是身处极权统治下的人们所无法做到的。极权统治诱发、
利用和加强人性中的阴暗和残酷，而人性中的阴暗和残酷又在这样一
种统治秩序中极度放大了极权的制度之恶，不只是集中营里那些特别
残暴的看守和"卡波"，而且是身处于这个制度中的每一个人，没有一
个人可以带着完整的、未被残害的人性离开这个体制环境。这个极权
体制是人类的批判理性光芒照不进去，也不被允许照进去的一片黑暗

---

[1]　"French People as a Different Species." Quoted in D. A. Bell, *The First Total War: Napoleon's Europe and the Birth of Warfare as We Know It*. Boston: Houghton Mifflin, 2007, p. 77.

[2]　斯蒂芬·平克：《人性中的善良天使》，安雯译，中信出版集团，2014 年，第 223 页。

之地，

纳粹统治在政治、社会、文化的各个领域中形成了一种对每个人的行为都发生毒化影响的环境，统治者全方位、彻底地控制这个环境——这就是极权主义。里斯指出，"奥斯维辛和纳粹的'最终解决'证实了一个事实：人的处境（situation）对个人行为的影响远远超出我们的想象"。（12 页）这在书中人物托伊·布拉特身上有所体现。作为死亡集中营里最坚强、最勇敢的幸存者之一（曾参加索比堡起义），他被纳粹强迫在索比堡灭绝营工作，随后冒着生命危险逃了出来。"人们问我，"他说，"'你学到了什么？'"布拉特说，他只知道，"没人真正了解自己。你在大街上遇见一个和善的人，你问他：'北街怎么走？'他陪你走了半个街区，给你指路，态度亲切。可是在另一种环境下，同一个人可能变成最可怕的虐待狂。没人了解自己。每个人都可能在这些（不同的）处境之下变成好人或坏人。有的时候，碰上对我特别和善的人，我忍不住会想：要是把他放在索比堡，他会变成什么样呢？"（12 页）

极权制度把人放置在要么害人要么被人害的两难选择中，不管有没有内疚，几乎没有人是会自己选择被放在被人害的位置上的。尤其是在物质匮乏的情况下，同情、怜悯、恻隐之心——亚当·斯密视之为人之为人的情感——都是奢侈而多余的，人性问题成为非常现实的生存可能和需要问题。1939 年 12 月，伊尔玛·艾吉这个来自爱沙尼亚的 17 岁德意志女孩，与她的家人一起被安置在波兹南的临时住所。圣诞节前夕，一位负责住房的纳粹官员给了她父亲几把公寓钥匙，"这套公寓就在几小时前还属于一个波兰家庭"。艾吉一家意识到自己强占了别人的房子："在那之前，我们完全没想到会发生这样的事情……你没法带着这种负罪感过日子。但另一方面，每个人都有自我保护的本

能。我们还能做什么呢？我们能去哪里呢？"（29 页）

德意志人是这样，波兰人也是这样，为了赚钱，约瑟芬和朋友们到比克瑙的焚尸场附近"淘金"，"他们翻动土地，挖出埋在地下的人骨碎片，把这些碎片放在一个碗里，装上水以后从中找金子。'大家都觉得很不舒服'，约瑟芬说，'无论自己有没有亲人死在集中营里，大家都觉得不自在，因为这些毕竟是人的骨头。没人乐意干这种事，可是贫穷逼着我们不得不这么做。'"（290—291 页）波兰人扬·皮夫奇克承认他也曾在焚尸场附近搜寻贵重物品。"我记得我找到一颗金牙，一枚犹太硬币，还有一个金手镯。我现在肯定不会这么干了，对不对？我不会再从人骨堆里刨东西，因为我知道干这种事的都该遭天谴。但那个时候我们没别的办法，只能这么做。"（291 页）里斯关注的是人性，而不仅仅是德意志人的人性，这使得他叙述的故事也可以成为每个读者自己的故事。

里斯从幸存者和纳粹罪犯那里学到的是，"人类的行为是如此易变和不可预知，常会被他们身处的环境所左右。当然，人们可以自行决定采取什么样的行为，但对很多人来说，个人处境是影响这些决定的关键因素"。（12 页）这样的结论可以被用来解释人在什么特殊环境会作怎样的恶——人在仇恨与暴力环境促成和加强的许多心理因素作用下（服从威权和命令、从众和害怕、将残害对手妖魔化和非人化、对自己恶行我辩护与合理化），会诱发出"好人作恶"的行为结果，极少会有例外。

但是，同样的结论也可以被作恶者用作对自己主观意愿的推诿和脱罪之词。格伦宁有一次与父亲及岳父母共进晚餐，"他们对奥斯维辛发表了一句特别愚蠢的评论"，暗示他是"潜在的甚或是真正的凶手"，气得格伦宁大声咆哮。（281 页）他对采访者辩解道，他在奥斯维辛当看守，只不过是在执行命令而已，是环境让他扮演了一个服从权威的角

色。甚至连身为奥斯维辛最高指挥官的霍斯也是用军人服从命令来为
自己辩护。对此里斯问道，"一个值得深思的问题是：霍斯真的'明白'
他都干了什么吗？在他被处决前刚刚写就的自传中，所有的线索都指
向同一个结论，那就是……他不会发自内心地认为他所做的一切从根
本上是错误的。当然，他确实在自传里写道，他'此时此刻'认为灭
绝犹太人是一个错误，但这只是一个策略上的失误，因为它让德国成
为全世界仇视的对象"。(288 页) 不只是霍斯，还有许多别的纳粹（如格
伦宁），他们一辈子都坚持认为，灭犹的大政方针并没有什么错，只不
过"实施的具体方式"出了问题。

　　"服从命令"让许多对自己罪行没有悔意的纳粹不仅逃脱了 1945
年的"纽伦堡审判"，而且也逃脱了 1947 年和 1963 年第一次和第二次
"奥斯维辛审判"（也称"法兰克福审判"）的法律追究。尤其是奥斯维辛
审判更是被一些法学家视为受难者正义的失败，法兰克福审判的总检
察官弗里兹·鲍尔（Fritz Bauer）虽然接受审判的结果，但多次对审判原
则提出批评，他坚持要求揭露参与庞大的奥斯维辛系统的所有纳粹，
包括直接屠杀的与为之提供各种辅助和支持的纳粹。他说，"参与的人
有几十万……他们执行最终解决计划，不仅仅是因为有人命令他们这
么做，而且是出于他们自觉自愿接受的世界观"。[1] 对纽伦堡审判，里
斯写道，"在纽伦堡审判中，党卫队作为一个整体已经被定义为一个'犯
罪组织'，但没有人进一步强调，每个在奥斯维辛工作过的党卫队成员
都犯有战争罪……如果能够给他们每个人都定罪，那么无论判罚有多

[1]　Robert Fulford, "How the Auschwitz Trial Failed ." *The National Post*, 4 June 2005. 参
见徐贲《奥斯维辛审判中的罪与罚》，收入《人以什么理由来记忆》，中央编译出版社，
2016 年，第 120—132 页。

轻，它都是向后人表达的一个明确态度"。（93 页）不仅如此，对纳粹罪行的定罪（不管最后是否予以法律惩罚）对评判发生在世界其他地方的人道灾难的参与者责任，也会是一个有用的先例参照。可惜纽伦堡审判和奥斯维辛审判错过了人类历史上这样一个重要的机会。这也正是为什么里斯说，"人类从内心深处需要这个世界有公道存在，需要无辜的人最终得到补偿，有罪的人最终受到惩罚。但奥斯维辛的历史没有给我们这样的慰藉"。（294 页）

16　暴力的文明剧场与正义仪式
——萨达卡特·卡德里《审判的历史》

　　像希腊悲剧或莎士比亚作品这样的伟大戏剧，它们的暴力都不是在舞台上直接呈现，俄狄浦斯剜瞎自己的双眼，麦克佩斯杀死国王邓肯和被杀，都是在后台发生的。文明剧场戏台上演出的戏剧剔除了可能令人不安的暴力，把血腥的场面留给观众的想象。审判与惩罚是刑事司法制度的两个部分，19 世纪中期，处决开始隐藏到监狱的围墙后面，从那时起，审判就成为西方刑事司法制度唯一的公开仪式。审判的法庭提供了一个可以与文艺戏剧相比的文明戏台，刑事司法的种种脏活——酷刑、认罪交易、判后的惩罚或死刑执行——都是在台后进行和完成的。今天，名人审判对大众的吸引力几乎超过了任何伟大的戏剧，即使是非名人的审判，法庭也经常是一个演绎故事的剧场。胜利经常属于最会讲故事，最能讲观众愿意相信的那种故事的一方，尽管那并不一定就是最真实的故事。

　　审判所行使的是国家对暴力的垄断之权，被称为"正义之剑"——一种寻求惩罚，但又不仅仅是惩罚的暴力。它被当作一个追究公正的过程，其目的是尽可能避免不公正的暴力。这构成了贯穿于萨达卡特·卡德里（Sadakat Kadri）《审判的历史：从苏格拉底到辛普森》（*The Trial: A*

History, from Socrates to O. J. Simpson Hardcover，下称《审判》）一书的主题："刑事程序蕴涵着惩罚渴望和对误判的担心之间的紧张关系，法院已经尽可能消灭他们认为应该谴责的人，但是，司法一直不仅仅只是瞄准暴力，迄今为止发现的最古老的法律……就担心非正义，甚至规定撒谎的证人和那些真正的罪犯一样应受到严厉的惩罚。"（6页）[1] 人类的报复欲望始终贯穿于刑事审判的演化过程，但是，那已经不是冤冤相报的复仇，而是以程序仪式来演示的司法正义，一种取代了私人复仇的集体正义报复。

然而，审判并非总是事关正义，甚至可以说，审判经常与正义无关。耐人寻味的是，《审判》一书的每一章首都有卡夫卡对审判的小小议论，睿敏、冷峻、耐人寻味。其中有一处是这样的："法院里有数不清的阴谋诡计，我不得不与之斗争，他们到后来会无中生有，给你编出一大堆罪状来。"历史学家可以写一部审判的历史，但他们无法写一部审判正义的历史。卡德里在"导言"中说，他将省却访谈和对实际审判过程的观察，既不用概述（太沉闷乏味），也不用编年史（太僵硬刻板），而只是通过审判史上的奇闻逸事来理解历史与现实。他选择"从历史视角来观察审判"，不以专家（人类学家、社会学家、政治学家、历史学家、法律学家）意见为历史见解的依据，而是用八个各有主题的部分（即此书的八章）"构成一个意义大于部分之和的整体"。（6页）

《审判》是在许许多多的故事中展开的，从公元前 4000 年的巴比伦国王汉谟拉比，到传奇式的英国辩护大律师爱德华·马歇尔·贺尔（Sir Edward Marshall Hall），有时候给人的印象是在说些古代的陈年往事、

---

[1]　萨达卡特·卡德里：《审判的历史》，杨雄译，当代中国出版社，2009 年。出自此书的引文都在括号里直接标明页码。

趣事逸闻，或者好笑的古怪迷信——诸如巫术审判，对动物、尸体和物品的审判。一般读者当然可以从这些故事中得到知识的乐趣，满足某种好奇心。但是，仅仅这样阅读，会湮没在书的许多趣闻细节中，而失去对主导论题的把握。有心的读者很快就会发现，在这些生动有趣、绘声绘色的琐事描述后面，可以发掘大量与当代现实相关的思想资源，而与我们现实世界最为贴近的两章，"莫斯科表演审判"和"战争犯罪审判"，则尤其如此。

一、纠问式审判和陪审团审判

《审判》以两章的篇幅来分别讨论历史上的纠问式审判和陪审团审判，加上另外讨论今天陪审团审判的一章，是直接相互关联的三章。纠问式和陪审团审判都有别于人类历史上更早的"神明裁决"。在人类法律的演化和发展进程中，"正义"起着重要的作用。对正义，人们依靠的不是理性认知，而是感觉。人对具体事情的公正或不公正运用的是有关正义的感觉，法官或陪审员也是一样。大多数人都能朦朦胧胧地感知某种先于理性的正义，称之为"天良""良心"或"善良天性"。这被视为人的一种与生俱来的神秘能力，具有普遍性和相对稳定性，因此具有普遍的意义。人们经常用这样一种"稳定"的正义感来辨认和抵抗现有权力的过度压迫和不公。问题是，人的正义感实际上是不稳定的，非常容易受到社会价值与大众观念的影响和左右，因此变化无常。在人类历史中，司法权威的许多所作所为在我们今天看来十分古怪、悖谬，但在当时却是很有道理的。《审判》一书提供了许许多多这样的例子。一直到今天，类似的情况还在发生，只不过我们经常对此缺乏知觉罢了。

从古代起，惩罚一个个体，并不需要是他故意作了恶，因为存在着另一种更为情绪直感的想法（visceral belief），那就是，不管犯罪的动机如何，都必须加以惩罚。因此，尽管希伯来人或希腊人已经有了相当周全的司法追究程序，他们还是用替罪羊或无辜的第三方来平息神的怒气。

古代人以宣誓断识（compurgation）来审案，被告人可以从熟悉他的中立邻人中选一些人来共同发誓，证明他无罪，这就是所谓的"共誓涤罪"。宣誓断识也可以由陪审员宣誓，表明自己相信被控者有罪或无罪。基督教参用了这一审判制度，最后代之以一种更加运用超自然力量的审判方式，那就是神明裁定（ordeal）。它借助神的力量，用水、火等来考验当事人，以确定他是否有罪，能经受住考验的才算无罪。这是一种相对原始的审判方式，《圣经·旧约》里约伯备受煎熬，最后证明虔诚的故事，便可视为一个象征性的例子。这种考验真诚或无辜的逻辑仍然支配着人们对"不公正迫害可以考验人"的想法（如各种冤假错案的"平反"）。

神明裁定把有争议的难决问题交付给神来决定，神的奇迹干预被当作揭示真相的可靠途径。古代有各种各样的神明裁决方法，一直到1819 年，在英国仍被接受为一种可行的司法形式。神明裁定的合理性随着神学的发展和 1170 年重新发现公元 6 世纪东罗马皇帝查士丁尼主持编纂的《民法大全》（Justinian's Digest of Roman Law）而受到动摇。罗马法强调审判过程中证据和裁决之间的区别。1215 年（大宪章订立之年），教皇英诺森三世（Innocent III）禁止教士参与对被控人的水刑、火刑审讯。这之后，旧习惯逐渐被新思想取代。新思想指导下的审判注重行为的动机（犯罪行为时是怎么想的）。在欧洲大陆，这便是纠问式审判的开始，当时主要运用于酷刑逼供，以供词给异教徒定罪。[1]

纠问式审判（Inquisitional trial）通行于中世纪的欧洲，后来被控诉制度取代。亚洲各国则一直到 19 世纪末，甚至中国到 20 世纪初都还使用这种刑事诉讼制度。其特色是法官兼检察官，法官同时负责提出证据，并试图证明被告有罪。例如，中国民间传奇的包公故事中，明镜高悬的包公一方面要上穷碧落下黄泉，用尽一切办法找出证据，另一方面也要坐在开封府衙门的审判席上，宣判被告是否有罪、该论以何等刑罚（科刑）。

现代的刑事诉讼实行的是控诉制度，而非纠问制度。司法官员的角色被分解为法官和检察官两个不同的职务，由不同人担当。检察官负责提出证据，证明被告有罪，而法官则负责根据法庭上辩论结果来论罪、科刑（这是欧陆法系的法官任务；在英美法系中，对于较重的罪名，论罪是陪审团的任务，法官处理科刑的部分）。此外，被告有辩护人为他辩护，这是他的权利，这样，辩护人与检察官成为平起平坐、势均力敌的双方。正因如此，包公与嫌犯之间的两方关系变成审、检、辩的三方关系。

以今天的司法观来看，纠问式审判难以做到公平审判，其弊病在于，由于球员（检察官）兼裁判（法官），自然就难以公平对待另一队的球员（被告）。检察官的主要任务既然是证明被告有罪，他在搜证、推理时就算再怎么自制，仍难免有罪推定，倾向于重视不利于被告的证

---

[1] 卡德里认为，这一历史性变化并不单纯是因为出现了什么新的法学理论。他的历史叙述的一个重要特征是强调历史变化发展的偶然因素，而且存在不止一个因素。他认为，审判形式的变化是经验性自然演化的结果，并不是所谓的"理论"指导结果。理论不是不重要，但是，所有的理论都是在变化已经发生之后，才有人做出的事后总结或追补支持。这与本书中讨论的 James L. Payne 在《暴力的历史》中的历史发展观相似。

据，并将证据按照自己的意图进行曲解。相比之下，控诉制度的法官
比较能客观中立地看待证据。因此，采用控诉制度是现代国家最基本
的司法人权之一。最早开始实行陪审团制度的是英国，这也是一种控
诉制度，它比纠问式审判的残酷程度要低得多，这在《审判》对中世
纪"巫术审判"的细致描述中就已经清楚地显示出来。

与欧洲大陆国家的"神明裁定"转变为纠问式审判不同，中世纪
审判在英国的历史转变是朝着另一个不同方向演化的。与欧陆的血腥
记录不同，在英国的整个历史上，国王和王室官员发出的酷刑批准书
只有81例。而就在这个时候，陪审员制度在英国出现并得以传播，似
乎只是出于偶然。陪审作为一种审判的解决方案，首次出现在1220年
威斯敏斯特的一场审判中。在该案中，一个名叫艾丽丝（Alice）的杀人
犯不仅自己供认，而且检举了其他五个人，希望能借此免于一死。由
于检举人艾丽丝是一个女人，审判没有用当时通行的检举人与被检举
人之间决斗的方式解决。被艾丽丝检举而受指控的五个人，表示愿意
接受"不论好坏"的12个有财产的邻人的裁决。邻人们很快宣誓称，
5名指控者中1名男子是守法之人，另外4个是盗窃犯，那4个人被定
罪，因诬告而处以绞刑。第二年夏天，7位王室法官再次到英格兰各地
监狱去巡回审判时，开始经常运用这种新制度——由12个好人组成陪
审团的审判制度由此产生。(61页)

英国的法律制度重视先例，艾丽丝的案子起到的就是这样的先
例作用。运用先例是起源于中世纪的英格兰的普通法（common law）。
今天，普通法系又称英美法系，与欧陆法系（又称「大陆法」）并称世
界最主要的两大法系。普通法的特点就是判例法，即反复参考判决先
例（precedent），最终产生类似道德观念那样的普遍而约定俗成的法律
（customary rules）。今天，美国司法制度中的大陪审团为23人，一般案

件陪审团为 6—12 人。

中世纪英国的陪审团为什么是 12 人呢？对此有不同的解释。卡德里认为，这不过是"惯例"而已，而惯例也就是普通法的规则。重要的是早期陪审团与神明裁定"共誓涤罪"的关系变化。他写道，有法学家认为，"这是因为耶稣有 12 个门徒，或者以色列有 12 个部族，等等。尽管这个答案仍然不太清楚，但是，我们能够确定，在 1220 年，这个数目已经成为惯例。仅仅一个简单的有想象力的步骤，就可以导致共誓涤罪仪式转变为陪审团审判。甚至在 11 世纪早期，就已经有一些案件，被告人需要从当地的中立人士中挑选共誓人来进行审判，而不是从他们的朋友中挑选，唯一的改变就是将例外转变为原则。被告人不允许挑选自己的陪审员，但是，如果他认为被挑选的邻居无法公正审判时，还是可以提出回避的"。(61—62 页)

从一开始陪审团制度就不是，也很少被当作一个完善的制度，它只是在许多不好制度中比较不坏，也许是最不坏的一个。有效实行的制度都具有连续性，13 世纪初，陪审团扩展到英国司法领域中，并不是从仪式向法理的突然飞跃。卡德里指出，"在 1215 年，人们还相信上帝因为热爱正义，而能够治愈水泡和惩罚作伪的证人，人们不会在短短五年的时间里，就认为上帝不再关心他们。新的陪审制度依旧相当于依赖宣誓"。在审判中做决定的是上帝，不是陪审团。因此，"最早的陪审员是证人，他们的'口头的真实'是唯一需要的证据。上帝仍然是正义的守护神，人们用仪式来彰显上帝的智慧。这个仪式把陪审员们看作是揭露秘密的密码，而不是理性调查的主体"。在上帝面前，陪审员自己也是某种意义上被神审查的对象，"当陪审员们评议时，他们不能吃饭、喝水、烤火。假如他们坚持跟大多数意见不一致，超过一天一夜的时间，那么，他们将被个别地关押起来。假如法官认为陪审员的裁决是作伪证,那么,他们将被集体关押起来。最为荒谬的是,陪审员被剥夺保持沉默的权利"。(62页)中世纪陪审员的职责是不能完全用现代陪审员的观念去理解的。

英国陪审团审判比欧洲大陆的纠问审判优越,因为它比较不那么残忍,暴力程度相对也就较低。英国法学家约翰·福蒂斯丘(John Fortescue)曾说明为什么英国制度是世界上最好的审判制度。其原因在于,大陆法系的纠问法官运用血腥残忍的刑讯手法,以致受刑者肚皮开裂、手脚断裂,而且,法官还将证人直接带上法庭进行指控和证罪。福蒂斯丘指出,证人可能被收买,撒谎作伪证。因此,更为明智的制度是,如果没有12个无偏见的陪审员宣誓证词,就不得宣告任何人有罪。(63页)这就已经包含了现代无罪论断的观念。英国陪审团审判与欧陆纠问审判的区别在中世纪"巫术审判"中延续,卡德里指出,"巫术审判持续了两个世纪,吞噬了6万—10万人的生命,能够简要地说明这两种审判制度之间的差别"。(94页)

二、稀奇古怪审判的现代相关性

15世纪,纠问和陪审团这两种审判形式作为两种非常不同的刑事司法模式在欧洲分别建立。一种是欧洲大陆法系,另一种是英国法系。在欧陆法系里,法官们重申《罗马人书》(《圣经·新约》中的一卷)的智慧和罗马法的权威。他们自己则拥有侦查发现犯罪的权力。法官按成文的法典进行审判,解释和运用的权力全在法官。另一方面,在英格兰,国王已经将相当大的权力赋予平民,他们的职责是判断其他人向他们提出的控告与抗辩。由普通人组成的陪审团决定被控者是否

有罪，他们运用的主要是作为常识依据的先例。这二者之间可以说是
"精英"与"平民"的区分。法律是专业的事务，还是普通民众也能用
经验和常识加以判断的事情？一直到今天，对这个问题的回答还决定
着对司法本身合理性和合法性的解释。

精英与平民的分野具体表现在"欧洲的法学家们琢磨着他们的调
查方法，欲使之达到逻辑上的尽善尽美；英格兰的陪审员们对法学理
论是彻底的无知，大部分都还没有文化，因此，证人必须以口头方式
当面提供证词，证物也得向他们展示"。(94页)从表面上看，审判案件，
有专业知识比没有要强，因为知识可以保证公平。其实并不一定就是
这么回事，因为知识从来就不是客观中立的，而是受权力影响，甚至
根本就是与权力结合在一起，直接为权力服务。而且，"逻辑上的尽善
尽美"并不一定导向符合实际情况的正确判断。结果是"神学上的精
细教条将迷信转化为谴责，秘密的纠问式审判程序，导致了供述和处
决之间的恶性循环"。(94页)审判"巫术犯"就是一个例子。

尽美尽善的纠问逻辑，它的自然推理便是，"巫术犯"的存在既然
无可置疑，巫术又是"如此难以分辨、如此邪恶、如此隐蔽"，那么，
就必须不断"深挖"，穷追猛打，绝不手软。如果非法取得的证据不能
采用，那么，"1000个巫术师里面只有一个会被惩罚"，因此，取证可
以放松，但必须坚持务必要挖出敌人的首要任务。(99页)

纠问审判依靠的是立场坚定、足智多谋的办案能手。据记载，荷
兰布拉班特（Brabant）的检察总长马丁·德尔里奥（Martin Del Rio）"对
一位威斯特伐利亚（Westphalian）法官的足智多谋印象特别深刻。这位
法官在对付一个非常顽固的狼人时，后者不仅经受住了刑具上的20种
考验，而且从头到尾眉开眼笑。这位法官用尽办法，最后偷偷给被告
人灌了一杯毒酒，被告人体内的魔鬼突然失效，于是立即作了全面的

供认"。（100页）今天，这种让敌人"现出原形"的方法一定会显得非常荒诞可笑，像是闹剧。但是，那时候却是一种"智慧办案，认真取证"的模范作为。用今天的话来说，就是"攻心战术"成功。

纠问审判讲究"科学证据"，但是，科学证据是可以按照"揪出敌人"的政治需要制作出来的。纠问审判取代神意裁定时已经废除了"冷水审"——将嫌疑人沉入水中，假若嫌疑犯在水面上很容易漂浮，他们就被宣告有罪。"冷水审"是一种控告者几乎一定能得到想要结果的审判方法：人在水里，本能地要浮出水面，但一浮起来，便等于认罪。如果不浮起来，那就必死无疑，上帝既然没有显灵救他，说明他是有罪的。人既然死了，也就自然死无对证。这种审判方式十分残忍，也很荒唐，教皇英诺森三世在 1215 年就禁止了这种做法。但是，在巫术审判运动中，为了揪出巫术者，"有些日耳曼的法官重新采用冷水审"，由于与教廷的政策不符，"因此，如果要重新采用这种手段，就必须有精密的论证。一位科隆的法官雅各布·里科尤斯（Jacob Rickius）在 1594 年的报告中对此作出了回答，他解释说，这种检验有一个不寻常的合理基础。巫师带有撒旦，有空气般轻飘的特性，以至于他们会自动地漂浮在水面，因此，发现女巫的另外一个途径就是称重量。他就知道有一个女巫，尽管非常胖，称起来也就大致在 13 到 15 磅之间"。（100页）

卡德里指出，"从本质上讲，纠问式程序就会产生迷信的对话。在这种对话中，法官和罪犯的恐惧和轻信相互依赖。新的鬼神学家在实施了数千次讯问后，非常清楚他们所证明的罪行中神奇的新细节。例如，有些法官知道，女巫们不仅依靠野兽、棍棒、椅子飞行，她们也可以靠云飞行。尼古拉斯·雷米知道至少有一个老妇人在雷雨中掉到橡树的树冠上"。（100页）就像确信棍棒和椅子会飞行，女巫会腾云驾

雾一样，现代"敌情观念"指导的纠问审判（审问）也都有自己那一套
"可靠知识"作为依据。

今天，我们知道，确信棍棒和椅子会飞行，女巫会腾云驾雾都是
迷信，但是，迷信并不就是残酷迫害的直接原因。问审之所以残酷，
是因为那可以成为一种对残酷完全没有制衡机制的迫害。卡德里指
出，"早期的现代英格兰社会几乎与它的欧洲邻居一样迷信。……这种
偏见比起欧洲的其他国家更为严重。然而，英格兰猎巫的情形没有其
他地方那么严重"。而形成这一区别的原因正是英国的陪审团制度，因
为"陪审团制度可以制衡迷信"。（102 页）这一点是非常重要的，也是
我们今天可以从历史汲取的宝贵经验。

陪审团制衡迷信和因此而生的残酷，完全是一种制度效果，并
不是因为英国的老百姓比欧陆的法学精英人士更理智或更聪明。对
此，卡德里作了详细的解释："早在 14 世纪，法国的法官们就包揽了
侦查和审判的职责。不久之后，日耳曼的法官们也效法法国，但是，
在 1600 年代末之前的英格兰，除非专门的叛国罪审判，一般的审判中
很少有法律专业人士参加。尽管巫术在英格兰日益被看做一种严重的
犯罪，需要官方的介入，但是，这类案件的起诉常常需要有人证实自
己是被害人。然后，提出起诉的原告们不得不说服他们案件中的其他
人——不只是一次，而是三次"。在催生陪审团制度的过程中，英格兰
的法律也发展出了大陪审团制度。大陪审团由 23 个宣誓的人组成，"他
们的角色就是决定起诉是否继续。然后，法官可以在审判中终止案件
的程序。假若法官允许审判程序继续进行，审判陪审团的 12 个成员必
须提出最后的裁决。因此，为了将巫术的指控变成有罪判决，起诉人
的愚蠢或者恶意必须和 36 个人的轻信相一致，似乎非常困难。但与被
告的期待相反，这 36 个人时常被说动。不过陪审团最后做出有罪裁决

的可能性，比那些身兼起诉人的宗教裁判官小得多。而且，在英格兰只有在君主或者议员的指令下，才能对被告进行刑讯。尽管被告有时还是会供述，但这种供述往往因为绝望、自尊或者年迈而出现，不像通过暴力获取的供述那样形式各异"。（102—103 页）

纠问式审判和陪审团审判各有其内在的弊病，"秘密的纠问式审判程序，导致了供述和处决之间的恶性循环"。（94 页）但是，公开的陪审团也产生了许多稀奇古怪的审判，包括对动物、尸体、物品的稀奇古怪的审判。《审判》一书这部分的讨论生动有趣，有许多趣闻轶事，颇能满足一般读者的好奇心。但是，更细心一些的读者不难发现它对我们透视现代司法的启发作用，例如，歇斯底里的非理性恐慌也有可能发生在今天的司法审判里，例如，1980 年代，一些美国人对恶魔性侵害儿童的恐慌，竟然蔓延到全国的许多地方。1988 年，华盛顿州的警官，新教原教旨主义者保罗·英格拉姆（Paul Ingram）被他的两个女儿指控实施性侵犯。他不久承认了犯罪——还自愿承认了其他几起。在牧师的说教鼓励之下，他开始回忆起身穿长袍的魔鬼信徒及动物献祭的影像。英格拉姆最后撤回认罪答辩，他说自己起先承认，是因为害怕撒旦把这些印象从他大脑中抹去，所以尽管自己确实不记得的罪行，也赶紧承认下来。后来证实，他女儿对性侵犯的记忆，也都是一位很有魅力的信仰治疗师提示她们的，她们的身体检查没有显示相关的伤害。（121 页）

要不是英格拉姆信奉新教原教旨主义，他根本就不会相信魔鬼附身这一说，也不会以这种迷信去积极配合对他自己的所谓"调查"。很难设想，一个不信神的人会像他那样去承认自己的罪行。因此，认罪主要还是内因在起作用。

审判总是发生在特定的政治和社会制度之中，因此几乎总是与之一致的信仰或道德信念的戏剧化形式。巫术审判虽然已经被视为荒诞不经的迷信，"虽然当时起诉巫师的理由和今天一样不能令人信服，但是神鬼学逻辑依然存在"。(298 页) 宗教的或政治的迫害都是以"保护善良人民大众"的名义进行的。深挖各种敌人——巫术者、反革命、叛徒、阶级敌人——被当作司法对人民的关爱和保护。这种看似理性的审判充满了非理性的因素。正如卡德里所说，在古代的和今天的神鬼学逻辑审判中，"证据的欠缺，成为强化调查而不是放弃调查的原因"，调查者"正在对付真正的罪犯，而且他们是出于最无懈可击的动机——或者是基于对祖国的热爱，或者是出于对孩子们的保护——但是，他们正直的动机无法抑制非理性，反而让非理性的因素增加了"。(122 页) 神鬼学逻辑使人误以为问审者就是天使，是在与恶魔作战，因此可以不择手段，将对任何人的迫害甚至残杀进行到最大限度。

三、政治审判的诡异与局限

从 17 世纪初伊丽莎白女皇一世对沃尔特·雷利爵士 (Sir Walter Raleigh) 的审判、18 世纪美洲殖民地时期政府压制新闻自由的曾格 (John Peter Zenger) 案审判，到 20 世纪 30 年代斯大林的对政治潜在对手的"莫斯科表演审判"，再到二次大战后战胜国对德国纳粹战争罪犯的纽伦堡审判，《审判》讨论了多种可以称为"政治审判"的司法判决。政治审判是指"法庭把与政府事件或与政府有关的行为作为犯罪案件来加以审理"[1]。但也有人认为，"在某种意义上说，所有的审判都是政治

---

[1]　Ronald P. Sokol, "The Political Trial: Courtroom as Stage, History as Critic." *New Literary History*, Vol. 2, No. 3, (Spring, 1971), pp. 495-516.

性的，因为法庭是国家机构，审判是'制度'的一部分"[1]。《审判》中的政治审判指的是对政治敌人或政治上造成威胁者的审判，莫斯科审判和纽伦堡审判分别是针对国内政敌和国外被打败的敌人的，是 20世纪最特殊、最引人注目、最影响深远的政治审判。

对于苏联人和德国人来说，莫斯科审判和纽伦堡审判产生的是完全不同的剧场效应。苏联人积极关注审判的进展，"受到了极大的教育"，"据说成千上万举着小旗的莫斯科人在零下 27 度的低温下，聚集到红场上支持对叛国者的定罪。在随后的日子里，苏联各地的农场和工厂允许员工以举手的方式来表达他们的喜悦之情。旗帜上写着"杀光托派—季派的谋杀者""这是工人阶级做出的裁决！"（168 页）但是，德国人似乎并不关心纽伦堡审判，"250 名记者被授权报道此次审判，但是，其中只有 5 名德国人。德国广播每天只花 15 分钟报道法庭审判。德国报纸只有短短数行来报道审判，而且每周两次。在开庭几乎两个月里，法庭都没有想到让德国普通市民来旁听"。直到有人私下向法庭建议，最好让一些德国人旁听审判，这时候法庭才意识到自身的疏忽。卡德里指出，"尽管纽伦堡审判是一场审判表演……但是，这场审判主要的观众却不是被告人的同胞，而是整个国际社会在进行审判。主导审判的人们在庆祝他们自己的公平……相比之下，纽伦堡审判对德国的影响是微不足道的，甚至产生了反作用。虽然在战后复苏过程中，德国经常会回忆起这场审判，但是它也产生了一种怀疑该审判价值的政治文化，有时候甚至轻蔑地认为它没什么价值"。（200 页）

纽伦堡审判是史无前例的，有缺陷并不奇怪，它的深远意义在这

---

[1]　Kenneth McNaught, "Political Trials and the Canadian Political Tradition." *The University of Toronto Law Journal*, Vol. 24, No. 2 （Spring, 1974）, pp. 149-169.

个审判本身及其技术性细节之外。这是一场对战争和人类灭绝罪犯的国际审判的尝试和摸索，虽然当时和后来出现了许多批评的声音，但是，今天人们一般认为，纽伦堡审判的缺陷基本上都是它的时代局限造成的。例如，纳粹罪犯没有违反他们自己的国家法，惩罚反人类罪的新国际法对他们没有回溯性的追究法理依据。但是，这些局限今天已经不存在了，今天，审判那些在自己国家里犯下反人类罪的罪犯，是有国际法依据的。没有纽伦堡审判，这样的国际法也许至今都难以建立起来。纽伦堡审判以及《伦敦宪章》（同盟国将以四项罪名起诉 22 名纳粹战犯：反和平密谋罪、侵略计划及实行罪、战争罪、反人类罪）有着重要的时代超前意义，尤其是"反人类罪"的概念，它对今后界定国际法规定的犯罪有着极其重要的影响。正是因为纽伦堡审判的人性价值共识，才有了像海牙国际法庭这样的国际机构，尽管有的大国如今并不把海牙国际法庭当一回事，但是，国际法庭依然影响着世界人民对良知的认识。

在西德起诉战争罪犯的过程起初并不顺畅，但是，相关的法律发展快速地延伸到其他地方。大多数国家都在 1948 年的《世界人权公约》中一致同意，必须阻止种族灭绝的罪行，同时，不论何时发生，都应受到惩罚。一年之后，一系列的协定，如《日内瓦公约》，最终由世界上的主要国家批准。该公约重申并强调国家间的战争法，再次要求签约国起诉各种严重的战争犯罪。1950 年，联合国大会认可支持纽伦堡审判的原则，使之成为国际法惯例的一部分。这让现代世界首次可以设想一个与国内法分离的国际审判制度。

与纽伦堡审判相比，1940 年代的莫斯科审判是一个完全不同的剧场，如果说前者上演的是被控者不愿认罪的对抗剧，那么，后者上演的则是被控者积极认罪，并以此"为党贡献最后一份心力"的忠诚剧。

悔过、坦白、检讨，这些都是审判的传统戏码。但是，在莫斯科审判中，这些戏码无不呈现出光怪陆离的景象。在表演性质的审判中，自我审判和自我谴责的元素被极度放大。雅典人要求被告人自己选择处罚的方式；罗马人要求被告人不修面、穿着丧服来到法庭上，刑事审判古老而永久的特征是"要求嫌疑人明确地以谦卑或自责的态度表明自己接受社群的规则"。莫斯科审判中的被控者将此表演推至极致，无限"上纲上线"。例如，检察官问加米涅夫以前效忠共产党的声明是否"虚伪"。加米涅夫认为检察官用词不当，回答道："比虚伪还坏。"检察官问，"背信弃义？"加米涅夫说，"比虚伪、背信弃义更坏"。这下连检察官都吃了一惊，又问："叛国？"加米涅夫满意地说，"你找到该用的词了"。(163 页)

在接受莫斯科审判的被控人中，布哈林也许是最经典的例子。他对自己的"罪行"的看法是，"施予再重的惩罚，都是正当的，因为犯这种罪的人，被处决十次也不为过"。他解释自己为什么选择认罪。强调自己并没有被催眠或者服用毒品，而是认识到，一个"反革命力量的内在摧毁"是必要的："三个月来，我一直拒绝法院。之后，我开始作证。为什么呢？因为我在被监禁时对自己的整个过去做了重新评价。因为当你问自己'如果你一定会死去，那么你为什么而死'的时候，在你眼前突然升起的，是一个绝对黑暗的空虚，鲜明得令人惊骇。相反，在苏联闪耀的一切美好事物，让人的心灵展开了崭新的向度。归根结底，就是这一点使我彻底解除了武装，使我向党和国家屈下了我的双膝"。(178 页)

在很长的时间里，人们试图为布哈林这种悖谬的唾面自干的行为寻找一个"合理"的解释，也就是把他的认罪和认罪方式理解为一个神志正常的人，按照某种理性逻辑所做的选择。这类解释中最有影响

的是亚瑟·库斯勒在小说《中午的黑暗》对主角人物鲁巴晓夫（Rubashov）
认罪的心理解释。鲁巴晓夫是一位老布尔什维克党人，被诬陷为"反
革命"，遭到监禁和接受审判，经过初期短暂的自我辩护之后，很快就
放弃了自己的政治理念和求生意志。他全部承认自己被诬告的罪行，
最后在监狱地下室遭到枪决。鲁巴晓夫是一个"革命大神"的追随者，
他不畏监禁和枪决，他甚至不要生命与自由，"他要的是信仰和神迹"。
他是一位最高意义上的"革命觉悟人"和"党的人"，他自杀式的自白
是为了无视于自我微小的肉躯，彻底献身于革命大神，"最后一次为党
服务"。

　　但是，正如无数真相的扭曲一样，布哈林屈服的真相，其实并没
有他自己说得那么崇高，也不像后人逻辑推理的那么特别。就像阿伦
特在艾希曼那里看到的是"平庸的恶"一样，也许布哈林的屈服后面，
有着一切屈服的那些平庸动机和原因。凡是人，对肉体和精神折磨的
忍受都是有限度的，只要忍受不住了，只要在一件事上自诬，就会一
泻千里，无事不可自诬，直到法律把你完全严密结实地捆住。人只要
一开始自诬，越往后，更多、更严重的自诬反倒越容易。这就是很平
常的"打开缺口""万事开头难"和"虱多不痒"效应。

　　卡德里指出，布哈林早就在自尊、盲从和伪善的难以察觉的狭小
空间内，小心翼翼、心惊胆战地苟活了多年。事实上，"1936 年，他欢
欣地接受了加米涅夫和季诺维也夫的死讯，宣称'这两只狗被杀……
让我高兴极了'。从他在监狱里的表现，更能看出他心灵的创伤，令人
悲哀。在等待审讯期间，他曾经 43 次上书斯大林，信中的用语如此脆
弱，有时甚至看上去像恋人间的絮语。最后一封信写于 1937 年 12 月，
是所有的信中最绝望无助的一封。他赞美斯大林'伟大、果敢的……
政治思想'，用肃反来巩固他的政权，仿佛这是马克思哲学所跨出的

耀眼一步。他明白，与斯大林肩负的重大责任相比，他自己的个人境遇根本无足轻重，不过他深为一个矛盾所苦——他是无辜的。他解释道，假如他确信他的老朋友能相信他是无辜的话，他会感觉心里舒坦一些。他甚至希望与斯大林重新来过。如果，'出乎意料之外'，斯大林饶他一命，他会'尽一切努力'进行革命。假如他的妻子赞成，他愿意被流放到美国，在那里，他将开辟一个反对托洛茨基的新的重要阵地。他的总结中，表达了对斯大林的'无限的爱戴'，在精神上拥抱他，请求他的宽恕——不过，只要'你心里头原谅就好'"。(178—179 页)

这些无数次出生入死、无数次死亡临头都毫不畏惧的老布尔什维克，他们何以丧失了当年的敏锐思想、正义感和反抗勇气？他们何以用自己的供述和自白来为自己罗织罪名和出具罪证？何以最后竟如此软弱地屈服，甚至还引以为荣？奥威尔《1984》中的"戈斯坦（Goldstein）之书"似乎提供了解答：一旦国家机器自动运作，统治阶层本身也就失去了以智慧和卓越能力运作这部机器的作用，在这部自动机器的运作下，统治者和被统治者，施害者和受害者都陷入并停留在一种稳定的低能状态。这部机器里的知识分子，他们的"思维"很适合"战争状态"，"处于一种持续不断的狂热之中，仇恨外国的敌人和内部的叛徒"。

每场审判都讲述着一个故事。卡德里说，"现在审判让这些人都被贴上叛国者的标签，只剩下一个人的光辉继续闪耀着，且比以往更加耀眼。在布哈林 1938 年 3 月被处决之后，斯大林亲自编写了关于审判的记录以供出版。同年稍晚的时候，他批准出版了《联共（布）党史》一书，这是一本在共产主义世界中一度具有神圣地位的著作"。(180 页)

莫斯科审判的许多方面是简单明了的：黑白对立，不是我们的朋友，就是我们的敌人，凡是敌人反对的，我们就要拥护，凡是敌人拥护的，我们就要反对。审判的正义天平上放置的是敌我的砝码，它通过加重被告人的恶行，以证明自己的强大、公正和重责大任。这是一种西塞罗所说的"武器出鞘"的审判，不过，"当武器出鞘时，法律变得沉默"，[1] 在1930年代的莫斯科是如此，在今天世界的一些其他地方也还是如此。

---

[1]　Cicero, Pro Milone 11.

第四辑

挣脱

17　自由主义与知识分子
　　——雷蒙·布东《为何知识分子不热衷自由主义》

　　法国社会学家雷蒙·布东（Raymond Boudon）的《为何知识分子并不热衷自由主义》（*Pourquoi les intellectuels n'aiment pas le libéralisme. Odile Jacob,* 2004.）似乎是一个特别适宜"中国阅读"的文本，[1] 因为书中讨论的自由主义与知识分子之间的紧张关系正是当今许多中国知识分子必须面对的一个重要问题。布东小心翼翼地把他的讨论范围限定在"欧洲和北美地区"，而时间跨度则限定为从 20 世纪 60 年代至今的半个世纪。他提出的是这样一些"认知社会学"问题：在西方，知识分子为什么不热衷，甚至拒绝和敌视自由主义？这是一种什么性质的拒绝和敌意？是哪些社会的或认知的原因使得这种非自由主义流行起来？流行的非自由主义是否合理？应该从什么样的知识立场去分析和对待对自由主义的不合理拒绝和敌意？

　　这些也是我们对当前敌视自由主义的中国知识分子需要提出的问题，对布东这一著作进行"中国阅读"有助于我们在中国语境中思考

---

[1]　雷蒙·布东：《为何知识分子不热衷自由主义》，周晖译，田晶校，三联书店，2012 年。本文为该书导读。

这些问题。这种阅读可以通过对布东文本中细节和例证的触类旁通与举一反三来进行。假如布东对中国近 20 年来"非自由主义"知识分子的种种表现——如"新左派"与"自由主义"的争论、《中国可以说不》和《中国不高兴》类的知识分子写作、"后殖民"、主权高于人权、反普世价值等——有一些了解，假如他不是小心谨慎地限制了自己的讨论范围，他本来是可以把中国知识分子与西方其他知识分子放到一起来讨论的。但是，即便如此，那仍然不能代替我们自己的中国阅读，更不要说布东要是这么做，难免会被戴上"东方主义"的帽子(布东对"后殖民"这种非自由主义是很在意的)。在中国的非自由主义语境中，"东方"(常常被用作"中国"的代名词)与"西方"之间存在着一道隔离的鸿沟，对布东的中国阅读就是为了尝试跨越这道鸿沟。

一、自由主义与非自由主义

布东说的知识分子"不热衷"("不喜欢")自由主义，是个修辞性的"低调"表达 (understatement)，低调是一种礼貌而含蓄的说法，常常用来委婉地表达原本是相当明确，甚至强烈的态度或立场。因此，"我不喜欢这个人"甚至能比"我讨厌这个人"表示更强烈的厌恶。布东讨论的并不是那些对自由主义态度模棱两可或者仅仅有所保留的知识分子，而是那些对自由主义抱有拒绝和反对立场的人士，尤其是马克思主义、左派或新左派人士。当然，在"不热衷"的知识分子中，也包括那些原本并没有明确主见，而只是盲目附和，或者随大流的"非自由主义"者们。

自由主义不是一个严丝密缝的意识形态，同样，敌视自由主义的知识分子也不是一个同质的板块群体。可以说，自由主义只是关于一些基本原则的大致共识，它认可的核心价值观是个人自由、平等、公民权利、追求幸福等。这样的价值原则必然使它对政治和社会生活提出现实的要求：在经济上要求市场机制，与国家计划体制相对而立；在政治上要求代议制民主和宪政法治，既反对个人或少数人专制，也反对多数人以公意名义实行群众专政；在伦理上它要求保障个人幸福和尊严，反对以群体、国家和意识形态目标为理由，来贬低或取消个人的价值。不同的非自由主义知识分子，有的反对经济自由主义，有的反对政治自由主义，有的二者都反对，而各自的动机和理由又都不尽相同。布东避开烦琐的知识分子分类描述，直接针对那些最能够提出拒绝自由主义理由的知识分子们，从"社会性"和"认知性"来分析他们对自由主义的"不喜欢"。"社会性"关乎观念的社会因素，而"认知性"则关乎认识本身的合理性。

在西方，非自由主义的"社会性"因素与知识分子定位以及学术影响、潮流有关。由于自由主义在西方代表着主流秩序，知识分子与它保持距离，是与他们自己的知识分子批判传统和异议者角色一致的。自由主义秩序中实际存在的不公正和不平等更会坚定他们的这种思想和立场定位。这成为他们非自由主义的主要原因，"使得不仅仅是知识分子还有许多公民，即使不算是抛弃自由主义，但至少也是拒绝造成这样一个社会事实的自由主义秩序，特别是在没有付出任何努力补救这个现象的时候"。

布东提醒道："同样需要注意这样一个事实，这种拒绝正是以自由主义自身原则的名义产生出来：正是因为这些原则被奉行自由主义的社会所破坏，我们只好不再采纳（自由主义）。"与此相比，在中国存在的就是另外一种非自由主义，它往往不是以自由主义自身原则来拒绝和非议自由主义，而是以与自由主义敌对的原则来反对它。这是因为，在中国，非自由主义有一种与在西方不同的，由政治制度左右和宰制的"社会性"。

知识分子立场和观点的"社会性"并不总是具有充分的"认知性"。认知的合理性首先取决于它的客观性和科学性，而且"认知合理性不仅仅介入到科学信念的形成中，同样也影响到我们构建各种判断事物好坏的信念，比如判断一个制度是否合理"。布东指出，知识分子对经济自由主义持保留意见，认为是它形成了现实中不公正和不平等的大环境，"我们并不用费很大的劲就可以理解他们其中的一些人对于国家要比对市场更具有信心"，但是，知识分子有这种以国家来代替市场的想法和信心，并不能证明"他们就是对的"。这是因为，在建议以国家代替市场之前，知识分子不一定就对"国家"和"市场"有了充分的认知，也不一定对国家主义的政治后果和制度危害有了深入、透彻的知识。在中国的"新左派"与"自由主义"争论中，"社会性"与"认知性"之间的关系就更复杂一些，因为有的"新左"立场并不起因于简单的缺乏认知，而是受制于外力因素，并出于知识分子自身的先意承旨、揣摩风向和首鼠两端。这种知识分子现象虽然不在布东的考量范围之内，但不可不纳入我们自己的"中国阅读"。

在布东看来，知识分子在对待自由主义时，不妨持保留、批判，甚至拒绝、反对的态度，但有一点是不应该忘记的，那就是，自由主义是一种"将个体的尊严和自治作为中心价值的世界观"。自由主义思想家在这一点上有着充分的共识，他们包括亚当·斯密、阿莱克希·德·托克维尔、弗雷德里克·巴斯夏、约翰·斯图尔特·密尔、卡尔·波普、弗里德里希·冯·哈耶克，也包括马克斯·韦伯甚至埃米尔·涂尔干。自由主义者们对什么是自由主义一直就是有分歧的。

例如，英国政治哲学家约翰·格雷就指出，自由主义包含两种互不相容的哲学形态。在第一种形态中，自由主义是一种普遍的、理性的共识，它要实现对全人类来说是最好的生活方式。在这里，自由主义是对普遍政权的规定，最好的生活方式、最好的价值观念已经被自由主义找到。洛克、康德、罗尔斯、哈耶克捍卫的就是这样一种自由主义。在第二种形态中，自由主义只是一种计划，一种权宜之计，它要实现的不是某一种制度或社会方式，而是不同制度和社会方式的和平共处，它是可以在许多不同政权形式中被人们认同和追求的共同方案。霍布斯、休谟、以赛亚·伯林、迈克尔·奥克肖特捍卫的便是这种自由主义。[1] 由此看来，了解自由主义的历史和分歧，而不是简单地否定它，这本来就是对了解自由主义的"认知性"所必不可少的。

从历史上看，自由主义是 18 世纪启蒙思想运动的一个产物，有多个层面，而且还在不断变化。如布东所说，"自由主义突出地传递出社会、国家和人性本质这些概念和画面，且在不同的自由主义者那里有所变化"。早在 19 世纪，自由主义就已经受到来自马克思、尼采和弗洛伊德这三位革命性思想者的挑战。一直到今天，他们仍然是"非自由主义"的主要思想资源。在这三个来源中，布东特别重视马克思主义的影响。布东认为，影响非自由主义的并不一定是马克思主义，而是一种被还原为"解释图式"的马克思主义。

早在 20 世纪 30 年代，苏联马克思主义和斯大林主义就曾经吸引过许多左派知识分子，出于对当时自由主义政治和经济秩序的失望，这些知识分子把希望寄托在苏联身上，在那里看到了一个"替代模式"，他们奉行一种"敌人的敌人就是我的朋友"的原则。对此奥威尔

---

[1]　John Gray, *Two Faces of Liberalism*. New York, New Press, 2000.

评论道："30 年代年轻的作家为什么会投奔共产党呢？原因很简单：他们需要信仰。这里有宗教、军队、正统和纪律。这里有祖国和元首——至少在 1935 年或者 1935 年以后是这样。"[1] 苏联的影响一直维持到 1956 年匈牙利事件后才明显减弱。布东指出，在 60 年代，"文化大革命的中国扮演了苏联曾经扮演的角色，它提供了一个自由主义的替代模式。之后，中国也结束了它作为典范的时代……再者，在邓小平执政时代，中国转向了经济自由主义"。

即使在转向经济自由主义之后，对政治自由主义的敌意仍然主导许多知识分子的思想方式，这种敌意也是由简化的马克思主义"解释图式"来支撑的。

马克思主义还为左派知识分子提供了一种关于"全球化"的解释图式，他们强调国际资本利用全球化来对经济不发达国家或地区进行经济剥削和价值输出。布东指出，这种阴谋论掺杂着尼采的权利意志思想，在这种情况下，非自由主义知识分子引用的便不是马克思，而是法国理论家福柯或者美国哲学家莱蒙德·盖茨（他本是福柯的弟子）了。

非自由主义知识分子是自觉的或非自觉的道德主义者，他们对自由主义持两种不同的道德谴责方式。第一种是把自由主义的美德或价值看成是一种实际上的道德不善或恶。第二种是不直接否定自由主义的主张和价值原则，而是迂回曲折地揭露和谴责这些主张和价值观的"虚伪"和"伪善"。

在这些对自由主义政治民主假象的揭露和评判中，不断得到运用的马克思主义解释图式与精神分析（源自弗洛伊德）结合到了一起，正如布东所说："对于精神分析理论字面意义上的运用只限于在精神分

---

[1]　乔治·奥威尔：《政治与文学》，李存捧译，译林出版社，2011 年，第 124—125 页。

析的领域。至少明确地出现在社会学和政治学的研究中，它们也仅仅是边缘的。但是，精神分析学，连带着其他的运动，却深深地刻下了这样一个基本的观点：即人类的行为及其信仰是因循着某种不受其主体控制的力量，人类赋予其行为和信仰的那些理由也只是些掩饰性的理由。"

马克思主义与精神分析的共识在于它们都不同意自由主义关于人性的基本理念：人是理性的动物，人能够对自己的利益作出判断、人的日常生活经验能够为他提供常识判断的依据等。这也是马克思主义与尼采的权力意志说的共识所在，"在尼采那里，人是被他自身无法察觉的愤恨和权力意识所驱动的。他相信他可以通过呈现来重构现实，然而这些呈现只是被看不见的力量所扭曲的对现实的写照。至少在这一点上，马克思主义宝典与尼采达成了共识"。

二、知识分子和"思想市场"的"供需"

历史上，自由主义曾经受到来自左和右的攻击，在政治上，这些攻击有一个共同的特点，那就是主张废弃自由主义和自由民主政治，而代之以某种极端权力统治的意识形态和权威制度。在过去的几十年里，非自由主义知识分子与政治激进反自由主义已经拉开了距离，在政治上也与之疏远。他们的非自由主义或者反自由主义已经转入大学和学术机构，他们本身也从带有明确政党色彩的"党派知识分子"转变为"理论知识分子"。他们以教授、学者的身份宣扬和倡导文化相对论、文化决定论、文化建构论、女权主义理论、后殖民理论、少数族裔理论等。这些理论在西方学院的知识谱系中属于左翼并代表左翼的"政治正确"。这些理论也经由西学东渐和创造性运用或误用，成为中国学院知识谱系中的左翼和新左派理论。当然，由于特殊的政治意识形态环境，中国的"左派"和"新左派"与政治权力之间有着或密切或微妙的关系，这是与西方左翼理论所不同的。

为什么知识分子对左派理论比对自由主义理论来得热衷呢？布东是从知识分子与思想市场的关系来说明这一现象的。他认为，知识分子的思想处在一种由"需要"决定的"生产"关系之中，而"思想的生产是多种动机的结果"。从思想生产的动机，布东区分了三类知识分子，他们的动机分别是，第一，"义无反顾地被对真理的渴求所激发"（布东用"力比多"，libido，来称呼这种激发）；第二，政治、社会或其他的"信念"（布东用葛兰西的术语将他们称之为"有机知识分子"）；第三，"寻求自身知名度的最大化"（为追求知名度而标新立异）。

个人动机当然不是，也不需要是单纯的。追求真理的也可以追求知名度，自文艺复兴以来，"荣誉"就是一种成功追求哲学、文学、艺术后获得的知名度。"有机知识分子"也是一样，他们从某种"信念"出发，以推进某种"伟大事业"为己任，在具有同样信念的同道伙伴中，也是有荣誉和知名度的。只有那些只是为了"知名度"而追求知名度的知识分子，他们才会在知识上没有真正的信念和立场，为了名利的好处而趋炎附势、左右摇摆、待价而沽。

知识分子往往都会表示出某种信念，但是，信念的真诚与伪装并不是那么容易确定的。

布东认为，社会事件的发生会对产生社会心理"需求"有推波助澜的作用，而这样的需求则会引发知识分子去"开发"事件，提出理论。他写道："能够解释自由主义为大多知识分子所抛弃的一个基本过程在我看来是这样的：在这个过程的最初点，社会历史背景和局势产生了一些被大众看来很突出的事实。于是这样的情况造成了一种需求，引来了服从于信念伦理的知识分子，特别是那些'有机'知识分子试图去开发它。"布东的这一看法颇能解释中国的一些非自由主义现象，例如，民族主义、国家主义的理论和知识分子的"说不"类书籍写作（受到"愤青"的欢迎和追捧），就是这样的情况。台海关系的危机、美国对台湾地区的偏袒、误炸中国驻前南斯拉夫大使馆、南海军机误撞等事件造成了激进民族主义的需求，而一些知识分子所提供的便是满足这种爱国需要的，安全、简单，而且便利于急用先学的知识供应。用布东的话来说，"他们所提出的解释又似乎很简单，这些解释就很幸运地广为传播，而且不会遭到批判"。对他们来说，民族主义的动因可能是出于信念，也可能并不是这样，而仅仅是利用时机，投需求所好。

信念对于知识分子是重要的，布东同意马克斯·韦伯的看法："研究者在选择研究对象的时候从来就不是中立的。这种选择都是在一种价值关联的预兆下进行的。"但是，布东同时指出："当研究者试图解释某种现象的时候，他所做出的观察和分析都应该严格地遵守价值哲学的无涉原则，否则就违背了科学的本质。在这一点上，自然科学和人文科学没有任何的区别。"知识分子要警惕，不要因为坚持政治或意识形态信念而失去应有的价值判断。他举例道，美国杰出的人类学家施维德（R. Shweder）的文化相对论信念使他得出这样的结论，西方文化煽动着西方人斥责割礼是出于偏见，因为在土著人那里，割礼是一个美好的东西。他用一位女人类学家的故事来支撑此论述。她成长于美国，并在此受教育，之后便决定前往她家族的发源地塞拉利昂生活，并决定接受割礼。在一次北美人类学学会上的演讲中，她表示，在塞拉利昂社会里，割礼使妇女感觉到获得了权力。由于被文明灌输的那些思想所蒙蔽，西方人是无法理解这点的。根据这类信念，我们是否应该坚持中国妇女裹小脚的文化权利呢？辜鸿铭先生就曾经坚持过这样的主张，他是否因此就成为捍卫中国特殊性的先驱呢？文化领域中的这类文化相对论在政治领域中也有相似的例子。

像"割礼说"这样的非自由主义，按布东的分析，是一种因学院创新需求或时尚要求而产生的新理论，它成为一种受到知识分子追逐的时新理论，似乎处于学术前沿，甚至在科学领域也有仿效的。例如，一位学者攻击"西方的数学"，指责它是"文化帝国主义的秘密武器"，对此揭露道，西方的数学主张普遍性，其实是一种支配和控制的工具。西方的数学一直都在"用普遍性和文化中立性的假设强加于种种本土文化之上"。这位学者认为，事实上，世界也产生了其他的，而且同样有效的计算体系。"所有的文化都产生了数学观念，这正如所有的文化都产生了语言、宗教、道德和亲属关系体系一样"，存在着"可选择的数学体系，例如在巴布亚新几内亚，已经有人报告了大约600种计算体系，包括手指计算法、身体计算法、结绳计算法、念珠计算法等。这就意味着我们应该将'种族的数学'（ethno-mathematics）视为主流数学之外的……特殊数学观念"。[1] 这样的文化相对论、建构论和"政治正确"，也许可以当作笑话（尽管是很严肃、很学术的笑话），但是，一旦被用来维护特定国家中的政治专制，那就会变成为虎作伥的理论帮凶。

布东是一个坚定而明确的个体自由主义者，他对于文化相对论、文化决定论、文化建构论（他称之为"结构主义"）、社区主义（也就是美国政治哲学中的"社群主义"）的种种驳斥都是从个体自由主义的立场出

---

[1] Alan Bishop, "Western Mathematics: The Secret Weapon of Cultural Imperialism." *Race and Culture*, 33（October and November）: 1990, pp. 51-65.

发的。他承认，自由主义不具备其他"主义"的那种意识形态力量，"自由主义传统在它的反对者眼中有着这么一个缺陷，即无法对世界提供一个（完全）整体的视角：它无法成为一个意识形态，也无法成为一个'入世宗教'"。但是，他认为，这并不重要，因为任何一种"完全整体"的意识形态都不可避免会成为一种"末世论"——世界必定会，或者必须要成为某种样式，那只能是一个乌托邦，一个意识形态的末世神话。自由主义是一种关于现实世界的"进步"理念，也就是，什么是人类现在可以拥有的"好社会"，"自由主义代表着这样一种思想传统，它尽可能地避免以一种末世论的视角来看待世界。毫无疑问的是，理性选择的过程和进步的概念是它的核心思想。进步的一个维度就是创造和建立一些规范，从而能够提高组织内公民的信心：那些能够防治腐败的、增加决策透明度从而让决策后果承担者更多获益的、以公平为原则重视公民情感的规范"。自由主义坚持的便是这样一种政治和社会形态的合理性。

自由主义强调，由于普通人能够通过理性、日常生活经验和自我治理的实践来把握什么是好的社会，他们无须借助一个末世的美好乌托邦。他们也拒绝为某个美好未来的乌托邦而牺牲他们现在的个人权利和幸福。布东请非自由主义知识分子接受普通人的这种生活理性和常识愿望，他说，"（让我们）接受这样一个现实：大部分人是希望生活在这么一个社会里，它能够保证其大部分的居民享受一个令人满意的生活水平，并向其提供法治国家的各种保障，而不是希望生活在苦难遍野、长期贫困且公民被迫忍受专制制度的社会里"。

这个建议对于当今的中国知识分子具有特别的意义。自从 1990 年代以来，他们当中的许多人变得热衷于各种非自由主义的理论：后殖民、后现代、文化相对论、中西文化冲突、反抗西方中心的普世价值，等等。与此同时，他们放弃了知识分子的批判传统，转而急切地想扮演帝师、谋士、智囊、巧辩术士一类的"有机知识分子"角色，并且不断用各种理论来为这种转型提供合理性。这种知识分子转型其实并不是他们价值理性判断和自由主体意志的"我选择如此"的结果。相反，在这种转型背后，有一只始终在影响、控制着他们角色定位的无形政治权力和制度之手。他们为这个政治和制度的权力统治需求，以及它的合理性，提供一些安全、简单的解释图式，成为学界"有影响"的人物，甚至博得了某种"国际知名度"。我们无法确证这样的知识分子是以什么样的真实动机来形成或改变自己的信念的，但他们的理论在他们的国家环境中属于"政治正确"，却是不争的事实，而这种政治正确正在让他们方便地从现有的政治、经济利益体制分享到许多好处，则也是不争的事实。

三、并不独特的自由主义"堕落效应"

反对或敌视自由主义并不是过去五六十年才有的新现象。美国政治学家沃尔泽（Michael Walzer）在评价1980年代社群主义对自由主义的批判时，把每过一段时间就会出现的对自由主义的批判称作为一种虽然变化无常，但却可以预料出现的时尚，"有些时尚似乎经常重复出现，它们就像褶皱裤或短衬衫一样，是一个范围更大，也更占主导地位的稳定现象的一些变化无常的特征。它们生命短暂却反复出现，我们知道它们的短暂性，并预料到它们会重新出现，不用说，裤子不会永远带褶皱，衬衫也不会永远是短式的。反复出现是常态"。之所以会有对自由主义批判的常态，是因为"没有任何自由主义的成功，可以使得（对自由主义的）评判永远失去吸引力"[1]。另一位美国政治学者赫姆斯（Stephen Holmes）持与沃尔泽相似的看法，他说："在欧洲所有的社会理论思潮中，很少有像反自由主义那么有吸引力并经久不衰的。"[2]

19 世纪，对自由主义的批判灵感来自那个时代的思想巨人，从卢梭、德·梅斯特（Joseph de Maistre）到尼采，一波接着一波。到了 20 世纪 20—30 年代，随着法西斯主义的传播，反自由主义获得了前所未有的政治生命，达到了高峰。在西方，自由主义的反对者和批判者常常以偶像破坏者的姿态出现，并扮演革命者的角色。他们当中最有才华、思想最为犀利的，在对自由主义进行猛烈的攻击时，从反面帮助自由主义看清了自己的弱点。自由主义得益于他们的批判，因此作出理论反思和调整，就此改变和发展了自由主义。例如，像意大利的秦梯利（Giovanni Gentile，意大利法西斯主义的官方哲学家，曾经担任墨索里尼的教育部长）和德国的施米特（Carl Schmitt，被誉为德国纳粹的"桂冠法学家"），他们批判自由主义的原子个人主义、前社会性的个人神话、缺乏有机共同体、对社群冷淡疏离、迷信权力至上和自由至上、逃避"政治"、用市场经济的概念来对待社会、道德怀疑主义甚至虚无主义、醉心于程序正义而忽略实质的价值和原则、沉溺于司法中立的幻觉和伪善。所有这些批判，如果不是由于对法西斯和极权制度的崇尚，原本都包含着难得的真知灼见，可惜被法西斯极权用作了对抗自由民主的意识形态武器。而恰恰是像施米特这样的反自由主义理论，在过去十来年

---

[1]　应奇、刘训练编：《共和的黄昏》，吉林出版有限责任公司，2007 年，第 193 页。

[2]　Stephen Holmes, "The Permanent Structure of Antiliberal Thought." In Nancy L. Rosenblum, ed., *Liberalism and the Moral Life*. Cambridge, MA: Harvard University Press, 1991, p. 227.

里得到了一些中国知识分子的青睐。

今天，对自由主义的批判涉及的仍然是上述这些问题，但是，至少是在西方，批判的语境已经发生了根本的变化，而这种变化在中国还有待发生。20 世纪 20—30 年代，许多反自由主义者在法西斯主义或共产主义那里找到了替代的政治理想，他们自己则就此成为与这些意识形态权力相结合的"有机知识分子"。今天，他们中的不少人已经成为臭名昭著的人物，而那个极权主义有机知识分子的黄金时代也已似乎一去不返。从那以后，对自由主义的批判发生了重要的变化。那些对自由主义批判最力的知识分子们，他们针对的主要是自由主义的道德失败，而对自由主义的政治、社会、经济制度的反对却非常有限，更不要说是试图以革命的手段加以改变了。他们与自由主义者们在国家职能、公民社会自治、公共政策等问题上的看法，其实并无太大分歧。像 1980 年代美国社群主义这样对自由主义的批判，更是被视为自由主义内部的争论。

这些后来的对自由主义的批判，包括布东在书里列举的那些"非自由主义"，针对的大多是自由主义在"不完美"意义上的缺陷：缺乏整体性和连贯性，关注消极而非积极的权利（在分居、离婚、退隐、疏远、独处、离群和政治冷漠中得到体现）。正如布东所说，自由主义者也好，非自由主义者也罢，"所有人或者几乎所有的人都认同亚当·斯密定义的自由主义纲领，特别是他给国家指定的三项责任。至于反自由主义者，他们大部分都是因为遗憾于自由主义并未很好的实现，而加入到了反对它的阵营"。

布东所说的亚当·斯密对自由主义的纲领包含在对"公共权力三项职责"的看法之中，这是布东自己高度认可的。布东认为，"该定义丝毫不同于如今我们所清点出的极其含混的（非自由主义指责）"。亚当·斯密写道："君主只有三项职责需要完成……第一项，是保护本国社会安全，使之不受到其他独立社会的暴力或侵略行径……第二项，是尽其可能地保护社会中每一个成员不受到其他成员的压迫或不公正对待，换言之，就是设立一个严正的司法机构。……第三项，建立和维持某些公共工程或公共机构，此类机关与工程，以个人或少数者的财力是绝无可能建立和维持，因为其收益远不足以弥补个人或少数者的投入，但是就一个庞大社会的角度而言，其收益是要远远超出其付出。"亚当·斯密给自由主义国家指定的"第三项职责"，其实便是今天许多社会民主主义国家中人们理解和实行的自由主义。这是一种不同于当年秦梯利、施米特批判的自由主义，也是一种不同于今天许多非自由主义知识分子仍然在用简单化和脸谱化的方式继续"讽刺描绘"的自由主义。从今天自由民主社会增进公共利益的成就着眼，布东写道，"我们便远离了那个对于自由主义国家的讽刺描绘——它仅仅局限于保证公民安全，而对于余下部分则交由市场自由运作。这'第三项原则'是极为开放的。它不仅仅包括建造医院和剧院，同样也包括设立那些有利于推进公平和机会均等的机构或机制（取其最广义）。还有便是提高国家的效率和公民的富裕"。

　　为什么，如沃尔泽所说，对自由主义的批判永远会有吸引力呢？为什么，如布东所说，"我们还是可以推测，为数众多的知识分子对于自由主义的敌视将会持续下去"？布东的解释是："首先，因为自由主义并没有提供一套立即可使用于全球的理论。次者，因为它仍在与那些宗教的和世俗的教义所兜售的世界观一较高下。第三，因为自由主义不可能一下子就将所有那些指引它的目标全部实现：尊重每一个人的尊严，完全所有的机会均等，保证所有的平等权利；有效地打击那些它所造成的堕落效应。"

西方对自由主义"堕落效应"的批判与今天中国的自由主义批判相比，显得缺乏明确的政治意图。它并不是要在现有的自由民主制度之外寻找一种替代模式。因此，西方的那些对自由主义的批判变成了一种似乎是纯粹文化和思想的批判，一种只是在学院圈子里才被人注意或有些影响的非自由主义"理论"。

这样的非自由主义，它与其说是"政治"的，还不如说是"道德"的，也正是因为如此，我们可以把布东所讨论的种种"自由主义的堕落效应"理解为自由主义的道德缺陷或道义不足。

自由主义的一个堕落效应便是它的市场经济以"效率"名义带来的不平等和不公正。许多知识分子对自由主义抱有敌意，与自由主义的这种"堕落"有关。但是，首先发现这种堕落的并不是非自由主义者，而是自由主义者自己，所以应该看到，自由主义有对它自己堕落的纠错能力。布东对此指出，"最早开始提防这些（堕落）效应存在的正是自由主义传统。托克维尔毫无疑问地归属于自由主义传统，但他从未掩饰对那个被他称之为'民主的'社会——自由主义社会的忧虑。在涂尔干和韦伯那里，情况尤其类似"。除了自由主义的自我纠错能力，还应该看到，自由主义的所有"堕落"都不是自由主义社会所特有的，在非自由主义社会中也都有类似的现象，所以，克服堕落的出路并不在于去除自由主义。

自由主义的另一个堕落效应是民主社会的"庸众化"，然而，"庸众化"同样并不是民主社会特有的现象。在不民主的国家里，专制制度的愚民政策产生的不仅是大批的庸众，而且是奴化的庸众。布东指出，托克维尔曾提到，"'民主'社会注定会产生出一个不那么令人感兴趣的堕落效应：鼓励着庸俗化。他看到艺术和文学在这样的社会里毁灭。更准确地说，艺术和文学在他那个时代的美国并不繁荣，他将这个事实归因于美国社会'民主'特征，从而提出，同样的原因将造成同样的结果，当欧洲社会步入民主以后，这些具有悠久历史的民族的艺术和文学状况也将被迫走向衰落。因此，自由主义是敌视艺术的；市场会扼杀艺术创作力"。布东认为，托克维尔的预测太过悲观，但是他的忧虑不无道理。庸众化的堕落(政治愚昧、道德低下、功利拜金、不学无术、趣味庸俗)在自由民主社会确实存在。

自由主义的再一个堕落效应是学术、艺术、文化的"实用化"，同样，在非自由主义的学术和创作环境中，"实用化"照样也在发生，而且更加严重。"实用化"是知识分子因为看到社会有了某种需求，所以便致力于开发这种需求，将之作为主要的，甚至是唯一的目的。布东在提出西方学术和文艺实用化倾向的同时，也提醒读者："应当警惕作出一般性的概括：如同我们常常听到的那般，断言市场力量是试图去破坏艺术和文学、或者肯定它与'文化'在本质上是敌对的，这却是荒谬的。因为，如果市场能够制造出那些堕落效应，那么它同样能够产生一些公正效应。那个激化了的竞争——它在文艺复兴时期盛行于那些过度供给的绘画市场上——为那些无可争议的杰作的产生作出了巨大的贡献(当然这也有其他因素的功劳)。"在自由主义的环境中，学术、艺术、文化的竞争至少不受政府权力的控制，因为政府权力完全不可能以搞运动的方式来提倡某种学术路线、文艺方向，甚至组织某种全民性的"唱读讲传"活动。

我们今天关注"堕落效应"，不应该仅仅局限于自由主义的"堕落效应"(当然，这很值得关注)，而应该同时看到，在非自由主义的国家里，类似的堕落效应更为严重。只有这样，关注"堕落效应"才具有真正的批判意义。而且，在关注"堕落效应"的同时，还需要看到，即使在最不利的环境中，堕落也不是必然的，人仍然可以选择堕落或不堕落，也就是说，人可以拒绝成为社会决定论的俘虏。布东不是一个社会决定论者，就在他看到堕落的"格雷欣法则"（堕落的比不堕落的更受欢迎）的同时，他说："就如劣币驱逐良币，劣作同样驱逐着上品。感谢上帝，这些上品，正如同那优质的社会学，无论如何仍保持着充沛的活力，不论是在欧洲还是在美洲或是其他地方。"同样，在中国，尽管存在许多现实的限制，具有充沛活力的"上品"，那些好的学术、思想和文艺产品，虽然稀少，也还是在顽强地不断产生出来。

18　知识分子与政治犬儒主义

——马克·里拉《当知识分子遇到政治》、托尼·朱特《责任的重负》

马克·里拉（Mark Lilla）的《当知识分子遇到政治》（*The Reckless Mind: Intellectuals and Politics*）和托尼·朱特（Tony Judt）的《责任的重负》（*The Burden of Responsibility: Blum, Camus, Aron, and the French Twentieth Century*）都已经有中文译本，这两本书关心的共同问题是知识分子与政治的关系。两本书里讨论的那些法国或德国的知识分子，他们所处的时代和政治环境各有差异，面临的具体政治选择也不相同，但却都涉及了一些共同的基本问题：知识分子该不该参与政治？该如何参与政治？用什么来衡量他们的政治行为？这两本书直接讨论知识分子如何介入政治，与一些其他探讨学术和学术立场政治性的著作有所不同，如大卫·施瓦兹（David L. Swartz）的《象征性权力、政治和知识分子》（*Symbolic Power, Politics, and Intellectuals*）、罗伯特·布力姆（Robert Brym）的《知识分子与政治》（*Intellectuals and Politics*）和查尔斯·莱姆特（Charles C. Lemert）编的论文集《知识分子与政治》（*Intellectuals and Politics: Social Theory in a Changing World*）。江苏人民出版社早先翻译出版的"知识分子译丛"中的一些著作，如拉塞尔·雅各比的《最后的知识分子》、保罗·博维的

《权力中的知识分子》虽然涉及知识分子政治问题，但也不如这两本书来得直接。

一、知识分子的政治问题

里拉对这些问题的回答是，重点不在于知识分子是否应该参与政治，而在于如何参与政治，以怎样的价值立场、为何目的而参与政治。里拉所担忧的是知识分子由于陷入精致的思想游戏而忘记了"哲学与政治权力行使之间的关系"，因而无视哲学或理论"被暴政滥用"或被政治势力利用的可能。[1] 里拉所说的那种"暴政"就是与民主相对立的"专制"（tyranny），当知识分子对自己可能帮助暴政或专制政治的危险丧失警惕的时候，他们的思想就会在"不计后果"和"不负责任"的歧路上越滑越远。《纽约书评》（New York Review Books）认为，里拉触及了一个令人费解的现象，"过去一个世纪的欧洲历史中，在民主国家、共产主义或法西斯国家里，都有许多哲学家、作家和法学家支持和捍卫极权主义的原则和它的可怕统治。知识分子本该对极权暴政抱以警惕，怎么反倒会背弃自由和独立探索的理想？又怎么会在立场上赞成专制制度下的大规模压迫和因此造成的人道苦难？"[2]

对这样的问题，有研究者试图从知识分子的个人性格或人格特征去寻找答案。例如，英国小说家、政治分析员普赖斯－琼斯（David

---

[1]　马克·里拉：《致中国读者的短札》，《当知识分子遇到政治》，邓晓菁、王笑红译，中信出版社，2014 年，第 1 页。

[2]　"The Reckless Mind: Intellectuals in Politics." http://www.nybooks.com/books/imprints/collections/the-reckless-mind-paperback/.

Pryce-Jones）认为，在西方知识分子中，知名的如阿尔都塞、福柯、布洛赫（Ernst Bloch）、卢卡契、马尔库塞（Herbert Marcuse），还有"数以千计的文人、学者和意见发表者在性格中都有残忍和躁狂（manic）的因素"。而另外一些人，如布莱希特、聂鲁达、萨特和格林（Graham Greene），"则是乐于站在胜利者那一边"。[1]

与这样的观察角度不同，里拉关注的是知识分子的集体特性，而非个人性格或人格。他把知识分子与暴政的思想合作看成是一个值得所有不同性格和人格的知识分子都好好记取的严重历史教训。无论是在纳粹统治期间还是在后来的冷战时期，里拉所讨论的那些德、法知识分子（海德格尔、施米特、本雅明、柯耶夫、福柯、德里达等）身上都一再出现了有意无意为专制政治提供思想弹药的情形。他们的学术具有职业特征，但不具备思想者最难能可贵的那种对暴政的道义判断和憎恶。在他们的"学术"（往往非常具有诱惑力）之外，里拉要发现的是，"他们的头脑里还隐藏着一些别的东西，一些深层的东西，一些不计后果的思考，一种不负责任（reckless）。我们不免要问，这些思想是如何运作的？他们在政治中寻找什么？"[2]

托尼·朱特则认为，知识分子参与政治的价值（"文人涉政是否值得"），不能只是用他们的政治行为结果来衡量，而应该考虑到他们的道德真诚。道德真诚的根本要求就是摆脱"党性思维方式"，保持个人思想和判断的自由与独立。他讨论的三位法国知识分子(布鲁姆、加缪、阿隆)的最大共同点便是他们的"勇气与正直"。虽然他们在"大部分

[1] David Pryce-Jones, *The Strange Death of the Soviet Empire*. New York: Holt, 1995, p. 72.

[2] 马克·里拉：《当知识分子遇到政治》，第2—3页。

时间都活在对手的厌恶、怀疑、蔑视或嫉恨之下"，成为"某些重要方面的'局外人'"或"背时者"，但他们都能避免陷入党派同路人的处境。后来又有了别的同路人，"这是反殖民主义作家的处境，他们费尽唇舌，为推翻了一个帝国的另一个帝国的独裁……开脱。[1] 那些同路人知识分子在政治和道德上"不负责任"，不是因为某种政治权力强迫了他们，而是因为他们自己选择了党同伐异的思维和理论方式，无视具有普遍意义的是非原则。知识分子陷入党派同路人和实际暴力帮凶的处境而不能自拔，他们的知识行为打上了政治犬儒主义的烙印。

二、知识分子的政治犬儒主义

政治犬儒主义可以按照涉及的不同人群分为两类，一种是现代社会里的大众或群众的政治犬儒主义，它表现为普通人对政治的冷漠、怀疑和不参与。这主要是针对政府、政治权力、政治人物和权威的不接受和不相信。许多普通民众一方面对政治体制抱有不满和愤怒，另一方面却又充满了无力和无助的感觉，因此对社会和未来的任何良性改变都丧失了希望和期待，陷入一种得过且过、随波逐流、听天由命、逆来顺受的绝望处境。这样的政治犬儒主义在民主和专制国家里都存在。

另一种是知识分子的政治犬儒主义，它有一些与大众或群众政治犬儒主义不同的特点。它也包含怀疑、拒绝和不相信的因素，但那主要是怀疑、拒绝和不相信政治应该包含具有普遍意义的价值观。知识

---

[1]　托尼·朱特：《责任的重负》，章乐天译，中信出版社，2014，第15页。

分子的政治犬儒主义在价值问题上采取或宣扬绝对的相对论，成为实际上的道德虚无主义。常见的知识分子政治犬儒主义结合了政治投机和个人功利，主要表现为两种形式（或是它们的某种混合形式）——遥远观望和积极投效，观望和投效的对象都是专制的统治权力。

遥远观望的政治犬儒主义在善恶问题上持双重标准，以隔岸观火的心态对待别人的苦难。他们对事不关己的"恶"特别能谅解和接受，甚至为之辩护。如朱特所说，"一些知识分子和公众人物在1930年代的暴风骤雨中随波逐流、见风使舵，在民主亟待捍卫的时刻躲开或故意视而不见，一些人选择了，但选'错'了；其他人选'对'了，却已太迟"。[1] 克鲁斯曼（Richard Crossman）在《修炼不成的神》一书里称那些置身事外却赞美暴力专政的知识分子为"站在远处的崇拜者"（worshipers from afar）。[2] 在见证了现实后，他们有的幻灭了，终于明白过来并有所自我反思，克鲁斯曼称他们是失望的理想主义者，但不是犬儒主义者。但是，还有的人即使在明白以后，仍然对事不关己的恶保持容忍和接受，这便是典型的政治犬儒主义。

今天，这种远观型知识分子对专制之恶是有认识的，因为他们自己并不愿意生活在这样的制度之下。但是，他们对别人在这种制度中的处境却无动于衷，不仅如此，他们甚至还不惜在理论上为这样的制度辩护，积极摆出一种特别能理解和接受的"公正"姿态。这是一种典型的犬儒主义的口是心非。这些知识分子就像奥威尔所批评的英国诗人奥登（Wystan Hugh Auden）一样，"如果在谋杀发生的时候，你是在其他的地方，那么，奥登先生的那种无道德感才有可能产生。……就

---

[1] 托尼·朱特：《责任的重负》，第14页。

[2] Richard Crossman, ed., *The God that Failed*. New York: Harper Colophon Books, 1963.

好比不知道火会烧伤的人在玩火"[1]。奥威尔批评这样的知识分子，是因为，他们对极权表示谅解，完全是因为自己生活在安全的制度中。他们为极权统治开脱，事实上已经成为极权受害者的加害者。这是一种自私、伪善的政治犬儒主义。

另一种知识分子政治犬儒主义表现为无原则地讨好和投效于统治权力。这是一种功利主义的政治投机，在专制国家里尤为常见。投机的知识分子本来就没有什么信仰可言，也不相信信仰有什么价值。因此，他们为了达到某种目的，可以装出笃信任何信仰的样子。

美国批评家戈德法勃（Jeffrey C. Goldfarb）在《犬儒社会》一书中指出，现代专制和现代民主虽然都属"现代"，但它们的理念、价值和实践却判然有别，对具体个人生存品质的影响更是不可同日而语。因此，讨论现代性的要义本应在于"分辨现代的恐怖，现代的挑战，现代的成就和现代的梦想"[2]。针对一些反现代和后现代理论，他批评道，这种理论化的犬儒主义对现代性进行全盘否定，完全丧失了道德的分辨能力和政治的选择标准。[3]

朱特评价阿伦特（Hannah Arendt）是一个"犯了许多小错误……但在大事情上正确的（思想者），所以值得留在人们的记忆中"，在那些大事情中，有一件就是"拒绝全盘谴责现代性，或者对启蒙运动及其全部著作发出诅咒。阿伦特当然理解这种诱惑，但她也看到了危险"，她拒绝否定现代自由民主的价值。使现代性的灾难登峰造极的是现代极权，阿伦特说："如果我要在这个地球上生活自如，即使只是为了在这

---

[1]　乔治·奥威尔：《政治与文学》，李存捧译，译林出版社，2011年，第125—126页。

[2]　Jeffrey C. Goldfarb, *The Cynical Society*, Chicago: University of Chicago Press, 1992，p. 80.

[3]　Jeffrey C. Goldfarb, *The Cynical Society*, p. 30.

个世纪里生活自如，就必须尝试参与同极权主义本质的不断对话"，在那些"最著名的真理"崩溃以后，我们这些"幸存者的首要任务是，要问一问这是如何发生的？应该怎么办？"[1]

知识分子的政治犬儒主义是现代犬儒主义的一种，它符合斯洛特迪克在《犬儒理性批判》一书里对现代犬儒主义的定义：犬儒主义是"经过启蒙的错误意识"，也就是明白人的错误观念和行为。这个对犬儒主义的定义特别有助于我们了解知识分子的政治犬儒主义，因为知识分子是一些受过教育和启蒙的人们，他们中的头面人物更是学界和思想界的佼佼者和学术名人。德国作家埃里希·凯斯特纳（Erich Kästner）的小说《法比安》（*Fabian*，1933）里有一个名叫迈尔密（Malmy）的人物，他明白自己生活在一个千疮百孔的制度中，但却对此无动于衷。他说："我在撒谎……至少我知道自己在撒谎，我知道这个制度是不好的……就算瞎子也能看到。但是我还是在尽我所能为这个制度服务。"知识分子犬儒主义者就是一些类似于迈尔密的人物，当然，他们会比迈尔密更积极地讨好和利用"千疮百孔的制度"，成为美国历史学家保罗·拉赫（Paul A. Rahe）在《廷臣式知识分子》（"The Intellectual as Courtier"）一文中所说的"廷臣"，他们随时准备并愿意为了金钱和其他利益而放弃公正学术立场。翻译家吴万伟将"廷臣式知识分子"这个说法很通俗地翻译成"马屁精知识分子"。[2]

凯斯特纳描绘的迈尔密是一个醒着的人在装睡，一个明白人在装糊涂，他不仅知道该装什么样的糊涂，而且知道该怎么装。这是一种

---

[1] 托尼·朱特《重估价值：反思被遗忘的 20 世纪》，林骧华译，商务印书馆，2013 年，第 101、100、81 页。

[2] Paul A. Rahe, "The Intellectual as Courtier." *The Chronicle of Higher Education*. March 7, 2011. 吴万伟：《马屁精知识分子》，http://www.aisixiang.com/data/39576.html。

高明的，但无是非原则的糊涂——难得糊涂。鲁迅在《准风月谈·难
得糊涂》里说，"糊涂主义，唯无是非观等等——本来是中国的高尚
道德。你说他是解脱，达观罢，也未必。他其实在固执着，坚持着什
么，例如道德上的正统，文学上的正宗之类"。古代的犬儒主义者是
有是非观和对错原则的，而且还能做到在个人行为中身体力行。迪
克·基耶斯（Dick Keyes）在《看穿犬儒主义》一书中指出，犬儒者"需
要站在理想的平台上才能向他们批评的靶子投石块。一个自己处于坠
落中的人投石块既使不出劲道，又没有准头"[1]。"难得糊涂"的犬
儒主义是处于坠落状态的犬儒主义，犬儒主义知识分子根本就没有供
他们作是非判断的理想平台，他们即便还没有完全丧失是非意识，也
会明哲保身、装聋作哑。他们是决不向权力制度或人物的靶子投石块
的知识分子。

三、知识分子的文人涉政

在政治上奉行犬儒主义的知识分子，他们有的不知道自己是在玩
火，但也有的是明明知道，但依旧坦然为之。这是学术道德操守和知识
分子人格的双重失败，虽然它可能为当事人带来政治前途或学术名声上
的"成功"。参与政治党派和投靠党派政治更可以让一个人有事业上的
发展或仕途上的发达，但他不能不为之付出放弃自由思想和独立判断的
代价。这是一个知识分子自己的选择，他不能把责任推到"时代使然"

---

[1] Dick Keyes, *Seeing through Cynicism: A Reconsideration of the Power of Suspicion.*
Downers, IL: InterVarsity Press, 1996, p. 21.

头上。知识分子无法选择他所置身于其中的体制，包括政治、文化和学术的体制，但他可以选择在这些体制中自己要扮演的角色。这就特别需要明确什么是自己所要追求的价值目标，并以此来确定自己的政治和学术行为方式。

知识分子与政治的关系是文人涉政传统的一部分。文人涉政并不只是出现在欧洲的历史中，在中国也有类似的传统，只不过所涉的政治离大多数欧洲国家的民主政治非常遥远。

五四学生领袖之一的傅斯年认同自由、开明、公平的原则，扮演政府的诤友角色，以他"急进自由主义者"的思想和"大炮"的性格，推动中国的现代化。在他作为国民党的座上宾时，他也是谨守"道尊于势"的原则，是国民党体制内坚决的"异议人士"。他对胡适说："我们若欲于政治有所贡献，必须也用压力，即把我们的意见加强并明确表达出来，而成一种压力。"对于在朝的态度则是："我们自己要有办法，一入政府即全无办法。与其入政府，不如组党；与其组党，不如办报。——我们是要奋斗的，惟其如此，应永远在野，盖一入政府，无法奋斗也。"[1]

在组党、办报皆无可能的时代，剩下的并不只有"道不行，乘桴浮于海"的选择。知识分子有的担当起公共知识分子（尽管这是一种有不同理解和有争议的角色身份）的责任，或是把启蒙当成是实践公民政治的一个途径。但是，也有的选择扮演体制内政治化学者的角色。知识分子不可能远离政治，但他们却可为自己的学术活动选择不同的政治原则导向。

体制内的政治化学者中，相当活跃的一些人不是像傅斯年那样，

---

[1]　《胡适来往书信选》下，中华书局，1980 年，第 170 页。

以"把我们的意见加强并明确表达出来,而成一种压力"为己任,他
们从不给当权者添麻烦。相反,他们总是想方设法地用自己的"专业"
和"特长"来服务于某种政治势力或者甚至投靠某个炙手可热的政治
人物。这种依附和讨好的政治使得他们能够在彻底政治化的学术体制
内备受青睐、出人头地,成为学术领头羊,也成为年轻一代学子眼里
的"成功楷模"。

托克维尔在《旧制度与大革命》里论及法国的文人涉政。他认为,
法国文人许多都是富有聪明才智,但却对国家现实缺乏了解,一遇到
某种理论便激动不已,以为找到了解决现实问题的灵丹妙药。托克维
尔诟病文人的天真无知,但并不怀疑他们的真诚。但是,里拉和朱特
在剖解涉政的文人或知识分子时,对他们的真诚是抱有怀疑的。他们
在那些与专制合作的知识分子身上,看到的不只是天真无知,而且还
有伪善和欺骗,包括自我欺骗。这样的学者,他们不见得具有托克维
尔在法国文人那里看到的聪明才智,但却不乏某种学识和专长。在真
正的考验来到之前,他们都是有"真诚信仰"的,然而,一出事情,
便树倒猢狲散,并未见到有谁真的为自己不久前的"信念"有什么坚
持。这样的文人涉政,犹如股票投机。里拉和朱特并不是笼统地不信
任一切文人涉政的真诚和良心,而是看到,当文人涉入某些政治时,
由于其利诱、压制、虚伪和不自由,会比涉入另一些政治更缺乏真
诚,更没良心,因此更加伪善、狡黠、势利和犬儒主义。

四、知识分子的政党归属

里拉和朱特视野中的一些西方知识分子,有的曾经直接投身或

效力于某个政党，例如，雷翁·布鲁姆（Leon Blum）是法国社会党的重要成员，1936 年担任人民阵线政府的首脑，加缪参加过共产党，海德格尔和施米特都曾经是纳粹党员。政党曾经是他们实现自己抱负的依托。在一些别的国家里，"入党"也是知识分子参与政治的主要方式，甚至是唯一被允许的方式。在政治制度内发挥作用，成为制度性政治的参与者，也使得这些知识分子成为体制的有机部分。俄裔美国社会学家希拉彭托克（Vladimir Shlapentokh）对苏联知识分子政治参与的这一特点有所讨论，他在研究中发现，尽管党在发展成员时优先考虑工人、农民，但知识分子比工人、农民更积极要求入党。对知识分子来说，入党固然有物质和个人利益的实际好处，但也是获得重视和信任，因此更有机会参与社会和学术事务、发挥影响力的必要途径。在这种情况下，知识分子中的党员比例越来越高于一般民众。例如，1979 年，苏联科学院的工作人员中有 70% 是党员（1948—1948 年是29%），教授中的党员比例是 55%（1948—1949 年是 31%）；拥有博士学位者的党员比例是 36%（1948—1949 年是 30%）；苏联作家的党员比例超过50%，作家代表大会成员中有 87% 是党员；作曲家和电影导演中的党员占三分之一；记者中的党员占三分之二。 他们当中的许多人都把入党当作一种政治表现和表态。[1]

　　政党归属一方面给知识分子带来更多参与政治的机会，但也限制了他们作为个体公民的独立、自由参与，迫使他们的许多参与行为成为一种身不由己或盲目顺从的政治献身。朱特在《责任的重负》中告诉读者，即使在相对自由的多党制国家里，党性思维也在阻碍知识分

---

[1]　Vladimir Shlapentokh, *The Normal Totalitarian Society*. Armonk, NY: M.E. Sharpe, 2001, p. 86.

子的独立思考与判断，而且还会使国家深受其害。他对知识分子党派
辞令的厌恶和批评是以法国革命以后的历史为教训的，一代又一代的
法国知识分子由于难以摆脱左右之争和党性思维方式，站在一方，无
条件地为反对另一方而效力。这种二元对立及其产生的无休无止的纷
争让法国一个多世纪以来走不出低效率政治文化的怪圈。富有聪明才
智的法国知识人士在相互攻讦、相互诋毁、相互推翻中纠缠于意识形
态之争，夸夸其谈，耗掉无数精力和智慧。朱特强调的是，知识分子
应该摆脱党性思维，这样才能真正坚持独立思考和确立自己的目标。
这是一种更有助于自由行动的知识分子的人格理想。

　　里拉和朱特都把个人的独立思考和道德判断看成是知识分子介入
政治的必要条件（当然不是充分条件）。这种思考和判断并不能保证参与
政治的个人永远不会有错误的选择或行为，但却能让他们真诚、勇敢
并有始有终、一以贯之地坚持一种叫作"自由精神"的东西。许多作
为"组织人"或"同路人"的知识分子，他们的政治瑕疵和犬儒主义
都与舍弃自由精神和独立思考有关。他们往往因党性思维而容忍或维
护桎梏刑戮的暴力和暴政，或者因为某种精致的理论或"理论过剩"
而根本不在乎与什么政治势力为伍。他们不再把守护自由和反抗暴虐
作为自己的基本价值和行动指南，因此事实上已经无法担负知识分子
最不容推卸的那部分责任重负。

19　自由的智识生活与公共知识分子
——托尼·朱特《思虑20世纪》

托尼·朱特有两个不同的知识者身份："历史学家"（historian）和"公共批评者"（public critic）。这两个身份有区别，但也相互联系，因为它们背后还有另一个共同的身份，那就是"学者"（scholar）。朱特因他的《未竟的往昔》（*Past Imperfect*, 1992，以下简称《往昔》）在美国成为一个有争议的"学者"，也因此成名。在这之前，他是一个以研究法国社会主义史为专业的历史学家，他已经出版了《重建社会党》（*The Reconstruction of the Socialist Party*，1976）、《普罗旺斯的社会主义》（*Socialism in Provence*，1871—1914，1978）和《马克思主义与法国左派》（*Marxism and the French Left*，1990）。在《往昔》里他回到《马克思主义与法国左派》中对法国左派知识分子的批判。但是，正如他自己在序言里说明了的，这不是一本专业学科意义上的历史书，它"既非一部观念史，亦非一部有关法国知识分子生活的社会史。它期望涉及上述二者共同的研究范围，但在某个简单的意义上，也能够被当作一种对话史来理解：整整一代法国知识分子通过对话进行交流，并在其中探讨关于'介入''责任''选择'等问题"[1]。朱特是这个对话中的一员，而不是

---

[1]　托尼·朱特：《未竟的往昔：法国知识分子，1944—1956》，李岚译，中信出版集团，2016年，第12页。

置身事外的历史学家。他不只是以史学陈述者，而更是以历史批判者
的角色来反思战后岁月的法国知识分子及其政治道德。这个反思的重
要议题之一就是，知识分子应该如何回顾和回忆自己的往昔。如果说
《往昔》是朱特对战后法国左派知识分子往昔的批判性回顾的话，那
么，《思虑 20 世纪》（2012，以下简称《思虑》）便是他在生命的最后时
刻（朱特因肌肉萎缩性侧索硬化症于 2010 年去世），对自己的往昔所作的
总结性回顾。[1]

一、作为"圈外人"的知识分子

知识分子的政治、责任和伦理困境一直是朱特思考历史和现实问
题的一个中心问题，在《思虑》里也是如此。这部混合了他自身经历
与对 20 世纪欧洲和美国思想事件的对话录——与他对话的是另一位东
欧问题史学家斯奈德（Timothy Snyder）——为读者提供的不是一般意义
上的"自传"，而是朱特自己不断形成、调整和改变知识分子定位的个
人历程，是他认为最值得回忆的往昔。在朱特生命的终点时刻，知识
分子定位的那些具有普遍意义的重要因素——思想、历史、政治、道
德、责任，而不是他的人生细节——几乎占据他的全部回忆。《思虑》
是一部关于思想（intellect）的书，这里所记录和展现的思想内容是朱特
这个知识分子可以真正称之为"我的一生"的人生经历，其余的只是
非常有节制的背景铺垫，一些内容与他那本精致的自传散文《记忆小

[1]　托尼·朱特：《思虑 20 世纪》，苏光恩译，中信出版集团，2016 年。凡出自此书
的引文皆在括弧中标明页码。

屋》(2010) 有所重复，也显得相对粗糙。相比之下，他所回顾的思想内容和讨论议题则更加多样、丰富、具体，包括纳粹对犹太人的大屠杀、战后犹太复国主义、共产主义的崛起、法国的马克思主义左派、东欧知识分子、20 世纪最后 25 年中左派消退后的新自由主义进路、社会民主主义的利弊，等等。

朱特一生都是一位特立独行的思想者，用他自己在《思虑》里的话来说，是一位"圈外人"。圈外人也称"局外人"，这个"局外"不是指置身事外，而是指勇于特立独行，在"圈内人"几乎一致排斥"异见"的时候，不惧独自说出不快真相的思想者。朱特敬佩圈外人，认为他们的见解才是最值得重视的。他在《责任的重负》(1998) 中讨论的就是三位这样的思想者。他写道，"我论述的重心落在布鲁姆、阿隆和加缪与彼时法国之间矛盾重重、麻烦不断的关系上。之所以如此，部分是因为这三人的道德（有时还有身体）勇气有一共同点，即他们都甘愿与自己人较劲，却不与政敌或思想之敌战争。……所以他们为此付出了代价，他们孤立无援，他们的影响（至少在平生大多数时间里）减弱了……他们毕其一生，经常感受到这个国家所要求的政治与思想相一致的压力，却甘愿在政界、公众、左翼同僚或知识分子同侪中充当不受欢迎的人，这是一种稀罕而耐人寻味的个性"[1]。

圈外人或局外人思想者不受欢迎，是因为他们拒绝投身于一种非黑即白、阵营化的文化对立，支持一方或另一方。朱特在《往昔》中把捍卫人权当作知识分子的首要政治责任，他认为，人权是欧洲自由传统的核心，而法国左派知识分子因为受意识形态对立的束缚，把人

---

[1] 托尼·朱特：《责任的重负：布鲁姆、加缪、阿隆和法国的 20 世纪》，章乐天译，新星出版社，2007 年，第 21 页。

权与"资产阶级"联系在一起，以此回避极权统治的反人权问题。正如批评家萨缪尔·莫因（Samuel Moyn）在《知识分子、理性与历史：纪念朱特》一文中所说，朱特捍卫人权的立场形成了他"反极权知识分子理念"（antitotalitarian intellectualism）的基调。[1]

朱特憎恨极权之恶，他在《重估价值：反思被遗忘的 20 世纪》（2008）一书里说，20 世纪末至今的知识分子大多回避恶的问题。他感叹道，"现代世俗社会对'恶'这一概念感到不舒服已经很长时间了。自由派人士对它的不可调和的道德绝对性和宗教暗示性感到尴尬。20世纪伟大的政治宗教（political religion）宁可选择好与坏、正确与错误之类更理性化、更工具化的说法。但是第二次世界大战后……'恶'的概念慢慢地潜回道德思维甚至政治思维的表述方式"。[2]

朱特对圈外人的关注，与他自己的知识和政治成长有关，他几乎一直在扮演着一个难以成为某群体"自家人"的局外人角色。他 1948年出生于伦敦的一个东欧犹太移民家庭。不过在他很小的时候，他们一家便搬到了伦敦南部鲜有犹太人居住的普特尼区。这是一个有意离弃自身族群的举动。朱特的父母没有打算按一般的犹太人那样来培养他，他从小接受的是传统的英式教育。然而，他在同龄人那里得到的敌意始终提醒着他——他是个犹太人。在中学时，他成为一名社会主义犹太复国主义者，数度前往以色列，在基布兹里当水果采摘工。生活在以色列让他开始对那里僵化的意识形态感到不自在。他渐渐觉得，以色列是一个好斗的且渴望侵略邻国的中东国家。他怀着沮丧和

---

[1] Samuel Moyn, "Intellectuals, Reason, and History: In Memory of Tony Judt." *H-France Salon*, Volume 4, Issue 2& 3.

[2] 托尼·朱特：《重估价值：反思被遗忘的 20 世纪》，林骧华译，商务印书馆，2013 年，第 17 页。

厌恶之情离开了以色列。30年后，他在美国批评以色列，主张以色列和巴勒斯坦人共同建国，成为一个不折不扣的异见者。

朱特一生信奉社会民主主义，这既是受家庭的影响，也是他同时批判自由主义资本主义和共产主义的思想基础。他的祖父早年是沙俄的社会主义政党"崩得"的支持者，而其父亲则是托洛茨基的同情者，或者说是个对斯大林主义持有异议的马克思主义者。他父亲送他的第一套大部头著作便是多伊彻的三卷本《托洛茨基传》。在其父亲的影响下，他很早便开始阅读马克思主义的经典文献。他欣赏的是左翼不同政见者。他虽然是一名左派知识分子，但与共产主义保持了明显的距离。正如他在《思虑》中所言，吸引他的始终是那个作为政治评论家的马克思，而非作为革命预言家的马克思。

"68年学生运动"（或"68风暴"）爆发时，他刚好是剑桥大学国王学院的本科生，他也参与了发生在剑桥大学的反越战大游行，并于1968年春前往巴黎。但他早年接受的马克思主义熏陶使他对巴黎流行的观念——学生将取代无产阶级，成为唯一的革命阶级——本能地感到怀疑。同一个原因也使他对1970年代风行一时的文化研究予以蔑视，因为这种文化研究一面宣称拒斥马克思主义，一面却又依赖于马克思主义，而只不过将工人阶级换成了学生、黑人、女性、同性恋者和一切对既有权力和权威配置感到不满的群体。在他的自传《记忆小屋》里，他指出，"冷战时期西欧对外界是多么封闭。谈革命理想？为什么不去当时欧洲最激动人心的布拉格？为什么不去年轻的同辈们正在为自己的理念与理想冒被驱逐、被流放、被监禁之险的华沙？"[1]正是在这个时候，朱特自学了捷克语，去了东欧，结识了那里的作

---

[1]　托尼·朱特：《记忆小屋》，何静芝译，商务印书馆，2013年，第91页。

家、哲学家和思想家。在西方知识分子中，这是一个非常另类的圈外人行动者的政治选择。

"圈外人"知识分子是对种种圈子——学术、族群、民族、职业、权力利益等大大小小的共同体——保持独立的思考者。他们敢于游离在自己的共同体之外，承受圈内人的歧视和排斥，执著地坚持自己自由的智识生活和批判思考方式。圈子是由利益来划分的，朱特认为，"最无可能为利益各方或利益诉求而遭拉拢的知识分子，是那些一开始便与他们碰巧生活其中的国家只有松散联系或毫无联系的人。我想到了爱德华·萨义德，他住在纽约，但智识上关心的是中东。我还想到布雷滕·布雷滕巴赫，他介入非洲的公共事务，但常常为非洲以外的受众发言和写作。""对任何知识分子来说，一开始的问题必定如此：问题不在于我如何看待自己作为一名美国知识分子、一名犹太裔知识分子，或其他任何非开放性论辩的参与者，而在于，我如何看待问题A、决断B或困境C？我可能碰巧住在纽约或其他什么地方，但这不应当影响我对这类关切做出回应的方式。"（329页）

这样的知识分子是就公共问题来写作的公共知识分子。他们有明确的普遍伦理意识，把明确的伦理介入倾注到对问题的讨论中去。他们不同于专业主义的"学者""专家"，能跳出狭隘的专业领域，对公共问题发表自己的看法，并因此成为"公共知识分子"。他们对局部问题的讨论总是包含着普遍的议题或主题，"没有一个怀有任何持久兴趣的知识分子会在一个地方性的论题里画地为牢。另一方面，世界实际上是地方性空间的集聚，任何标榜自己游离在这些空间之外的人都会对大多数人的日常现实没什么话可谈。一位对法国无话可谈的知识分子迟早会在法国失去听众——即便在美国，他的吸引力最终也会丧失"。这是知识分子与媒体人的区别所在，"一旦在一个确定的情境中建立起了信誉，知识分子便需要证明，他为地方性对话做出贡献的方式原则上是为那些超越该对话本身的人所感兴趣的。要不然，每一位政策专家和报纸专栏作家都有望要求知识分子的身份"。 （332 页）

公共知识分子只参与他知识所及的话题的对话，他们清楚有哪些问题是自己能够介入的，对哪些问题应该保持沉默，"有一些类型的对话局外人可从中获得自在感，并可能有所作为，但其他的对话他最好保持沉默"。如果说他对公众有启蒙的作用，那也只是他智识活动的"副产品"，"智识活动跟诱惑有点儿相像。如果你直奔目标，几乎肯定不会成功。你若想成为一个对世界历史论争有所贡献的人，假如你一开始便是奔着对世界历史论争做贡献去的，那你几乎肯定不会成功"。公共知识分子的作用在于揭示真相而不是指示真理，"我们的主要任务不是设想更好的世界，而是考虑如何避免更糟的世界。这是一种略为不同的处境，在这里面，那些勾勒理想化的、进步的宏伟蓝图的那一类知识分子可能并不是最值得我们倾听的"。

知识分子是社会群体中智识——阅读、写作、分析、思考——能力最强的那一部分人，因此而担负更多的道义责任，这是一种不应该转换为特权，包括话语特权的责任。在公共言说中知识分子有责任以一般人能懂的方式说话，表述清晰、尊重常识、逻辑合理，不囿于术语的堆叠。公共知识分子是以明达具体、清晰说理和逻辑表述来要求自己的写作者，他们是认真对待语言的人。语言的过度抽象化，是政治欺骗的手段，公共知识分子深知这使得他们必须更多地担负起抵抗语言腐蚀的作用。健全的民主离不开清晰、逻辑、明了的公共语言，"民主国家很快被腐蚀了，它们是在语言或修辞上被腐蚀了，如果你愿意这么说的话——这也正是奥威尔对语言的看法。它们被腐蚀是因为大多数人对它们漠不关心……而我们之所以需要知识分子和所有我们能够找到的优秀记者的原因，是为了填补出现在民主的两个部分——统治者与被统治者——之间的空间"。(342 页)公共知识分子不是大众知识分子，而是警惕社会文化大众化的知识分子，"大众文化跟大众的识字能力在某种程度上已经脱节了。如今大多数发达社会，人们都是普遍识字的，但有思想的公共论辩的听众数量实际上却在萎缩"。(363 页)在现代的大众社会里，已很难有哪个知识分子还能对社会产生任何一致性的影响。深知自身影响的有限性而仍能恪守真诚，而不献媚于权力或公众，这是今天知识分子所应具备的操守。在朱特自己的知识分子写作中，他关心和批判最多的是知识分子群体自身，他的知识分子观正是在这一持续的关心和批判中形成的。

二、马克思主义与知识分子

在朱特对 20 世纪 30—40 年代至冷战后的知识分子政治回顾中，马克思主义占有重要的位置，这也是他在《往昔》中讨论的一个中心议题。在《思虑》中他再次回到这个议题。他认为，对左派知识分子的"智识谱系"需要有深入的思考。马克思主义的魅力来自苏联的革命，最初，"西欧人对列宁和他的革命所知甚少。因此，出现了许多根据当地的喜好而对苏联发展做出的随心所欲的抽象重塑：这是一场工团主义革命，一场无政府主义革命，一种适合于俄国环境的马克思主义式社会主义，一种临时专政，等等。左派不得不担心，这场发生在一个落后农业国家里的革命跟马克思的预言并不一致，从而可能带来扭曲的后果。而列宁主义这些让传统马克思主义者最感头痛的地方——对唯意志论的强调，和列宁对加快历史进程的强调——恰恰最对他们胃口的。苏联是暴力的、果决的，并牢牢地由上面来领导……并发现在他们自身社会的政治文化中所缺少的一切。它向他们确证了，一个政党可以制造一场革命，夺取一个政权，并在必要时用武力来统治"。（185 页）

左派知识分子迷恋革命，是因为他们崇尚革命的暴力手段，并对暴力手段的统治表示理解和接受。这种趋向由来已久，朱特指出，"如果没有'一战'和它所产生的对死亡和暴力的崇拜，这一切将难以想象得多……他们将死亡同时作为战争和国内暴力的正当理由和魅力所在：从这样的混乱中将诞生一种更好的人类和一个更好的世界"。（116 页）从 20 世纪 30—40 年代，一些左翼知识分子，如奥威尔，已经对此有所觉醒和反思。朱特回忆道："我父亲自然鼓励我去读乔治·奥威尔……他的散文和小说我都是在那几年里读的。……这些是冷战岁月里有异见的左翼教育的核心文本，而我是那个幸运的深受其惠的初学者。"（89 页）

在朱特的同时代人中，那些深刻思考自己失幻经历并写成各种著作的有许多是东欧人，朱特对他们极为关注。他在《思虑》中说，对他认识马克思主义帮助最大的是波兰哲学家、思想家莱谢克·柯拉科夫斯基（Leszek Kolakowski），尤其是他的《马克思主义主要潮流》（Main Currents of Marxism, 1979），"柯拉科夫斯基认为，列宁主义是对马克思主义若非不可避免也至少是合情合理的解读，而且无论如何这也是我们仅有的一个在政治上成功的解读。在读过他的东西之后，对我来说，要想坚持从小就被灌输的马克思主义思想与苏联现实之间的区别，变得越发困难了"。（221 页）

朱特坦然承认，在接触东欧知识分子之前，他自己，也有西方人，"对另一半欧洲历史的无知"。（230 页）他能理解二战后法国知识分子的"左倾",但是,1968 年东欧发生变化后,这种"左倾"就成为在政治上的不负责任。这也是朱特在《往昔》中所要表达的。他在《思虑》中回顾道,《往昔》是一部关于二战之后巴黎左翼智识生活的历史,"这一时期同时也是中东欧向共产主义转变的时期。当然,到了 1980 年代末,这样一种态度在法国早已是司空见惯……但我无意于当个事后诸葛亮。我有更宏伟的抱负。我着手要写的是一份关于一个民族性弱点的个案研究:在政治和伦理上惊人的前后不一,这种前后不一是法国知识分子对极权主义兴起的典型反应"。(236 页)

朱特重温《往昔》,再一次指出,东欧知识分子反极权政治的最大贡献之一是提出了"公共生活的观念"。这一观念"源于那种反对以国家为核心的政治的理念(state-centered polis)"。在特定的法国知识分子政治语境中,公共生活的观念代表了对法国式公民身份概念的直接挑战,后者强调的是共和国的主动性和核心地位,因此是国家主义的。朱特清楚地指出,"这种法国式理解不止一次对公民空间造成极大的危害",(238 页)不仅在法国如此,在其他重国家轻公民社会的国家也是如此。他说:"尽管我密切关注一个特殊的历史时刻和地域,但我的论点本质上是概念性的,甚至是伦理性的:将监管和决定一个秩序良好的公共生活的一切规范和形式的权威与资源,赋予任何一个机构、一种垄断性历史叙事或一个单一的政党或个人,这是智识上的不当和政治上的鲁莽。好社会就像良善本身一样,无法被简化为一个单一的来源。"(238 页)

朱特认为,东欧知识分子不仅提出"公共生活的观念",而且还为他们自己的反极权政治发展出一种"脱胎换骨的自由主义"和"全新语言"。这一发展同时包含积极和消极的因素,有成功的一面(如利用官方对"人权"的口惠承认,借力打力),但也有不成功的一面(如从政治中退出的"反政治")。东欧知识分子继承的是欧洲的自由传统，他们对自由的要求与自己国家统治逻辑之间的尖锐对立有深切的感受，"他们是这样一群知识分子，对他们来说，自由主义从来不是一种无须审视的政治默认状态，而是一个需要相当的个人风险才能获得的激进目标。到了1970年代，最有意思的自由主义思想是在东欧。虽然各有不同，但波兰的亚当·米奇尼克、捷克斯洛伐克的瓦茨拉夫·哈维尔或他们那一代的匈牙利自由主义者都有一个共同点：毕生跟共产主义打交道。因此在东欧不管是在华沙还是在布拉格……这是……一场往往打着改良或还原马克思主义的旗号，或以它们为名进行的运动"。(259页)

　　在东欧发生的是一种富有策略创意的反抗，它迂回曲折、随机应变、四两拨千斤。它利用官方的宣传语言和不明令禁止的话语，看上去是与权力的一种"谈判"，但却是一种双方都心知肚明没有诚意的谈判。在《思虑》中，它被形象地表述为"像真的"。那些具有反抗意识的东欧知识分子们，他们的共同点"是一种否定性的起点……你真正想要实现的显然正是该政权不能退让的东西。在这一状况之下进行的任何谈判中，双方都必定是毫无诚意的，其结果也就可想而知了。要么必然地出现一场对抗，自许的改革者被击败；要么他们中更温顺的代表被吸收进政权里边，而他们的热情则丧失殆尽"。(260页)

　　在《思虑》中，朱特叙述了自己从学院学者到公共知识分子的身份转变：在《纽约书评》主编的邀请和鼓励下，他成为进行公共写作的知识分子，由于"9·11"事件，朱特逐渐以论战的姿态介入美国公共事务。面对那些令人不快的问题（如伊拉克战争），他认为，享有媒体话语权和高校工作保障的知识分子有责任公开发声。这种公共关怀与责任感不仅对他们提出了发声的要求，还对他们提出了应当怎样发声的问题。

三、作为公共知识分子的"道德家"和"史学家"

朱特是一位历史学家，法国社会主义历史是他的专业，但是，正如他在《思虑》中所回顾的，"20 世纪 90 年代，我逐步拓宽了自己公共写作的范围：从法国史中撤出，进入政治哲学、社会理论、东欧的政治和历史，进而进入欧美的外交政策问题"。（319 页）朱特的这一知识和写作变化缘起于偶然的原因，是《纽约书评》的主编罗伯特·西尔弗斯（Robert Silvers）要他打消一个学者的顾虑，开始一种他所本不熟悉的写作。这使朱特有机会去思考和评论一些与他的史学研究相去甚远的话题。朱特在美国公共媒体上发表的评论后来收入了他的《重估价值》一书——这本书的文章让他"有意识努力，辨别和拯救 20 世纪好的智识生活的精髓"。（320 页）他在《思虑》的回顾中对西尔弗斯为他创造的机会充满了感激。

朱特同时从事两种不同的写作，一面撰写《战后欧洲史》和其他著作，一面给《纽约书评》和其他刊物定期写稿。一个真正优秀的学人应该能够把两种不同的写作都做得很好，能这样做的学人并不多。朱特享有很高的学术声誉，于 1996 年当选美国文理科学院院士，于 2007 年当选英国社会科学院院士。但是，他并不愿意做一个"纯粹的历史学家"，"我决不愿耗费时间单创建一条历史学家的职业道路"。他觉得自己从"不是纯粹的历史学家中受益匪浅"。（319 页）还在写作《往昔》和《责任的重负》时，朱特就对像加缪那样勇于担当道德责任的"道德家"（moralistes）表示了欣赏和崇敬。在《思虑》中，他对此作了解释，"法国人用一个词来形容他们从蒙田到加缪的一些最伟大的作家：他们称之为 moralistes，这个词比英语的'道德家'意涵更为丰富，又少了其隐含的贬义意味。法国的 moralistes，无论是积极地从事小说写作，还是研习哲学或历史，都远比英国人和美国人更有可能将明确的伦理介入倾注到作品当中（至少在这一点上，以赛亚·伯林也是一名 moraliste）"。朱特以这样的"道德家"为自己的楷模，"虽然没有过高的雄心抱负，但我认为自己也已投身于这些方面：我的历史研究数量不比我的专栏文章少，是由一系列明确的当代关怀和公共责任感所推动的。我也是一名 moraliste，不过是美国式的"。（321 页）

朱特在《思虑》中给自己的定位是"政治知识分子"，一个不是投身于"某种宏大政治真理或叙事真理"，而是"贴近更小的真相或真实性"的知识分子。他说，怎么当这样的知识分子，"这是我对 20 世纪提出的一个问题，或许也是对我自己提出的一个问题。在我自己开始作为一名政治知识分子进行写作的同时，我也试图回答这一问题。"（320 页）

政治知识分子是一个有学术专业，但不囿于学术专业的公共知识人，他进行公共写作，"在政治的多事之秋肩负着一项独特的责任。……这在我看来差不多就是公民责任的定义"。朱特回顾道，"《纽约书评》让我成为了一个就公共知识分子进行公共写作的人，而纽约则使我成为了一名公共知识分子。……因为 2001 年的'9·11'事件，我逐渐以一种论战的姿态介入到了美国的公共事务当中"。（321 页）

作为一位公共写作的知识分子，朱特说，"我学会了谴责，也学会了赞美。这很可能是（思想）成熟的自然作用"。在公共写作中，他对许多 20 世纪有影响的思想人物——汉娜·阿伦特、库斯勒、柯拉科夫斯基、普里莫·莱维、马内·施佩贝尔和卡罗尔·沃伊蒂瓦、阿尔都塞、马丁·艾米斯（Martin Amis）、吕西安·戈德曼——贬褒分明，写作风格完全不同于历史学的专业写作风范。朱特的自我评价是，由于这样的公共写作，"我毫不怀疑，我的工作因此大有长进"。（282 页）这样的写作与朱特作为一个历史学家的"史学写作"之间有着内在的联系，因为他的"史学写作"本来就不太受学院规范的约束。他的《往昔》于 1992 年出版后，成为史学界一部有争议的著作，他在《思虑》中回顾道，那主要是因为《往昔》的道德家语调。对此，他也在《思虑》中从史学家的"职业道德"做了反思。

由于《往昔》带来的争议，朱特在计划和准备《战后欧洲史》的时候，对"方法异乎寻常敏感"。(284 页) 这不仅是因为他深深觉得，"对东欧那被忽视的重要性的辩护，不应被允许装扮成关于整个欧洲大陆的客观历史"，而且也因为，他对史学家的"职业伦理"有了更多的思考。(284 页) 1995 年朱特决定到纽约大学任教，这是他学术转向的一个时间点。他回忆说，"回过头来看，我现在意识到，我当时正开始以另一种眼光来看待自己：不只是一名历史学家，甚至也不是一名 '公共知识分子'，而是一个可以将自己的本领和热情运用到一项新的工作中去的人。我着迷于这样一个想法，即打造一个制度性的论坛"。(285 页) 随后，他在纽约大学创立雷马克学院，试着进行一种非狭隘专业主义的研究，帮助那些极有前途的年轻人选择他们的学术或专业道路。通过进行一种不同于以往的学术和思想交流，进行跨专业代际的对话。

朱特重视史学的公共意义，他认为史学的职业伦理是与史学的公共意义联系在一起的。史学伦理最重要的是"真实"和"真相"。史学"不能出于当前的目的而虚构或利用过去。这可能不像它看上去那么显而易见。今天的许多历史学家事实上都将历史视为实际政治论辩的一次演练。其要义是要揭示某些为传统叙事所遮蔽的过去：纠正对过去的某种误读，通常是为了迎合当前的偏见 (parti pris)。这么做的人对之毫无羞耻之心，我觉得这种行为很令人失望。它如此明显地背叛了历史的目的，即理解过去"。(290—291 页) 但是，朱特也承认，他自己的《往昔》就有这样对待历史的嫌疑，"《未竟的往昔》不仅试图纠正对不久前的过去的一种严重误读，它还——尽管是次要的——试图确认当前的类似过失。所以我没有立场说，史学家在论述过去的时候，永远不应该带有当代问题"。（291 页）

朱特自己是带着当代问题意识去写历史的，因此，他特别意识到史学家必须面对的方法论问题，那就是，带着当代问题去论述历史，这可以是史学家带着今天的有色眼镜去看待历史和叙述历史，但也可以是史学家带着今天的问题意识去整理或思考历史。这里面的界限到底在哪里？解答也许并不在于史学家是否应该有当代问题意识，而在于他对历史的论述是否真实，是否掩盖过去的真相。这就需要史学家的专业素养和历史学家们的集体正直。例如，如何判断特定历史题材的论述（如中世纪城市兴起）是否真实——即便是出于得到认可的学者之手——只有具备专业素养的史学家才能胜任。个体史学家是有职业尊严的史学家群体的成员，"这就是为什么历史学必然是一项集体性的学术事业，它建立在相互的信任和尊重之上。唯有熟悉情况的局内人才能判断一部历史作品是好是坏"。（291—292 页）

尽管如此，历史并不只是为学术圈的"圈内人"而写的，其他的人文学科也不应该只是以少数越划越小的"圈内"人为读者。好的历史著作应该在学术圈子之外的公共社会里也有读者。善于公共写作（如通俗读物、报刊写作、时评和时论）的史学家比纯粹学院派的史学家有着明显的优势，"但这类作家始终不太常见：历史作品的市场非常巨大，但大多数专业的历史学家根本无法满足它"。（295 页）好的历史著作需要运用普通读者喜闻乐见的明快语言和清晰逻辑，而不是奥涩的专业语言和似是而非的"辩证"逻辑——在这一点上朱特的主张和实践与乔治·奥威尔相似。这是因为史学家和学者有责任为公众写作，"对一个开放社会来说，熟知其过去是极为重要的。操控历史是 20 世纪的封闭社会——无论是左的还是右的——的一个共同特征。操纵过去是最古老的知识控制形式：如果你掌控着对过去发生之事的解释（或纯粹是欺骗）权，那么现在和将来便任凭你摆布了。所以，确保国民对历史的了解，纯属民主的审慎"。（297 页）

朱特称史学家的这种责任为"公民责任"，他说，"我们不只是历史学家，而且还始终是公民，我们有责任将我们的技能用于公共利益。很显然，我们必须原原本本地书写历史"。历史的基本伦理责任是提醒人们真切发生的事情，真实的事迹和苦难，他们在此情形下的生活，以及他们以这样而非那样的方式结束的生命。无论这些人是在世界的什么地方，他们这些经验的深层道德现实都跟其他地方人们的经验没有什么两样，或至少是他们能够理解的，并在这个意义上是真实的。因此，朱特认为，人类的深层道德观——也就是最基本的道德价值——是共同而普遍的，无论哪个国家里，公民史学家的知识分子工作都需要了解其他国家，唯有如此，他们所坚持的价值观才有可能体现人类普遍的深层道德观。（299—300 页）

朱特常被视为爱德华·萨义德之后美国最优秀的公共知识分子。公共知识分子不是一些自以为在"捍卫和推进宏大抽象理念"或对事事都急于表态的知识分子，而是一些在学术活动之外，意识到并行使自己民主公民责任的知识分子。这样的知识分子是任何一个民主社会所必不可少的。出于对人类普遍深层道德的信念，他们赞同民主的基本价值，自由、平等和人的尊严，但不会把民主当作一种能代替极权的宏大理论。新自由主义在西方一些国家便成了这样一种宏大理论。朱特不是一个新自由主义者，在他所信奉的社会民主主义那里，"民主并不是解决非自由社会之问题的办法"。（342 页）斯奈德在回应朱特的民主观时说，对于充满苦难和不幸的 20 世纪来说，民主只是一个"不错的候选"，"它最好被辩解为某种防范更恶劣的体制出现的东西，也最好被表述为大众政治，它是确保人们不会每次经受同种愚弄的一种方式"。朱特赞同斯奈德对民主的这一看法，他说，今天的世界之所以需要民主，乃是因为，"民主是短期内抵御非民主政治的最佳屏障，但它并非一道抵御其自身内在缺陷的屏障。希腊人便知道，民主不太可能亡于极权主义、威权主义或寡头政治的吸引力，而更可能亡于自身的堕落"。(342 页) 作为一个公共知识分子，朱特一生中学术方向不止一次发生变化。今天，在史学的成就之外，人们记得他，是因为他曾经致力用公共写作来防止民主因自身的堕落而被毁掉，而这正是为了不让抵御专制和捍卫人权失去最佳的也是最后的屏障。

20 是人就不能没有的权利

——米其琳·伊榭《人权的历史》

美国丹佛大学人权研究专家米其琳·伊榭（Micheline R. Ishay）在《人权的历史：从古代到全球化时代》（下简称《人权史》）一书里特别要揭示的是，历史上的狭隘民族主义和由它装扮而成的爱国心一直是人权发展的最大障碍，"历史的真相是，人权每大踏步前进一次，随后总会遭遇严重的挫折"。每当普遍人权遭遇严重挫折，几乎都会同时出现某种文化相对主义。伊榭指出，虽然各种文化相对主义在不断诋毁、反对、仇视人权，但是，任何文化相对主义都至今并未成为，将来也不可能成为一种"替代人权的全面正义观念"。（4页）[1]

虽然民族主义会用文化相对论来反对人权，但人权却要保护每个民族的文化权利，尤其是被压迫民族的文化权利。《人权史》开宗明义说，"有许多种历史。有的是从征服者和压迫者的角度来写的，我这本书属于另一种传统：它要让被压迫者发出声音……它要收获的是受害

---

[1]　Micheline R. Ishay, *The History of Human Rights: From Ancient Times to the Globalization Era*. Berkeley, CA: University of California Press, 2004. 出自该书的引文均在括号中标明页码。

者的希望"。(2 页) 南非民权领袖纳尔逊·曼德拉（Nelson Mandela）曾经深受白人种族隔离制度的压迫，他深知人权的价值。他说，没有人权的人不可能真正"是人"，"剥夺人权是对人之为人的威胁"。[1] 任何人，一旦做人的权利被剥夺，也就失去了是人的权利，因此沦为非人。历史中因遭受压迫而沦为非人的受害者们都是无声的，伊榭要写的是一部能让无声的被压迫者发出声音的权利历史。这种权利不是男人的，女人的，白人的，黑人的，不是哪一个种族或哪一国人的权利，而是全体人类的权利，是所有人都不能没有的权利。

一、《世界人权宣言》的四大价值支柱

人权之所以可以称为是人就不能没有的"普遍权利"，不是因为它具有像自然或神启这样的超验基础，而是因为"它是历史过程积累的结果，后来有了属于它自己的生命，超越了进步思想家的言论与著作，超越了特殊时代的文献与主要事件"。(2 页) 伊榭把人权历史的变化和发展过程归纳为四个部分，与法国法学家勒内·卡森（René Cassin）所说的法国革命四大价值支柱（尊严、自由、平等、博爱）相对应。卡森是 1948 年联合国《世界人权宣言》的主要起草人之一，曾担任联合国人权委员会主席和欧洲人权法院院长（欧洲人权法院设在法国的斯特拉斯堡），1968 年因对起草人权宣言的贡献，获得诺贝尔和平奖。

伊榭形象地将《世界人权宣言》比喻为用四根廊柱和一个门廊构

---

[1]　Nelson Mandela in an address to the Joint Session of the House of Congress, Washington DC, USA, 26 June 1990.

建而成的世界正义大厦。宣言的前 27 条依照"尊严、自由、平等、博爱"这四个基本价值形成四个部分，像四根柱子般地撑起宣言的门廊，那就是宣言的最后 3 条（28—30 条），这三条说的是实现个人人权的社会化国家条件。这四根支柱的每一根都代表着人权发展的一个历史里程碑。第一根支柱"尊严"包括在宣言的第 1、2 条中，人类的所有个人，不分种族、宗教、信仰、民族、社会阶级或阶层或性别都是有尊严的生命体。第二根支柱包括在宣言从第 3 至 19 条的 17 个条款中，代表着第一代的人权——人类在启蒙运动时期曾经艰难争取的公民自由和其他自由权利。第三根支柱包括在从第 20 至 26 条的 7 条之中，这是第二代人权，是人类在工业革命的历史阶段中所争取的政治、社会和经济平等，体现为人人平等的投票权，对劳工、妇女、儿童、殖民地人民与其他弱者的社会权利和社会公正保护。第四根支柱是第 27、28 条中的第三代人权，是 19 世纪末到 20 世纪初提出的关于群体和民族团结的权利。这四个价值支柱所支持的不同种类的人权都是普遍性质的，适用于人类的所有成员。

我们知道，联合国在《世界人权宣言》的基础上通过的一项最重要的公约就是《公民权利和政治权利国际公约》（又称"B 公约"）。世界人权宣言内容包括第一阶段的公民和政治权利（自由），以及第二阶段的经济、社会和文化权利（平等），可是，再达成一个同时包括这两个阶段的公约却很困难。这是因为，有的国家会比较关心公民和政治权利，有的则偏向于经济、社会和文化权利。为解决这个问题，于是撰写了两份公约：《公民权利和政治权利国际公约》以及《经济、社会及文化权利国际公约》。

伊榭在《人权史》中将人权发展的历史分为四个阶段：一、启蒙时期，二、工业革命时期，三、第一、二次世界大战以后，四、全球化时代，并把有关于自由、财产的人权称为"第一代人权"（形成于启蒙时期），把有关于经济、社会、文化的人权称为"第二代人权"（形成于工业化时期），把与群体和文化自主有关的人权称为"第三代人权"（特别与二次大战后的民族独立和解放有关）。这样的区分与《世界人权宣言》的第一、二两个阶段人权的区分是符合的。但是，它同时强调，文化自主的人权虽然是"第三代"，但其实在"第二代"时已经出现。这一点对于我们看清民族主义和文化相对论对普遍人权的歪曲有特别重要的意义，这在后面还要谈到。

伊榭在《人权史》中就普遍人权最具有争议的六个争议问题表明了立场，并提出了自己的理由，它们分别是：

一、人权观念的起源是否仅为西方？伊榭认为，每一种伟大的宗教和古代文化，希腊、罗马、印度、中国（儒家学说）都有孕育现代人权观的人道主义成分。

二、现代的权利观念起源于欧洲，尤其是启蒙运动，那些起源于欧洲的普遍价值是否就等于主张自由市场的自由主义？伊榭认为，普遍人权不能简化为"自由主义"。普遍人权实际上包括19世纪工业革命时期社会主义的世界主义理念。

三、现代人权是西方价值观吗？伊榭认为，现代人权观念不等于自由主义价值观和权利观，而是有机结合了社会主义的价值观和权利观，因此普遍人权是消除不同国家之间价值隔阂的沟通桥梁和对话基础。

四、作为自主权利的"文化权利"是针对普遍价值的反价值吗？伊榭认为，文化权利不应该成为反对自由主义或社会主义的普遍价值的借口。"文化权利"本身起源于19世纪的欧洲，最初也是一种"西方"价值。"文化权利"并不具有超然的、非西方的"本土性"，它的合理性也必须以普遍人权为衡量标准。

五、人权是永恒的吗？伊榭认为，人权虽然普遍，但不是静止或永恒不变的，而是在历史中逐渐形成和变化的，所以有必要研究人权的历史。人权不是建立在某种自然的、宗教的或其他形而上的基础之上，而是在现实的政治、经济活动中产生的。

六、如何看待全球化对人权的影响？伊榭认为，全球化对人权的影响不全是负面，也不全是正面的。争取哪一部分的人权、为谁争取人权、向谁要求人权，这些都是公民斗争策略的选择结果。在人权的历史过去如此，在全球化的今天仍然如此。

二、历史时期中的第一和第二代人权

今天为全世界绝大多数人所认同的人权不是一下子出现在联合国1948 年的《世界人权宣言》中的，人权的核心价值是在人类历史的进程中逐渐形成的。最早的是关于人的自由、平等和生命尊严的理念。这些观念可以追溯到古代的印度、中国和罗马时期的基督教和伊斯兰教思想。然而，对现代人权观念贡献最为直接，也最大的是西方启蒙主义时期的世俗普世主义思想。伊榭对此写道，"由于现代的人权观念起源于欧洲和美洲，它萌芽于一些政治、经济和技术的变革之中，这些变革伴随着西方文明的逐渐强大和其他文明的逐渐衰落"。(65 页) 从启蒙运动开始，人权经历了从第一代到第二代再到第三代的发展，每两代之间都有衔接和继承的关系，因此这三代的人权应该作为一个整体来看待。但是，一直到今天，这三代人权之间仍然存在着不少需要磨合、协调和平衡的地方。因此，人权所代表的只是迄今为止人类对自己基本权利价值的认识，而不是在特定的国家、社会和文化环境中如何将这些价值加以法典化和具体落实的规定。

第一代人权包含的是"自由世界观"（liberal world view），它所争取的宗教自由和思想自由起始于中世纪以后的宗教改革。历史上许多重要的思想、文化、政治、社会事件都影响过自由世界观的形成与发展，例如，现代意义上的科学、民族国家的巩固、海洋探险，革命中产阶级的出现、英国革命（如 1642—1648 清教革命）、美国革命（1776）、法国革命（1789）。英、美、法资产阶级革命中都提出了权利要求，其价值主张都具有当时人们认为是具有普遍意义的因素。当然，以今天的眼光来看，又都是有历史局限性的，如个人理性与自由选择、科学规划和法治（公共理性）、契约协议和经济的相互依存（和平与非暴力），等等。这是一个被称作为"启蒙"的时代，接受了启蒙思想的人们相信，新出现的商贸和民族国家有能力在世界范围内来推动一些具有普遍意义的观念和理想，以促进人类的和平与互助。（69 页）这种新的世界观为两种普遍权利打下了基础，它们分别是生命的权利（包括要求取消酷刑、虐待和死刑），第二是财产权（保护私人财产），这便是第一代的人权。

第二代的人权要求是随着 19 世纪工业革命和资本主义的发展而被推到历史前台的。马克思、恩格斯和其他社会主义者对"权利"提出了唯物主义的理解，强调经济因素、历史变化和阶级利益的冲突与权利的关系，对早期启蒙主义对理性和自由的局限理解提出批判。例如，社会主义者指出，启蒙时代的政治权利（投票权）是以财产为基础的，排斥了无产者、妇女、少数民族、奴隶等弱者群体，这是资本主义对社会弱者残酷剥削的制度原因。但是，社会主义者并未排斥，而是继承了启蒙主义者的世界主义和跨国精神。他们期待的是全世界无产者联合起来，而不仅仅是满足于在一国之内实现他们主张的社会主义价值和权利。他们反对任何国家以主权至上为借口，或以特殊国情为托词，随意曲解和取消这些具有普遍意义的价值和权利。

当时的社会主义者们都看到，国家对人权是否能够实现起着关键的作用，但是，他们在如何通过国家和国家政治来实现社会主义的人权问题上，却存在着重大的分歧。例如，社会主义者分裂为二派，一派是以勃朗（Louis Blanc，1811—1882）为代表的改革派，主张在资产阶级国家内推动社会主义的改革。另一派以布朗基（Louis A. Blanqui，1805—1881）为代表，主张以无产阶级革命推翻资本主义制度。1864 年，国际工人联合组织的"国际工人协会"建立，标志着这两派社会主义者们的大联合。马克思是创始人之一和实际上的领袖。马克思出席了这个国际组织的成立大会，并为协会起草《国际工人协会成立宣言》和《协会临时章程》（1866年 9 月日内瓦代表大会讨论通过，称为《国际工人协会章程》，1871 年 9 月伦敦代表会议修改后称作《国际工人协会共同规章》），并于 1864 年 11 月 1 日中央委员会会议上获得通过。马克思本人就是一个国际主义者，而不是一个民族主义者。（118 页）

与许多其他的人权研究者不同，伊榭充分肯定了 19 世纪社会主义者们，尤其是马克思本人，对第二代人权的决定性贡献。19 世纪，自由主义关心的主要问题仍然是自由，而社会主义者则大大前进了一步。他们关心的是经济的不平等，因为经济的不平等会使得"自由"成为一个空洞的概念。社会主义者们强调平等价值，极大地影响了当时城市工人和劳工阶级的社会斗争。伊榭强调，社会主义者并不是启蒙主义者的敌人，相反，社会主义者成为启蒙主义的正当继承者，将"自由、平等、博爱"的普世理想运用到政治现实之中，并因此形成了第二代人权的具体要求，包括公民普选（不分财产、性别差别）、经济福利、劳工权利、教育、废止蓄奴和奴工、妇女权利，等等。

社会主义者提出唯物主义的人权观，这对人权观念的发展产生了非常重要的影响。在这之前，自然法和神启是人权的唯一根据，在这之后，人类自身的价值构建在许多人的人权观中代替了自然法和神启。正如伊榭所指出的，社会主义者不是拒绝或反对"自由"，而是要质疑那种以"自然"或"神学"为依据的自由，只有与经济相联系时，自由、平等才有意义。资产阶级思想者在解释无产阶级的困境时，经常会提出这样两种出路。第一种是宗教上的解释（原罪），出路在于道德改革，工厂主应以基督教的方式来善待工人，工人必须通过学习中产阶级生活方式所包含的智慧来摆脱罪愆和恶习（如酗酒）。第二种是政治上的解释，强调改良或改革世俗制度和实践的必要，工人必须成为政治过程的一部分。如果他们得到投票权，他们就能选出政治代表和政治家，订立法律以保护他们免受恶劣的生活和工作条件。

但是，社会主义者们提出了与这种观点不同的看法。他们认为，资产阶级道德使得剥削正当化，非正义、不公正是这种道德的内在性质，它来自资产阶级的价值观，例如霍布斯、洛克所倡导的那些将阶级利益等同为公共利益的价值。试图改革那些阶级统治的因素纯粹是一种徒劳，资产阶级社会必将瓦解，资产阶级国家必须由无产阶级国家取代。这也是无产阶级革命的理论基础。

三、作为第三代人权的群体自决权

第三代的人权被称为群体的"自主"或"自决"权利。伊榭指出，群体自主的权利意识其实早在 19 世纪已经萌生。19 世纪的一些社会思想家，如德国的费希特（Johann Gottlieb Fichte），意大利的朱塞佩·马志尼（Giuseppe Mazzini），英国的密尔（John Stuart Mill）， 出生于匈牙利的西奥多·赫茨尔（Theodor Herzl），他们的多种民族主义论著就已经预示了20世纪国际规定的那种自决权利。20世纪的两次世界大战导致了"帝国"（奥斯曼、奥匈、大不列颠和其他殖民帝国）的纷纷瓦解。二战后，民族解放运动风起云涌，新的国家纷纷独立，群体自决权成为具有新一代标志意义的人权，条件已经成熟。然而，独立之后的民族国家何去何从，是否就此能够建立一种自由、平等的人道主义文化，是否能让人民获得应有的权利，却一直是一个问题。

　　早在1960年代阿尔及利亚革命期间，反殖民主义的杰出理论家法农（Frantz Fanon, 1925—1961）就已经提出来这个问题。20世纪后期的后殖民理论家，如萨义德，同样也关心这个问题。法农反殖民思想的伟大遗产在于他提出了超越狭隘民族意识的新观念，他主张"民族意识必须丰富和深化，迅速地转化为一种关于社会和政治需要的意识，也就是说，转化为真正的人道主义"[1]。以人的平等价值来抵抗不平等，这是反殖民民族主义的价值核心。萨义德认为，帝国主义是一种人压制人的不平等制度，这是反帝反殖的根本道德理由，"（帝国主义）在统治领域中的假话和蠢行都会在人们屈从的经验生活中留下印记"。帝国主义统治的严重后果是，即使一个民族国家独立了，新的后殖民国家权力仍然像以前的殖民者一样把国人当作必须顺从专制统治的臣民。这说明，反殖民民族主义虽曾有过积极意义，但起到的实际解放作用却极为有限。萨义德强调，后殖民批评必须走出那种以自己的奴役代替别人的奴役的民族主义和本土主义。他写道，本土主义"并不是（殖

---

[1]　　Edward Said, *Culture and Imperialism*, New York: Knopf, 1993, p. 269.

民主义）唯一的代替物。（后殖民社会）完全有可能建立一种更为大度、更为多元的世界理想"[1]。世界理想其实就是普世理想，它的多元与普世是相辅相成的，因为"多元"本身就是一种被普世认可的价值。

　　反帝反殖的群体自主人权应该以普遍人权的尊严、自由、平等为其具体价值内容。伊榭因此指出，"自主权应当视为一种形式的、抽象的权利，在一个被压迫群体独立之后，这个群体的个体成员们是否能得到政治、社会、经济上的公正待遇，除非认真思考这个问题，自决权是空洞的"。(174 页)　在人权的历史中，第二代的社会主义人权与第三代的自主人权之间的不和谐甚至矛盾也是因此而生。20 世纪初波兰争取独立自治的时候，社会主义者卢森堡夫人持不赞成的立场，她认为，民族独立只会让民族主义的资产阶级有机会利用工人阶级，淡化和掩饰这两个阶级之间的对立和冲突。她还认为，如果不考虑"特定历史时期的物质社会条件"，不考虑独立对工人阶级的长远利益是否有好处，民族自治是没有意义的。她援引了马克思、恩格斯在巴尔干半岛斯拉夫民族主义问题上的立场，提出，这两位社会主义的导师曾主张维持奥斯曼帝国的完整，反对对它有独立要求的民族主义。这是因为，马克思和恩格斯相信，工人阶级的实际利益要比抽象的自由更具有实质的政治意义。列宁在波兰问题上持与卢森堡夫人不同的立场，他同样援引马克思，认为民族独立有利于国家的现代化，因此更有利于民族国家工人阶级与国际工人阶级的团结。社会主义者们反对或支持波兰独立，都是从民族独立会带来什么，而不是从民族独立本身来考量的。　(185—186 页)

　　群体自决的这部分人权应该与普遍人权的其他部分之间建立一种

---

[1]　Edward Said, *Culture and Imperialism*, p. 277.

怎样的关系？是否能与普遍人权的其他部分割裂开来，并凌驾于它们之上？这些问题在 20 世纪并没有得到很好的解决。造成这种情况有多种因素，其中有两个特别值得重视。

第一是新独立、新解放的国家政府并没有能实行人权，而它们的行为恰恰是以群体自决权等来为借口的。伊榭指出，如果群体自主是为了反对压迫和残害，为了争取自由、平等和做人的尊严，"是为了实现反对殖民者的压迫、种族迫害和残杀"，那么就必须坚持具有普遍意义的人权。不幸的是，第三代的群体自决和文化发展权利的内容却是暧昧不清的，自决权利"本身并没有规定独立后的政府将如何对待自己国家的公民（包括少数民族）"，而这种"无条件的族群权利"一旦被用来加害其国民，危害与残酷的程度甚至超过了殖民地时期。(197 页)

第二是二战后的冷战思维使得美苏两个超级大国采取了为争取盟友而放弃人权的政治实用主义和机会主义政策。例如，美国支持安哥拉若纳斯·萨文比 (Jonas Savimbi) 的威权独裁统治，帮助武装阿富汗的宗教激进主义者。苏联则支持那些在本国囚禁、迫害、杀害共产党和社会主义者的国家，如尼日利亚、埃塞俄比亚、伊拉克、叙利亚、埃及，也支持伊朗的霍梅尼伊斯兰政权。在美苏两国支持的一些国家里，人权状况与美苏公开主张的人权原则和标准根本就是背道而驰。伊榭指出，在冷战高潮时期，尼克松政府对人权毫无作为，他的外交政治完全把人权抛到了一边，1973 年支持智利军事政变推翻民选的社会主义者萨尔瓦多·阿连德的政府，从 1969 年到 1973 年在柬埔寨进行秘密轰炸。美国用人权的双重标准对待"国家安全"问题，大大地损害了普遍人权的信誉。(181 页)

对于第三代人权，伊榭问道，"如果 20 世纪没有关于普遍人权的宽广视角……那么人权还能说有所创新吗？"尽管她对第三代人权的创新表示失望，但还是对 20 世纪的人权发展持肯定的态度。她认为，尽管 20 世纪在人权问题上的创新远不如启蒙和工业化时期，"但在国家内部和国际间推动人权的努力还是相当卓著的"，其中特别值得一提的便是联合国通过的《世界人权宣言》和其他相关的公约和国际条约。(174 页)

四、文化相对论与普遍人权的冲突

在历史中形成的人权从来就不是一帆风顺的，"每跨进一步都会继而受到严重挫折"。(4 页) 人权受到挫折，主要与民族主义（包括文化相对论）有关。民族主义本身并不一定就是普遍人权的破坏力量，民族主义可以成为一种有积极意义的解放力量。但是，民族主义经常被国家权力用作压迫人民的工具，这时候就会对普遍人权造成破坏。具有讽刺意味的是，民族主义所坚持拥有的文化权利和自决权利，本身便是具有普世意义的权利。既然如此，文化权利和自决权利的具体内容就不应该违背人权的其他部分。

人权在历史上前进与挫折交替发生，其中有不少与民族主义有关。例如，法国革命是第一代人权的代表，但是之后拿破仑在欧洲发动征服战争，引发了最早的民族主义反抗。19 世纪欧洲工业革命时期，社会主义运动形成了第二代人权的观念，但它的普世性不久就被一次大战前的民族主义浪潮所冲垮，社会主义者们在是否应该支持本国政府的战争问题上发生了严重的分裂。布尔什维克革命的国际主义理想和自由主义的两个国际联盟（国联和国际劳联）都由于斯大林主义和法西斯主义的兴起而土崩瓦解。二战后联合国的建立和 1948 年的人权宣言，也都由于第三世界的民族主义和美苏二战后现实政治的冷战而无法发挥效能。1989 年以后短暂出现的人权世界化希望，由于苏联、非洲、巴尔干和其他地区的民族分裂和引起动乱，又一次失去了能真正实现的机会。

　　文化相对论与普遍人权的冲突已经成为人权的主要障碍，文化相对论者更是把人权当作西方文化霸权在世界范围内推行其价值观的特洛伊木马。伊榭指出，这种以反西方为名的文化相对论其实是由三个部分组成的误解。第一个误解是将第一代的自由主义人权与第二代的社会主义人权混为一谈，将它们放在一起，简单化为"西方人权"。第二是不能区分第二代的社会主义人权与第三代的文化自主人权。第三是看不到第三代的文化自主人权也是来自西方。

　　第一和第二代的人权确实是源自西方，但它们的西方来源并不应该成为世界其他地区人们拒绝的理由。一些非西方国家的革命人士接受马克思主义和社会主义思想，甚至将其用作国家意识形态，并没有顾虑到它们的西方来源。20 世纪许多反殖民主义的民族主义运动领导人，如尼赫鲁、胡志明、法农、塞内加尔的利奥波德·塞达尔·桑戈尔（Léopold Sédar Senghor）等，都是在西方接受的教育，也都接受了西方传统的自由和人道价值影响。

　　第二代的社会主义人权与第三代的文化自主人权之间是有区别的。现有的一些国际条约语言（如《关于经济、社会、文化权利的国际条约》）使人们难以看清第二、三代人权之间的区别。第二代的社会主义人权强调的是世界性、超国界、超种族或民族，因此对第三代人权的"群体权利"实际上是持批判立场的。文化自决权是现有人权条约中相对暧昧不明的部分，例如，各种涉及这一权利的国际条约都没有说明，当一个群体自决权与另一个群体身份发生冲突时，谁的自决权利应该得到尊重和保护。冷战结束后，以民族国家的自决权名义来实行的反人权行为不仅表现为违反第一代的人权（政治自由、公民选举权），而且也表现为违反第二代的人权（劳工组织工会、争取合理工资、职业安全、妇女和儿童权利、少数民族权利等）。

五、人权与国家安全

今天，人们对于人权与国家的关系往往会基于这样一种想法，那就是，人权指个人的权利与福祉，而"安全"则是国家的权利，称为"国家安全"。当人权与国家安全发生矛盾的时候，以后者来限制前者几乎已经成为国家和政府对待公民权利和人权的通例。9.11 事件后，美国人权所受到的许多挫折和限制便是明显的例子。在非民主国家里，政府用国家安全、稳定团结来限制公民权利和危害人权的例子更是数不胜数。

然而，在历史上，在充分形成现代民族国家之前，便已经有了"安全"的概念，安全首先是个人的生命安全。它体现的是生命的价值，它的重要性超过了一切其他的价值和将这些价值法典化的权利。战争是对人的生命安全的最大威胁，16 世纪宗教改革后发生了频繁而残酷的宗教战争，个人寻求国家的保护，这才使个人的安全权利与对国家的忠诚联系了起来。17 世纪的欧洲经历了 30 年的宗教战争，正式缔结了《威斯特伐利亚和约》，在两个意义上使国家变得空前重要。第一，该条约宣称，每个主权国家从此以后成为它自身的最高权威；第二，每个国家的首脑都有权决定国家信奉的宗教。教会单一的普遍权威就此结束。

个人为了安全，从此必须寻求国家的保护，而不再是教皇的保护。这在当时是具有革命性的变化。国家起到保护公民安全的作用，这是霍布斯所说的"主权"的根本合法性所在。霍布斯一方面宣传主权的绝对权威，另一方面又主张人的平等，坚持国家是主权与个人之间的盟约关系，国家有保护被统治者安全、维护和平的责任和义务。他将"主权"置于自然法的基础上，为自由主义打开了大门，也规定了第一代公民和政治权利的最重要的部分——生命。从此开始了这之后三个世纪的一个重要政治争论：国家到底在什么意义上可以自称，它的合法性来自对人民权利的保护？

现代"国家主义"，尤其是专制国家里的国家主义（包括形形色色的威权主义和极权主义）都可以说是霍布斯主义的传人。但是，它们似乎忘记了霍布斯的根本出发点，那就是如何才能保障个人的安全。这与后来一说到安全，首先想到"国家安全"，用国家安全为理由无视个人安全，无视个人的生命与财产权利是根本不同的。现代专制的霍布斯主义，都是用国家的名义杀害和残害无数的本国无辜者。这样的国家具有霍布斯所说的"利维坦"的所有残暴特征，是反人性和反人权的，因此也已经丧失了统治的正当性和合法性。（285 页）

霍布斯强调的"生命"是第一代人权，是自由主义的。洛克发展了这一自由主义的人权观念，但他比霍布斯更深入地探讨了什么是自然权利，因此也更深入地探讨了国家为获得合法性应该有何作为的问题。洛克生活的时代正是资本主义的上升时期，他在霍布斯人的安全权利之外加上了另外两个权利：政治自由和私人财产。这两项权利观极大地影响了 1776 年美国共和国的建国之父们。国家的合法性在于保护公民的生命、政治自由和财产。

卢梭提出了另一种对国家正当性的观点：他用"公意"来称呼创立主权权威的政治过程和这个过程的目标。对于以共同体的名义做出的决策（法律）和采取的政府行动而言，唯一的正当性来源是公意。一旦订立了契约，公意就成为立法权的基础。作为唯一正当的正义标准，公意使人们的情感变得高尚，并升华他们的灵魂，这样的灵魂是生而尊严、自由、平等的。国家中的公民不再是个人，而是集体的一员，优秀的集体与优秀的个人是相辅相成的。这种集体之人的观念影响了法国的《人权与公民权宣言》(1789)。在这之后，罗伯斯庇尔、潘恩、康德认为，国家只有在国内和国家间保障这些重要的普遍权利时，才具有正当性。许多其他的思想家也同样认为，随着共和制度与贸易的发展，人权将会在全世界获胜。

但是，国家真的能保障全体人民的权利吗？法国革命的理想真的能够通过法国的国家政治给别国的人们带来它所崇尚的那些权利吗？继法国革命之后发生的拿破仑征服战争证明，国家起到的正好是相反的作用。以国家的力量实现普遍人权，以普遍人权为国家政权正当性的唯一基础，理想虽好，但实现却难。这样的理想期待到了工业化时代就更加落空了。工业化时代的现实是，社会两极分化，一端是享受安全、自由、财产的少数人，他们享有投票权和其他政治权利；另一端则是没有人权可言的大众，他们没有政治参与的自由，没有平等公民权利，更没有经济和社会的保障。他们因此成为被剥削、被压迫、被无视，彻底没有尊严的芸芸众生。(286 页)

工业革命造成的现实让人们更加看清，国家虽然保障了一部分人的安全、自由和财产，但这远不能为国家本身提供充分的正当性，国家与人权的关系也远比霍布斯、洛克和卢梭设想的要来得复杂。对国家在普遍人权上的无所作为，19 世纪的社会主义者做出了极为严厉的揭露和批判，至今仍然是左派对人权问题的主要理论资源。社会主义者认为，无限制的财产权（资本）只能使那些本来就占优势的少数人受惠，国家权力被资产阶级用作统治无产阶级的工具，让有产阶级享有人权，而工人阶级则没有人权。1848 年 6 月流血革命后，马克思和恩格斯更坚定了这样的想法，为了让全世界人民享有社会主义的人权，被资产阶级出卖的工人无产阶级必须夺取国家政权。(286 页)

　　像这样激进的无产阶级革命号召并没有被所有的社会主义者接受。许多社会主义者主张在现有的国家制度中进行改革。他们认为，工人运动可以引发和推动改革，使其规范和范围越来越扩大，这样，有利于工人阶级的社会福利制度是可以建立并实际可行的。1862 年，德国社会主义者拉萨尔（Ferdinand Lassalle）提出，国家是人民自由和人权唯一有效的推动者。英国的费边社会主义者也持相似的看法。法国和国际社会主义运动的著名活动家让·饶勒斯（Jean Jaures）也认为，国家能够带来人类的道德和社会主义进步，虽然曲折、缓慢，但却是一个不可避免的趋势。

　　出于对共产革命的恐惧，一些西方国家开始了改革。1883 年，正当德国扩张主义达到了高潮的时刻，俾斯麦力主改革，推动通过社会福利的立法，包括对工人提供强制性的疾病保险、意外工伤保险、老年和残障人士的退休金制度。俾斯麦的政策为工业化国家处理人权与国家安全的关系起到了典范的作用。一方面，国家在国内发挥积极的主导作用，推进福利制度和财富公正分配，最后实现全民投票，安抚工人和其他劳动阶级，另一方面，国家在国际政治中采取强势的现实政治，以国家利益为最高考量，无视他国穷人的困境，对他们的经济和其他要求置若罔闻。这是一种安抚性的国内人权，不是普遍人权。20 世纪冷战时期的美国在人权问题上采取的也是相似的双重标准政策，许多人都认为，这是从普遍人权的倒退。(286 页)

　　冷战时期的美苏两大国都持狭隘的国家安全观，在外交事务中奉行"我的敌人的敌人就是我的朋友"的立场，只要一个国家能站在我这一边，无论它国内的人权记录多么糟糕，都可与它亲近，容忍它的政治现状。这种情况在尼克松时期表现得最为明显，也是美国国内出现严重破坏民主法治事件的时候。伊榭指出，漠视普遍人权的实用政治和国家安全观是短视的，美苏两国进行核竞赛，原以为可以用此来相互遏制，以谋求国家安全，但是使用大规模杀伤武器的第三次世界大战很可能是从世界的贫穷地区开始，贫穷而人权没有保障的国家拥有核武，对世界和平的威胁超过了超级大国。这些国家靠核武来提高自己在国际社会的身价，在国内采取漠视人权的暴政统治，一旦发生动乱，便有可能引发国际战争。(287 页)

人权必须是普遍人权，否则不可能是真正的人权。一国之内的公民权利无论如何完善，如果没有世界范围内的普遍人权，都不足以保障国家安全。即使完全是出于现实政治的国家安全考虑，人权也必须是全世界范围内的普遍人权。伊榭指出，最早明白这个道理的其实是社会主义者，而不是自由主义者。19 世纪的社会主义者们已经看到，安全不是一国的安全，而是世界的安全，只有全世界安全了，一国才能安全。和平不是一个国家可以一厢情愿得到的。任何国家里，如果广大劳工和其他身份低下者的人权不能得到保障，社会便不能稳定，由此而生的动乱后果会向别国扩散，而且，政府为转移国内矛盾，也有可能发动国际战争。(287 页)

一次大战后，自由主义者也开始意识到人权和国家安全有赖于国际组织。一次大战后成立了两个重要的国际组织，国际联盟（League of Nations，成立于 1919 年，二次大战后由联合国代替）和国际劳工组织（ILO，成立于 1919 年）。国际劳联结合了社会主义与自由主义的权利思想，强调只有所有国家的劳工权利得到保障，世界和平才有希望。直到今天，国际劳工组织的宗旨仍然是"促进充分就业和提高生活水平、促进劳资双方合作、扩大社会保障措施、保护工人生活与健康"，主张通过劳工立法来改善劳工状况，进而获得世界持久和平建立社会正义。

二次世界大战后，对世界和平和普遍人权发挥了最重要作用的是联合国，无论这个国际组织的效能多么不尽如人意，它都为国际社会评估不同国家的人权状况，提供了一个可以对话并取得某种共识的公共空间。在这个空间里受到普遍承认和尊重的是有关人权的国际公约和文献，国际社会看重的是普遍人权，而不是哪一个国家自说自话的人权。

一个国家的人们在人权问题上要有发言权，需要他们对人权有必要的知识，也需要社会中有讨论人权的空间和积极共识，这些条件是否已经具备了呢？人权的知识现在普及吗？一般人有关于人权的知识吗？是什么样的知识？从哪里获得这些知识的呢？他们能自由地发表和交流对人权的看法吗？讨论人权的整体环境又如何？更何况，任何一国的人权都是世界普遍人权的一部分，因此，在这个国家的人权问题上，这个国家的人们虽有发言权，但未必就等于只有他们才有发言权。当今世界认可的普遍人权是有具体内容的，任何一个国家的自主权并不包括它有权利代替或代表全世界，重新规定普遍人权的价值内容。普遍人权的价值内容并不玄奥，无非就是如伊榭在《人权史》中总结的"尊严、自由、平等、博爱"，在历史中，这些价值形成了第一、第二、第三代的人权，它们代表着被世界上绝大多数人所认可的普遍人权，在今天是如此，在可预见的未来也将会是如此。